大都市自治を問う

大阪・橋下市政の検証

編著：藤井聡・村上弘・森裕之
著：小野田正利・河田惠昭・北本修二・中山徹・本多哲夫・薬師院仁志

学芸出版社

はじめに

　今、日本各地の都市は、長引く経済的停滞と、過剰な選択と集中の果てに年々進行していく東京一極集中の流れの中で、衰弱の度を深めている。
　こうした流れの中、藁をもすがる思いで多くの大都市自治体が「改革」をさまざまに進め、現状打破を図らんとしている。その急先鋒が橋下徹氏率いる「維新」（大阪維新の会、維新の党、日本維新の会、等の政治団体、以下、『橋下維新』と略称）が地方自治行政を取り仕切る「大阪」であった。
　この大都市大阪における橋下維新が進める「改革」が功を奏するなら、全国で疲弊する大都市には「橋下維新と同様の改革を進めれば、都市は再生できる」という光明が与えられることとなる。だから、全国各都市は「お手並み拝見」とばかりに、橋下維新の改革の動向を見守ってきた。
　しかし —— 彼らが進める改革によって大阪は改善するどころか、財政は悪化し、景気の低迷も他都市よりもその激しさの度を年々深めていったのが実情であった。それぞれの現場に目を向ければ、悲鳴にも似た悲壮な声が満ち満ちている様子が明らかとなっていった。
　そして、彼らが大阪再生に向けて起死回生の大改革として一貫して主張し続けた「大阪都構想」に関しても、その設計図を「学術的」に精査すれば、その危惧は深まっていく。大阪を豊かにするどころか、さらに疲弊させ、二度と蘇ることが不可能となる構想であることが明らかにされていったのだ。
　もしも、こうした大阪についての現状認識が正しいなら、「疲弊した都市を蘇らせるためには改革を」という、多くの大都市自治関係者が漠然と共有している素朴な認識が、完全な事実誤認であるということになる。もしそうであるのなら、今、疲弊している全国の都市の再生を図るには、「改革」の思想とは異なる全く別の思想が必要だということになってくる。
　かくして、今、大阪で進められている橋下維新の「大阪都構想」を軸とした改革路線の検証は、日本全国の大都市自治の未来を占う上で、重大な意味を持つものなのである。本書はまさにこうした認識の下、「今後の大都市自治のあるべき方向」を考えるために、研究者はもとより、広く一般公衆や政治家、マスコミの方々を読者として想定している。大阪の橋下市政をさまざ

まな角度から検証し、その実態を記録にとどめ、全国の大都市自治のあり方を根底から問い直さんとするものである。

本書が大阪はもちろん全国各地の大都市住民による、希望ある明るい大都市自治の展開にあたって参考となることを祈念したい。

ところで本書は、筆者と村上弘立命館大学教授、森裕之立命館大学教授の3名での共同編集である。我々3名がこうした共同研究を始めたきっかけは、いわゆる「大阪都構想」の住民投票（投票日2015年5月17日）が、2014年12月に（公明党の方針転換を受けて）政治的に決定されたことであった。専門を異にする我々3名のそれぞれが、学者として「大阪都構想」が大都市大阪に巨大被害を与えることを危惧していたことから、その事実を公衆に広く伝えんとする研究ならびに言論活動を共同で進めることとなった。2015年5月5日には、「大阪都構想」に危機感を覚える学者108名から供出された「大阪都構想」の危険性についての所見を公衆に広く周知すべく「『大阪都構想』の危険性を明らかにする学者記者会見〜インフォームド・コンセントに基づく理性的な住民判断の支援に向けて〜」と題した記者会見を共同で行った。その後、住民投票で「都構想」が否決された事を受け、「豊かな大阪を考える」と題したシンポジウムを6月、7月、9月に共同開催した。こうした共同研究の過程で、本書の構想が浮かんできた次第である。

本書は、政治学、行政学、財政学、社会学、政治哲学、社会哲学、都市計画学、防災学、教育学、地域経営論、中小企業論、公共政策論といった多種多様な学術領域の研究者等によるそれぞれの立場からの論考から構成される。したがって、学術領域によって同一概念を示唆していても、使っている用語が異なるケースもある点には留意願いたい。ただし、そのあたりの子細の確認をされたい場合は、それぞれの参考文献を確認願いたい。

いずれにせよ、本書が、虚構にまみれ閉塞した大都市自治をめぐる言論空間を打破し、それを通して大阪を含めた日本の大都市自治の適正化を導き、広く公益に資するものとなることを、心から祈念したい。

2015年9月6日　大阪ヒルトンホテルのロビーにて
京都大学大学院教授　藤井聡

目次

はじめに　2

序　大都市自治の「光」と「影」…………………………………………10
1. 大都市自治に影をもたらした「大衆化」　10
2. 「大衆化」した大都市自治の相貌　11
3. 死に至る「専制都市」（ティラノポリス）に堕した大都市　14
4. 「専制都市・大阪」に見る、日本の大都市自治の危機　15

第1部　大都市が陥る改革至上主義　17

第1章　「改革」全体主義の構造……………………………………18
1. 大都市における大衆化と改革　18
   (1)「改革派首長」の功罪／(2)「改革派首長」を生み出す大衆化
   (3)自治を破壊する「大衆」／(4)「都市」が「大衆」を生み出す
2. 大都市自治における「改革」全体主義　24
   (1)全体主義の構造／(2)「改革」全体主義の構造

第2章　大阪市住民投票という「テロル」を検証する…………32
1. 子供の遊び場と化した政治　32
2. 「住民投票」の政治決定それ自体が暴挙である　33
3. 議会の決定を覆すという自由民主主義に対するテロル　35
4. 橋下大阪市長の振る舞いは、論理構造上
   「業務上過失致死傷罪」と同義である　37
5. 自由と理性の破壊者たちの進化にあわせた進化が求められている　38

第3章　都市居住者と社会的統合 ―地域住民か匿名の大衆か……41

1　住民投票における賛成票の分析　41
2　社会学者の視点から　42
3　2011年大阪市長選挙との比較　43
4　行政区の特性と投票傾向　45
　　補足）天王寺区と浪速区の特性
5　賛成票の立脚点　52
6　地域住民としての都市居住者の重要性　54

第4章　大都市自治における「言論弾圧」……55

1　「都構想」を巡る七つの「事実」に対する直接的弾圧　56
2　「学習性無力感」に陥るメディアと学者・言論人　60
3　京都大学総長、ならびに国会を通した文部科学大臣への圧力　61
4　TV局に対する直接的な「言論弾圧」　62
5　大都市自治でのテロルを避けるために　65

第5章　「大阪都＝大阪市廃止分割」構想の実体と論争……68

1　大阪都(大阪市廃止分割)構想の多面性　68
2　世界の大都市制度と比べても非常識な都構想　69
3　「大阪都」の議論と評価 ―大阪を集権化し、不便にし、衰退させる　72
4　政治過程 ―橋下市政は「大阪市廃止」の説明責任を避けたが、住民投票で否決　73
　　(1) 5年間の経緯／(2) 投票行動
　　(3) 橋下市政による一方的な説明と、対抗情報の広がり
5　展望 ―「大阪都」構想への有効な対応　79

第6章　維新の党 ―右派ポピュリズムはリベラルを超えるか……83

1　維新の党、橋下氏の政治とは何か　83
　　(1) 6年間の軌跡／(2) 党の方針／(3) 「右派ポピュリズム」という解釈
　　(4) 維新の強さの理由と限界
2　政党システムへの大きな影響 ―右傾化への貢献　87
　　(1) 政党システム変動の複合的な説明／(2) 民主票と維新票の逆相関関係
　　(3) 結語 ―自民党一党優位への維新の貢献、リベラル派の可能性

第2部　橋下市政は大阪をどう変えたか　93

第7章　教育再建に向けて ── 7年余の破壊から立ち上がる人々を支えたい ……94
1　ターゲットにされた「教育改革」　94
2　高校入試に「学力テスト」を利用する問題　96
　(1)「相対評価」から「絶対評価」への流れ／(2)「あるもんは使わせろ！」
　(3) 学力テストの理不尽な活用
　(4) 文科省への無理強い ── 「無理が通れば道理引っ込む」「やったもの勝ち」
3　首長の政治主導による教育委員会統治の危うさ　101
4　教職員のモチベーションの低下と現実課題の深刻化　103

第8章　医療・福祉の全般的削減 ……107
1　住吉市民病院廃止案で示された公立病院の重要性　107
2　規制緩和と民営化を進める大阪市の保育施策　109
3　地域の意向を踏まえず縮小・再編を強行した地域活動・地域福祉　111
4　維新政治の医療・福祉施策　113
5　維新の横暴を市民の力で止める　114

第9章　公務員と労組への攻撃 ……115
1　労働基本権無視と労働組合敵視　115
　(1) 地方公務員の労働基本権／(2) 橋下市政に対する相次ぐ違法行為認定
　(3) 橋下氏施政方針演説の「組合適正化」と公務員抑圧
　(4) 公務員と労働組合を抑圧する条例制定
2　強制アンケートの実施　118
　(1) 政治活動・組合活動関与の調査／(2) 不当労働行為救済申立・実効確保の措置申立
　(3) 救済命令確定と謝罪
3　便宜供与打ち切り　120
　(1) 事務所退去とチェックオフ廃止／(2) 訴訟及び不当労働行為救済申立の経緯
4　政治的行為制限条例の制定　123
　(1) 地方公務員の政治活動規制に対する誤解／(2) 行き過ぎた規制による危険

第10章　財政 ── 市政改革プランと財政効果の実際 ………………………… 126

1　大阪市財政と『市政改革プラン』　126
(1)『市政改革プラン』の中の大阪市財政／(2)行財政運営の特徴
(3)『市政改革プラン』と財政収支

2　予算編成　131

3　大阪都構想の財政的意味の消失　133
(1)財政効果をめぐる自己撞着／(2)財政効果の実際

4　大阪市の財政改革への影響　135

第11章　産業政策における「改革」の実態 …………………………………… 138

1　橋下市政下での「改革」　138

2　信用保証協会の廃止・統合　139
(1)信用保証協会の概要／(2)イメージに基づく二重行政批判の危険性／(3)統合の問題点

3　経済局の再編　145
(1)成長戦略への還元／(2)派手さの追求と中小企業支援の位置づけの低下

4　「改革」の教訓　148

第12章　溶解する都市計画 ……………………………………………………… 151

1　都市計画に求められる時間的連続性と空間的連続性　151

2　無くなった「大阪市のマスタープラン」　152

3　「大阪市解体」を先取りした都市計画　154

4　時間的・空間的な連続性が欠落している「グランドデザイン大阪」　155

5　まちづくりの基本単位「自治会」との連携の劣化　156

6　広域行政連携の劣化　157

7　「改革」全体主義が都市計画を破壊する　159

第13章　防災 ── 南海トラフ地震・津波への備えを急げ ………………… 163

1　災害に脆い大阪平野と隣接丘陵・山地　163

2　大阪における巨大災害の歴史　167

3　防災・減災行政上の課題と大阪府政・市政トップの怠慢　168
(1)地震対策／(2)津波対策／(3)洪水対策／(4)高潮対策
(5)防災対策上の橋下府政・市政の怠慢

第3部　大都市自治の未来　179

第14章　大都市自治の「改革」全体主義に対抗する三つの処方箋
　　　　―自由、マネジメント、そしてプロジェクト……………………180
　1　すぐに忘れる大衆　180
　2　「嘘」で自滅する大衆　181
　3　第一の処方箋：自由な言論活動の展開　183
　4　第二の処方箋：改革から改善（マネジメント）へ　185
　5　第三の処方箋：制度論からプロジェクト論へ　187
　6　全体主義の超克　190

第15章　大阪市における都市内自治 ………………………………192
　1　大阪市における住民自治の問題　192
　　　(1)都市内自治と大阪市政／(2)『市政改革プラン』と都市内自治
　2　大阪都構想における住民自治の考え方　195
　3　大阪市における総合区をめぐる議論　197
　　　(1)総合区制度の概要／(2)大阪市における総合区論議
　4　都市内自治の先進事例　199
　　　(1)長野県飯田市の都市内自治／(2)ニューヨーク市のコミュニティ委員会
　5　粘り強い取り組みを　202

第16章　脱東京の都市政策に向けて ―大阪の魅力と展望 ………204
　1　統計で見る大阪の地位と、地位低下の原因　204
　　　(1)人口および諸機能／(2)経済活動とGDP／(3)企業本社の立地動向
　2　大阪が目指すべき都市のランクは？　209
　　　(1)東京との対等性という有害な幻想／(2)日本の第二都市としての魅力と条件はあるか？
　3　東京の模倣ではない、質を重視した成長戦略　211

　おわりに　216

大阪市24区

序

大都市自治の「光」と「影」

藤井聡

1 大都市自治に影をもたらした「大衆化」

　本書は、三大都市や政令指定都市をはじめとした全国の「大都市」が、今日の閉塞状況を乗り越え、未来に向けて発展していくことを期して、「大都市における自治と政策」の可能性（光）とリスク（影）を問うものである。

　そもそもわが国の大都市民は、それぞれの都市の歴史と伝統を踏まえつつ、「まちづくり」をすすめ、福祉や教育のしくみをつくり、改善し続けてきた。それを通して各都市を経済的にも文化的にも大きく発展させてきた。大阪、名古屋、東京の三大都市をはじめ、札幌、仙台、新潟、横浜、神戸、京都、広島、博多等に代表される日本の大都市群は、それぞれの地の歴史と伝統、文化を踏まえながら、戦争や大災害等による巨大破壊や、定期的に襲いかかる経済不況の荒波を乗り越え、大いに発展し、今日に至っている。

　それは間違いなく、「大都市自治」の「光」であった。

　しかし今日、都市化が進めば進むほどに、人々の街・地域に対する関与は衰微していき、「自らの手でこの街を作り、治める」という「自治意識」も衰弱していったのもまた、事実であった。

　その背後には、都市化が進めば進むほどに、地域共同体の凝集性が低下し、核家族化が進行し、人々が属する共同体がさまざまな次元で希薄化していき、その帰結として人々が、オルテガ (1930) が定義した意味において「大衆化」していったという事実がある (c.f. 藤井・羽鳥、2014)。その詳細は改めて第1部「大都市が陥る改革至上主義」にて、そしてとりわけ、その社会学的な構造についてはその中の3章「都市居住者と社会的統合」にて詳しく論ずる

が、人々の大衆化が進行すれば彼らの精神は閉塞化していくと同時に孤立化（砂粒化）していく一方となる。

結果、大都市民の自らが属する地域共同体である「大都市共同体」への帰属意識や協力意識は低迷する。彼らは「地域共同体の構成員」という能動的な役割よりはむしろ、「労働者」や「消費者」等の、地方部よりも大都市においてより濃密に提供されている各人の役割を重視していく。

そうなれば、人々は「地域共同体における自治に協力する傾向」をますます低減させ、大都市自治はそれが大都市であるが故に、以上に述べた社会学的な「大衆化プロセス」を経て、劣化していく宿命を帯びるのである。

2　「大衆化」した大都市自治の相貌

自治体そのものに関心を無くした人々が、それでも民主主義のプロセスの中で自治体運営に、各種選挙や住民参加を通して関わるとどうなるか——これこそ、今、大都市自治を考える上で最大の問題である。

そもそも、大衆化した人々は、選挙において、政策の中身の合理性を重視しなくなっていく（c.f. 藤井・羽鳥、2014）。彼らはむしろ、イメージやムードで判断する傾向が強い。そして挙句に、どの候補者が「おもろいか」（中尾他、2014）という、おおよそ理性的な政策判断基準とは呼ぶことが不可能な基準でもって候補者を選ぶ傾向が強くなることが実証的に明らかにされている。

つまり、大衆化は、民主政治に深刻な「悪影響」をもたらすのである。

もちろん、こうした大衆社会化は、自治体行政のみならず、大都市以外の自治体にも、国政にも影響を及ぼすことは間違いない。

しかし、「地方自治」においてこそ、その大衆化の「悪影響」は深刻の度を増す。

なぜなら、第一に、大衆化は上述のように都市部において地方部よりもより激しく進行している。それ故、国政選挙であるなら、大都市住民のみならず地方住民も投票するため、都市部における大衆化の影響が一定程度に抑制される。第二に、大都市地方自治であるなら、大衆化の程度が都市部よりも

抑制されている以上、その悪影響も地方部の自治では抑制されている。

　そして最も深刻なのは、第三の理由である。

　それはつまり、地方政府の首長（市長や知事）は、中央政府の内閣よりもより権限が集中していることに起因する。すなわち万が一にも、「大衆化」した人物が、政策合理性を度外視して、ただただ大衆の人気を得ることを過剰に重視して政治行政運営を行ったとすれば、結果的に、大衆人たちが実質上、強大な政治権力をとりわけ地方政府において掌握することが可能となってしまうのである。すなわち、地方政府においてはいわゆる「ポピュリズム」＝「大衆扇動政治」によって政治行政が徹頭徹尾運営されてしまう可能性が生じてしまうのである。

　そして、大衆化が激しく進行している「大都市」における自治においては、そういう大衆化に伴うポピュリズム政治が横行する危険性が極大化してしまう。

　つまり、現代における大都市自治は、大衆社会論で言われる「俗悪化」が横行して俗悪性に基づく「ポピュリズム」に堕し、理性的な政策判断が失われていくこととなるのである。

　その最も典型的な現象が、橋下徹氏を代表とする大阪を中心としたいわゆる「維新」（大阪維新の会、日本維新の党、維新の党等）の台頭と、橋下氏の大阪府知事就任、そしてその後の大阪市長就任である（詳細は、第１部第６章「維新の党―右派ポピュリズムはリベラルを超えるか」を参照されたい）。彼等「橋下維新」は、知事そして市長という公権力を駆使しつつ、教育、医療、防災、都市開発、産業政策といった実にあらゆる側面で急進的な改革を進めていった。

　無論、その改革が、大阪の発展に資するものであり、かつ、大阪市民の利益につながるものであるのならば、大いに歓迎すべきところではある。しかし、第２部の各章にて論ずるように、それぞれの領域について客観的データに基づいて逐一検証したところ、大阪の発展や大阪市民の利益に貢献するどころか、その逆に大阪の衰退と大阪市民の不利益に大いに貢献してしまっているのが、彼らが断行していった数々の改革であったことが明確に示されている。

それどころではない。

彼らは、現代日本が成立している政治的な約束事を徹底的に無視し続けた。それは、横暴、あるいは、独裁とすら形容することにほとんど何の躊躇も持つ必要のない所業を、大阪市政の中で積み重ねていった（第2章「大阪市住民投票という『テロル』を検証する」ならびに第4章「大都市自治における『言論弾圧』」を参照願いたい）。その果てに2015年春には、「大阪都構想」なる美名を与えられた大阪市という市民共同体の自治を「解体」する構想が、住民投票を通して政治的に確定するギリギリのところにまで至ったのであった。その政治プロセスは、日本の自由民主主義あるいは自由民主社会を根底から否定し、破壊する暴挙であった。

つまり、大阪の大都市自治は、政治的決定の決定内容の点からも、その決定プロセスの点からも、理性的に許容されるべき範囲から乖離している疑義が濃厚なものであったのである。

なぜ故にこうした事態に至ったのかと言えば、それは偏に人々の大衆化が一定水準を越えた帰結として、一定数以上の人々が「理性的な判断を停止」してしまったことの帰結であると考えざるを得ない。

あるいは次のように言うこともできる。すなわち、大衆迎合を基軸としつつ、是々非々の判断のすべてを停止して改革そのものがとにかく正しきものと考えるイデオロギーが大阪を中心とした政界とメディア界と大衆世論の中で大きな力を持ち得たことの帰結として、それが「改革」であるのならば、その決定・実施プロセスも、その内実すらも、何も気にしなくなっていったのである。

本書では、そうした不条理な政治社会現象そのものを、ハンナ・アーレントが論じた「全体主義（アーレント、1951）」の概念（c.f. 藤井、2015）を援用しつつ「改革」全体主義と呼称し、その構造と動態を第1章「『改革』全体主義の構造」にて詳細に描写する。

なお、一般的な政治学上の議論では、「全体主義」と言えばナチス・ドイツのナチズムやロシアのスターリンのスターリニズム等の、権威主義体制の極端な国家的政治体制を表現するために使われる概念である。したがって、一自治体の現象を含めた非国家的な現象を説明するにあたっては用いられない

のが一般的である。しかし、ハンナ・アーレントが論じた「全体主義」(totalitarianism) 論は、国家現象、国家体制のみではなく、自治体の体制、さらには、クラスのいじめ現象、さらには、世界的に展開するグローバリズムなどにも適用可能な、極めて汎用性の高い議論である (c.f. 藤井、2015)。ついては本書においても、多様な現象を（ただし、共通の唯一の構造でもって）説明する方式として「全体主義」という概念を用いる。大都市自治において、そしてとりわけ大阪橋下市政において進められた諸現象を統一的に理解あるいは解釈するにあたり、広義の「全体主義」という概念が秀逸な理論的フレームワークを与えるのである。

いずれにせよ、大阪に代表される現代日本における大都市自治の基本構図が「全体主義」で余すところなく描写できるとするなら、かのナチス・ドイツで猛威を振るった弾圧・テロルと似非科学・プロパガンダが、それぞれ異なった衣を装いながら大阪市をはじめとした大都市を席巻していることを意味している。その様子は改めて第1章「『改革』全体主義の構造」にて詳述するが、それこそ、本書が改めて焦点を当てんとする、現代日本における「大都市自治の影」そのものなのである。

3 死に至る「専制都市」(ティラノポリス)に堕した大都市

こうした大都市自治の「影」は、遅かれ早かれ、その「光」を凌駕するに至るのではないか —— これが、本書が現実的に懸念している危惧である。事実、マンフォードは、如何なる都市であろうと、活力ある成長の過程から死滅へと至る過程へと遷移していくのは必然だという事を彼の代表著書『都市の文化』の中で指摘している。

都市はまず村落が生起した後（現ポリス）、その社会・文化水準が高度化し（ポリス）、他都市、諸外国との交易、交流が進むことで文化的エネルギーが最大限に解放される段階に至る（メトロポリス）。こうして都市は頂点を迎えた後に、「資本主義」がマスメディアと官僚機構を巻き込みながら都市を単なる「金儲け空間」へと貶めていくことになる（メガロポリス）。すなわち、マンフォードが論じたように「芸術・文学・建築・言語における文化的産物を、

おおむね金銭的見地から標準化してしまう。機械生産が独創的な芸術にとって代わり、巨大さが形式にとって代わり、量の大小が意味にとって代わる（マンフォード、1938）という事態が訪れる。

これこそ、都市の衰退の始まりである。

都市がここまで至れば、ますます都市は加速度的にその衰退の歩みを早めていく。金儲け空間にしかすぎぬ「メガロポリス」の中で人々の暮らしはますます消費者化されていく。

それは、オルテガの概念で言うなら紛うことなき「大衆化」である。

結果、市民の活力は衰え、大都市自治は衰微し、文化も芸術もその輝きを衰弱させていく。一方で、無機質で機械的な官僚機構だけが肥大化していく。

これもまた、先に論じた議論との対応を申し述べるなら、ハンナ・アーレントが論じた「全体主義」によって都市が席巻されていく様に他ならない。

すなわち、マンフォードはこうした都市を「専制都市（ティラノポリス）」と呼称し、都市の最終段階である「死者の都市（ネクロポリス）」の一歩手前の状態であると論じたのだが、こうした彼の議論はアーレントやオルテガ等が社会哲学の視点から論じた現象を、「有機的な都市論」の視点から論じたものと位置づけることができるだろう。

そして彼が論じた都市の死に至る直前の段階である「ティラノポリス（専制都市）」の状況に、日本の数々の大都市が立ち至っていると解釈することが可能なのである。

4　「専制都市・大阪」に見る、日本の大都市自治の危機

日本の大都市の明るい未来を構想するためには、さまざまな社会哲学上の議論、そして、マンフォードが論じた「都市の輪廻転生論」で暗示されている大都市自治の「影」を正確に理解し、その構造を的確に把握しなければならない。さもなければ早晩、それぞれの大都市において「影」が「光」を凌駕し、マンフォードの言う「都市の死」に至る病に冒されてしまうことが避けられなくなってしまうからである。

そして、大都市自治の影が圧倒的な水準に達している日本の大都市こそ、

先に指摘した大阪である。繰り返しとなるが、大阪は大都市社会で起こりうるポピュリズムや「改革」全体主義を、最も激烈かつ劇的に経験してきた都市でもあり、マンフォードの言うまさに死に至らんとしている「専制都市」として、不名誉にも最も先進的と位置づけられ得る大都市なのである。

その象徴が「橋下維新」であり、その目玉政策であった「大阪都構想」であった。本書では、そうした諸問題を視野に納めつつ「大阪」の自治や政策の実体と問題点つまり「影」と、それに対して「光」を守り進める可能性をさまざまな角度から検証するものである。そしてその上で、大都市の諸問題やそれに対処するための諸政策、そして政策を進めるにあたって、いかなる大都市自治が求められているのかについて総合的に考えるための基礎情報とヒントを提示することを目指すものである。こうした視点に基づく未来のあるべき大都市自治については、本書の最後、第3部「大都市自治の未来」にて、包括的に論ずるものである。

以上、本書では、大衆化がほぼ極限にまで進行し、「改革」全体主義に覆い尽くされ、まさに死に至らんとしている大都市「大阪」の実情に焦点を当てることで大都市自治の影を子細に把握する。そしてそうした実証的な裏付けのある論考を踏まえつつ、最終的に大都市自治の未来のあり方を描写することを目指すものである。

ついては本書が、大都市自治に直接間接に携わるすべての関係者、大いなる関心を埋める学者、学生各位に対して、何らかの貢献をなし得ることがあれば、それは著者らの望外の喜びである。

【参考文献】
・中尾聡史・沼尻了俊・宮川愛由・藤井聡（2014）「大衆性と投票行動の関連性に関する研究」『土木計画学研究・講演集』CD-ROM、Vol.49
・ハナ・アーレント、大久保和郎・大島通義・大島かおり訳（1951；1972、1974）『全体主義の起原1・2・3』みすず書房
・藤井聡（2015）『〈凡庸〉という悪魔 ― 21世紀の全体主義』晶文社
・藤井聡・羽鳥剛史（2014）『大衆社会の処方箋―実学としての社会哲学』北樹出版
・ホセ・オルテガ・イ・ガセット、神吉敬三訳（1930；1995）『大衆の反逆』ちくま学芸文庫
・ルイス・マンフォード、生田勉・森田戊介訳（1938；1955）『都市の文化』丸善

第 1 部

大都市が陥る改革至上主義

第1章 「改革」全体主義の構造

藤井聡

1 大都市における大衆化と改革

(1)「改革派首長」の功罪

　現代の「大都市自治」においては、都市住民の「大衆化」が深刻な弊害を引き起こしている。人々の大衆化が進行すればするほどに、人々は自分たちの都市の自治に協力しなくなり、選挙での投票判断が「劣化」することを通して、首長や代議士の質も劣化し、最終的に、自治の「質」が劣化し、都市が衰退していくからである（図1・1）。

　例えば、田村（2014）は、東京の石原都知事、大阪の橋下市長に代表される、テレビ等のメディアで著名となった後に選挙で選ばれた大都市の首長たちが、それぞれの地方自治でさまざまな急進的な改革を進めている様子を描写している。田村は、こうした首長たちを「改革派首長」と呼称し、彼らの「改革」がどのような帰結をもたらしたのかをとりまとめている。そして彼らの改革には光のみならず深刻な「影」があること、そしてその「影」故に、彼

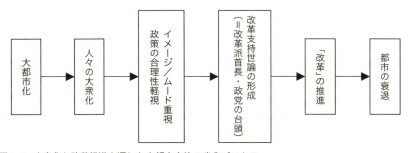

図1・1　大衆化と改革推進を通した大都市自治の劣化プロセス

らが断行した改革は単なる「焼き畑」改革に過ぎぬものに成り下がっている実情を明らかにしている。そして、それぞれの改革派首長の取り組みの結果、それぞれの地域経済は復活するどころか、ますます疲弊、低迷していっている様子を指摘している。

そして、改革派首長の中でもとりわけ急進的であった橋下大阪市長が行った数々の改革によって、当初企図していた改善のみならず、それらを圧倒的に凌駕するほどのさまざまな深刻な弊害がもたらされていることが改めて詳しく紹介されている。本書においても第2部にて詳しく紹介するが、例えば橋下市長が鳴り物入りで始めた教育改革は改善よりもむしろ大きな混乱を現場にもたらし、教員の担い手が激減するという弊害が生じている。新しい試みとしてはじめられた公募区長の中には不祥事を繰り返す人材が含まれていた。「都構想」という大改革を喧伝し続けたせいで大阪市としての長期計画が喪失し、合理的な都市計画そのものが停滞するという弊害ももたらされている。

つまり、今日「改革」という美名の下で繰り広げられている各地方政府の首長たちの急進的な取り組みによって、全国各地の地方行政の質の劣化がもたらされているのである。

(2)「改革派首長」を生み出す大衆化

そして、こうした改革派首長誕生の背後にあるものこそ、有権者たちの「大衆化」である。有権者たちが大衆化することで、選挙の時に考慮される判断基準が大きく変容してしまうからである。すなわち、大衆社会化が進行することで政策論や政治的手腕といった合理的・理性的な基準よりも、イメージやムード、雰囲気といった非理性的な要素が重視されていくようになるのである。

例えば中尾他（2014）は、2013年に大阪府の堺市にて、人々の「大衆性の程度」（羽鳥・小松・藤井、2008）と首長選挙を含む各種選挙の投票行動においてどのような基準を重視するかの関係を調査している。その結果、表1・1に示したように、大衆性が高い人程、「自分の周りの人の意見」や「テレビ等のマスメディア上での評価」により強くされ、「候補者の知名度」だけで判

表 1·1 大衆性（傲慢性）と選挙の投票時に重視する基準との相関係数

重視する基準	大衆性（傲慢性）との相関係数
候補者の「知名度」はどうか？	0.247***
「自分の周りの人」の意見はどうか？	0.179***
候補者に対する新聞、テレビ等のマスメディアの「評価」はどうか？	0.145**
「改革」できるかどうか？	－0.046
「古い政治から脱却できる」かどうか？	－0.072
「おもろい」候補者かどうか？	0.305***
候補者の「所属政党」がどこか？	－0.09*
候補者の「政策」がどのようなものか？	－0.074#
候補者の「人柄」はどうか？	0.029

p：有意確率（両側）　#：10%有意傾向　*：5%有意　**：1%有意　***：0.1%有意（出典：中尾他（2014））

表 1·2　「政党・政治家への支持傾向」と「政治に関して各メディアの情報をどの程度参考にしているのか」との間の相関係数

政党・候補者	一般紙（新聞）	地方紙（新聞）	テレビ
自民党	0.120**	0.011	0.082*
大阪維新の会	－0.038	－0.101*	0.148**
竹山修身（当時堺市長）	0.074	－0.007	0.081*
橋下徹（当時大阪市長）	－0.063	－0.098#	0.116**

#：10%有意傾向　*：5%有意　**：1%有意　***：0.1%有意（出典：沼尻他（2015））

断してしまう傾向が強まってしまう事が示されている。同時に、大衆性が高い人ほど候補者の「政策」や「政党」を考えなくなる傾向も示された。そして、そうした傾向の中でも、最も強い統計的関係が見られたのは、「大衆性が高い人ほど、『おもろい候補者かどうか』という基準を重視していくようになる」という点であった。

　つまり首長選挙の時、今日の「大衆人」たちは、候補者の「政策」「政党」などの真面目な側面についてはとりたてて注意せず、メディアや周りの人たちの評判に基づいて日和見主義的に判断する一方、最も決定的な要因として何を考えているのかと言えば、その候補者が「おもろいかどうか」という、「ふざけた基準」と言わざるを得ない基準でもって投票している様子が、実証的に示されたのである。

　一方、沼尻他（2015）では、同じく 2013 年の大阪府堺市にて、政党・政治家への支持傾向と「政治に関して各メディアの情報をどの程度参考にしているのか」との間の関係を調査し、表 1·2 の結果を得ている。この表 1·2 に

示すように、「新聞を参考にする人」は「大阪維新の会」よりも自民党を支持する傾向にある一方、「テレビを参考にする人」は、自民党よりも「大阪維新の会」を支持する傾向がある。同様に、代表的な改革派首長である橋下徹大阪市長を支持する人は、新聞よりもテレビをより強く参考にしている人で、その傾向は自民党の竹山修身堺市長を支持する人とは真逆であることも示されている。

ここで、テレビの方が新聞よりも「イメージ」や「ムード」「雰囲気」の情報が伝達される一方で具体的な政策論的な情報はあまり伝達されない、という既往研究（松葉・上田、2011／横山滋、2001）で明らかにされている傾向を踏まえると、以上の結果は、イメージやムード、雰囲気を重視する人ほど改革派首長・政党を支持する一方、理性的な政策論を重視する人ほど、改革派の政党や首長を「忌避」することを示している。

さらに、これら二つの分析結果から次のような傾向が存在している事が分かる。すなわち、人々が大衆化すれば、「マジメ」な政策論よりも「おもろいかどうか」といったイメージ等を重視するようになり（中尾他、2014；表1・1参照）、その帰結として新聞よりもむしろテレビを重視するようになると同時に、改革派の政党や候補者がより強く支持されていくようになる（沼尻他、2015；表1・2参照）、という本章冒頭に記載した図1・1に示したような因果構造である。

つまり、大衆化は、改革派首長と、彼らによる不条理な改革を生み出す母体となるのである。

なお、以上は「選挙」に着目した議論であったが、大衆人は、より直接的に「改革」を支持する心的傾向も、もちろん持ち合わせている。2014年に堺市で行った調査から得られたデータを分析した所、大衆性が高ければ改革政策をより強く支持していく傾向があることが見出されている（沼尻・中尾・宮川、2014）。同時に、大衆性が高ければ、地域への愛着も低減していくことも確認された。その結果、大規模な統治機構改革（いわゆる「大阪都構想」）に対して、大衆性が強い個人程、より強く支持していく傾向も認められた。

すなわち、大都市自治において改革が暴走していく背後には、当該大都市住民の「大衆化」の問題が厳然と存在しているのである。

(3) 自治を破壊する「大衆」

このように、現代の大都市自治の劣化をもたらしている根源因が「大衆化」であることが、実証的に示されているのであるが、ここでは、オルテガ (1930) の大衆社会論に基づいてその社会哲学的根拠を論ずることとしたい。

まずオルテガは、特定の社会階層の事を「大衆」と呼称しているのではなく、以下のような心的傾向を持つ人々すべてを「大衆」と呼称している。

「大衆とは、善い意味でも悪い意味でも、自分自身に特殊な価値を認めようとはせず、自分は"すべての人"と同じであると感じ、そのことに苦痛を覚えるどころか、他の人々と同一であると感ずることに喜びを見出しているすべての人のことである。」(p.17)

一方、「大衆」とは「真逆」に位置する対照的存在を「選ばれた者」(あるいは精神の貴族) と呼称し、その特徴を次のように論じている。

「選ばれた者とは、われこそは他に優る者なりと信じ込んでいる僭越な人間ではなく、たとえ自力で達成しえなくても、他の人々以上に自分自身に対して、多くしかも高度な要求を課す人のことである。」(p.17)

すなわち、「大衆」とは如何なる要求にも耳を貸さず、如何なる責務も負わず、そして、如何なる価値を自らに認めない存在なのである。その意味において、彼の精神は、外部世界からも如何なる理想像からも切り離された、徹底的な「自己閉塞性」(藤井・羽鳥、2014) を宿したものなのである。

さらにオルテガは、大衆人の精神の特徴について次のようにも論じている。

「今日の大衆人の心理図表にまず二つの特徴を指摘することができる。つまり、自分の生の欲望の、すなわち、自分自身の無制限な膨張と、自分の安楽な生存を可能にしてくれたすべてのものに対する徹底的な忘恩である。この二つの傾向はあの甘やかされた子供の心理に特徴的なものである。」(p.80)

つまり大衆人の精神は、とてつもない「傲慢性」(藤井・羽鳥、2014) をたたえているのである。

オルテガは、こうした大衆の精神の在り様を "vulgar"(俗悪) と形容し、選ばれし者の "noble"(高貴) なる精神とは完全に一線を画すものであると指摘している。

なお繰り返すが、この俗悪と高貴の区分は、あくまでも人間の種別の違い

であり、オルテガ自身、次のように改めて論じている。

「社会を大衆と優れた少数者に分けるのは、社会階級による分類ではなく、人間の種類による分類なのであり、上層階級と下層階級という階級的序列とは一致しえないのである。」(p.18)

このように俗悪と高貴の区分は階級の上下とは無縁なのであるが、それどころか、知識人や科学者等の専門主義に陥っている人々こそが「大衆人の典型」(p.155)であるとも断じている。

さて、こうした大衆人が自治を行えば、その自治は言うまでも無く「悪夢」のような代物となる。自己閉塞し、あらゆる責務を無視し続けるのみならず、あらゆる欲望を他者に要求し続ける「甘やかされたお坊ちゃん」——こうした彼らの精神は「自治」において求められる精神的資質の一切が消失していると言わざるを得ない。そもそも自治とは「自分や自分たちに関することを自らの責任において処理すること」であるが、大衆化した精神は、一切の「責任」を放棄するが故に、そのような「さまざまな事柄を自らの責任において処理する」という自治ができるはずはないのである。

しかも、そうした自己閉塞した精神では、複雑な自治体の政治行政で求められる政策論を理解しようと努力するはずもない。一方で、閉塞した精神でも理解可能な「イメージ」や「雰囲気」といった徹底的に非理性的かつ不条理な基準でもって、投票判断を執り行うようになってしまうのである。これこそ先に紹介した、大衆人たちが新聞よりもテレビを、政策よりも「おもろいかどうか」や「評判」を重視して投票先を決めるという実証データがもたらされた論理的背景なのである。

(4)「都市」が「大衆」を生み出す

では、自治を破壊する甘やかされたお坊ちゃんとしての大衆人は、いかにして、この世に生まれ出たのか —— その背景にあるものこそが「都市化」である。

そもそも、大衆が生み出されるのは、人々の精神が「共同体から隔離」されてしまうためであることが知られている（藤井・羽鳥、2014）。なぜなら、我々の精神が共同体から隔離されてしまえば、大衆を生み出す根源因である

「自己閉塞性」が、各人の精神にもたらされてしまうからである。
　一方、現代人の精神が共同体から隔離されていく最大の要因の一つが、「都市化」である。
　例えば、一家族当たりの家族人数に着目すれば、全国平均で2.41人のところ、日本で最も都市化が進んでいる東京は2.03人と、ワースト一位である。あるいは、渡部・金児（2004）は、大阪府内の都市部と近畿の他府県の農村部とで、共同体に関わる意識・行動が大きく異なることを実証的に明らかにしている。すなわち、都市部の方が農村部よりも「近所づきあい」も「親戚づきあい」も低密度であり、かつ、「共同意識」も希薄であることを見出している。また、家族人数も、農村部4.19人に対して都市部は3.09人に過ぎない。
　つまり、都市生活者の精神は共同体から遊離している傾向が強く、大衆化していく危機を、農村部に比べ濃厚に持っている状況にあるのである。
　さらに、都市部内部でも、共同体からの遊離／統合の程度が異なることが、第3章「都市居住者と社会的統合」の中で明らかにされている。すなわち、いわゆる新興の住宅地においては、社会的統合が不十分である一方、古くからの都市部においては、社会的統合が比較的進んでいることが示されている。
　以上の事はつまり、都市化が進めば進むほどに人々の大衆化が進行する危険性が高まるのであり、かつ、都市化して間もない地区においてはその危険性はより高いのである。

2　大都市自治における「改革」全体主義

　以上、都市部において大衆化が進行し、その結果、人々が政策の中身を吟味する傾向が低下し、イメージや雰囲気、テレビ的な「おもろさ」ばかりが重視され、その帰結として「改革」が支持されていく様子を、実証データを用いながら描写した。その結果、大都市自治においては、「改革が必要だ」と皆が口にし始める空気が立ち現れ、改革を批判すること自体が憚られるような「こわばった空気」が濃密化していくこととなる（あらためて、本章冒頭の図1・1を参照されたい）。
　そうした「空気」がはびこる社会状況そのものを、社会哲学者ハンナ・ア

ーレントは、「全体主義」(totalitarianism) と呼称した。そして彼女は、先に論じた「大衆」こそが、この全体主義の母体であると論断している（アーレント、1951）。

「全体主義運動は大衆運動であり、それは今日までに現代の大衆が見出し自分たちにふさわしいと考えた唯一の組織形態である。」(p.6)

つまり、「大都市」において大衆化が進行し、そこで彼らが「自治」という組織的行為を行わんとする限り、そこに「全体主義」が生まれ出でるのは避けることのできない必然なのである。

ところで既に序でも指摘したが、現代の政治学で全体主義といえば、「国家」の政治社会体制を意味するものとして用いられているのが一般的であるが、ここではその概念の汎用性の高さ、ならびに、その現象記述能力の高さに着目し、「大都市自治」の今日の姿を適切に描出することを企図して、「全体主義」という概念を援用する。

(1) 全体主義の構造

全体主義とは、「『兎に角、全体に従うべし』という考え方、およびそれに基づく社会現象」を意味する（藤井、2015a）。例えばナチス・ドイツでは、独裁者ヒトラーが中心となって主張された「ナチズム」（国家社会主義と訳出されることが多い）に「兎に角従うべし」というこわばった空気に支配されていた。アーレントはそうしたナチス・ドイツを主たる題材として考察を加え、全体主義の構造の主たる特徴をさまざまに論述しており、藤井(2015a)ではそれら特徴を以下の7項目にまとめている。

①思考停止：全体主義は、人々が「思考」している限り立ち現れない。そもそもナチス・ドイツで人々が絶対的に従うべきだと言われていた「ナチズム」には統一的な思想体系は無く、深刻な矛盾をいくつも抱えた代物であった。したがって「思考」する能力さえあれば、ナチズムの「胡散臭さ」「いかがわしさ」は、いとも容易く理解できるものだった。しかし、人々が思考能力（ability to think）を失い、思考停止に陥っていたとすれば、そのような代物に対してもいとも容易く「兎に角従う」ことが可能となる。そしてこうした思考停止こそ、オルテガの「大衆人」の最大の特徴である。

彼らはあらゆるものから自己の精神を遮断する自己閉塞性と、閉塞した自己の中で是としたものが絶対的なものであると確信できる傲慢性の双方を兼ね備えた人々だからである。彼らの傲慢性と自己閉塞性故に、自分が信奉する教理や思想に、どれだけ惨たらしい矛盾や誤謬があろうが一切頓着せず、信じ続けることも、恥も外聞もなく人前で繰り返し主張し続けることもできてしまうのである。

②俗情：(完璧な) 大衆人たちは考える能力を持たない。にも関わらず、特定の教理・思想を信奉するに至るのはなぜかと言うなら、彼らに「俗情」(俗悪なる感情) があるからである。つまり、特定の思想や教理を信奉したことにすれば彼らにとって都合がよい ―― そういう構造があるからこそ、彼らはそれを金科玉条の如く信奉するのである。

③似非科学：ただし、彼らが信奉する教理・思想の矛盾や批判があることについては、一定の認知的な不快感 (不協和) を感ずる程度の能力は、彼らにも残されている。それ故彼らはその不快感を払しょくするもっともらしい理屈を希求する。しかし、全体主義で信奉されるものはすべからくでたらめの代物であるから、それは必然的に後付けの「似非科学」とならざるを得ない。かくして、ナチズムにおいては学者たちがそれを「理論的」にサポートする百科騒乱の似非科学が供出されたのである。

④プロパガンダ：繰り返すが全体主義で信奉される教理・思想はでたらめな代物である。だから思考が少しでも動いている人々にしてみれば、胡散臭くかつ滑稽なウソ話に過ぎない。だからこそ似非科学が供出されるのだが、それと共に大々的に繰り広げられるのがプロパガンダである。プロパガンダの本質は、ナチス行政の総責任者だった啓蒙・宣伝大臣ゲッペルズの次の言葉に現れている。『大きな嘘を何度も繰り返せば、人々は最後にはその嘘を信じるのだ』。全体主義はウソで塗り固められた社会運動である。だから、そのウソを真実だと言い続けなければ全体主義は成立しない。だから全体主義においてプロパガンダは枢要かつ必須の役割を担うのである。

⑤テロル：全体主義においてプロパガンダと同時に不可欠なのが「テロル」(暴力・威嚇) である。このテロルの本質も、ゲッペルズが次のように的確に言いあてている。『国家のためにすべての力を反対意見の抑圧に用いる

ことは極めて重要だ。真実は嘘の不倶戴天の敵であり、したがって、真実は国家の最大の敵なのだ』。つまり、全体主義の最大の敵が「真実」なのであり、したがって全体主義を維持するためには、真実に対する徹底的な「弾圧」が必要なのである。そしてこのテロルこそが全体主義の根幹をなすものなのである。アーレントが主張したように「テロルは全体的支配の本質そのもの」なのである。

⑥官僚主義：全体主義が成立するためには、似非科学に守られた「ウソ」をプロパガンダで繰り返しつつ、あらゆる「真実」に対して容赦なくテロルを仕向け、弾圧し続けなければならない。これらはいずれも膨大な作業量を必要とする以上、その効率的な処理システムが必要となる。かくして全体主義では必然的に（思考停止に基づく命令遂行と出世を至上の善とする）「官僚主義」がはびこることとなる。

⑦破滅：全体主義は「でたらめとウソ」に基づいて政治社会を運営するものである。したがって、それは確実に（ナチス・ドイツが滅亡したように）「破滅」にたどり着く。逆に言うなら、全体主義はそれが続く限りにおいて、必ず破滅する宿命を持つ。

(2)「改革」全体主義の構造

以上、全体主義の基本構造を描写したが、いま、大都市自治ではびこりつつあるのが、「とにかく改革すれば、それでいい」と考える「改革」全体主義である。

藤井（2015a）でも改めて論じたように、この「改革」全体主義は今、日本全体を巻き込んで進行しているものであり、その典型例が、国民から熱狂的に支持されながら進められた小泉政権による郵政民営化や構造改革、民主党政権による事業仕訳等であった。

そして今、それがまさに、大都市自治で大きく展開しようとしている。

そもそも、本章冒頭で概観した「改革派首長」たちが進めている地方自治では、アーレントが指摘した全体主義の各種特徴が明確に見て取ることができる。ついてはここでは中でも特にはっきりとした形で「改革」全体主義が展開されている、大阪維新の会代表・橋下徹市長を中心とした大阪の地方自

治行政を取り上げ、「大都市自治における『改革』全体主義」の相貌を描写する。

　まず、改革派首長の代表と言うべき橋下市長は、旧来のものを破壊して新しいものにすげ替えていく「改革」を断行すべしという論理をあらゆる行政領域に適用していった。例えば、彼が中心となって打ち立てた地域政党「大阪維新の会」の政策マニフェストには、「新たな統治機構を構築する」と謳い挙げられている。彼らはそれを「大阪都構想」と呼称し、彼らが目指す改革の最終ゴールに据える一方、それに向けた実にさまざまな改革を教育、医療・福祉、公務員・労組関係、産業政策といったさまざまな領域で進めていった。こうした改革の内実、ならびに（公益損失を含めた）帰結については、第2部を参照願いたい。

　そしてこうした改革は、大阪の人々に熱狂的といってよい程に強く支持された。例えば、橋下氏の市長就任当時の支持率は、実に7割を超えていた。

　そしてそれは、本章冒頭で述べたとおり、都市化の進展に伴って増殖していった「自己閉塞性」と「傲慢性」の双方を兼ね備えた大衆人においてより顕著となった。彼らは、政策の中身を考えることをせず、（「おもろさ」に代表される）イメージや雰囲気のみを重視して投票判断を行っていった。すなわち彼らは、「思考停止」をしたまま、政策判断に加担していったのである。

　しかも今、大阪は他の地方都市と同様に、経済的な疲弊が長らく続く状況となっている。それは人々に貧困化の苦悩をもたらした。さらにかつては東京に匹敵するほどの勢いがあったものの、高度成長期以降、大阪の「地盤沈下」は激しくなっていった。そんな中で、大阪は東京に対して大いなる「コンプレックス」（劣等感）を抱くようになっていく。そんな大阪の人々にとって「都構想」という改革は、大阪が再び東京のように勢いづいていくイメージと重なり、劣等感と貧困下の苦悩という二つの俗情を同時に満たすものとして認識されていったと考えられる。しかも、さまざまな行政改革は、その経済的疲弊の中にあっても特権階級であり続けた役人たち、とりわけ「大阪市役所」に対するルサンチマン（怨恨）の憂さ晴らしという側面も見いだせる。かくして、こうした複数の俗情のおかげで、「改革」はより強く人々に支持されるようになっていった。一方で、それら大衆の俗情に応える政策を公

約に掲げる橋下氏、ならびに、彼が率いる大阪維新の会の議員たちは、改革を唱えてさえいれば選挙に勝て、支持率が確保できるという傾向が強くなっていった。かくして、大衆と政治家の利害が「改革」という一つのキーワードの下、結託する状況となっていったのである（この事態は、第一次大戦に敗れた劣等感と言う俗情を抱いていたドイツ国民と、独裁者に上り詰めるという俗情を抱いたヒトラーとが、結託していった構図と完全に同じものである）。

　ただし、それら改革には、根強い批判もあった。そもそも、「都構想」をはじめとした諸改革の多くは、大阪の未来の発展のために理性的に作りあげられたものでは全くなく、「改革する」という結論を固定した上で、さまざまな理屈を組み合わせて作りあげられた代物に過ぎない、という側面が色濃くあった（例えば、藤井、2015b 参照）。それ故、大阪市では、さまざまな学者を「特別顧問」として雇いあげ、彼らに「改革」を指導させると共に、それが如何に素晴らしいものであるかの言論活動の展開が奨励されていった。例えば「都構想」をめぐっては、2015 年 5 月 17 日の住民投票直前では、学者間でさまざまな論争が展開されたが、「都構想」を支持する言論活動を積極的に展開していた学者の「すべて」が（ごく限られた人数の）大阪市特別顧問であった一方、反対する学者はその数十倍の数に上るという事態となっていたことが報告されている（藤井、2015c）。これはつまり、橋下改革を支持する学術的理論は、「似非科学」としか言い得ぬものであった可能性を濃密に示している。

　さらに、大阪市における最大の改革である「都構想」をめぐっては住民投票が行われたため、そのプロパガンダと、（ゲッペルズが言うところの）「真実に対する弾圧」としてのテロルが遂行された。前者については、テレビメディアが徹底的に活用された一方で、後者のテロルについては、公権力を活用しながら、真実を語る学者のテレビ出演を阻止するための圧力を徹底的にかけるという手口が活用されている（詳細については第 4 章「大都市自治における『言論弾圧』」にて述べる）。さらには、そうしたテロルはマスメディアのみならず「議会」に対しても繰り広げられ、議会の運用では「自由民主主義」の根幹を揺るがせるほどの暴挙が重ねられていった。その相貌につい

ては第 2 章「大阪市住民投票という『テロル』を検証する」にて詳述する。

　一方、これだけの大きな大都市での改革であるから、その実務遂行にあたっては全体主義の頂点に立つ権力者の意向が末端まで行き渡るための徹底的な効率性が求められる。とりわけ、上記のプロパガンダの遂行にあたっては、通常の地方自治組織が執り行える水準をはるかに超えた高水準の戦略が展開されていった。また、「都構想」をはじめとした諸改革の推進派、官僚機構が徹底的に活用されたのは言うまでもない。

　このように、大阪では、本章冒頭で紹介した大衆人たちの「思考停止」に基づく投票行動に裏打ちされつつ、テロルとプロパガンダ、似非科学、官僚機構を駆使しながら「改革」が進められていったのである。最終的な改革のゴールとしての「都構想」それ自身は、2015 年 5 月 17 日の住民投票で一旦は否決された形となっているものの、それを支持する大衆的俗情は未だ残存している。したがって次また、如何なる形で大衆の「反逆」(c.f. オルテガ、1930) としての「改革」が展開されていくのか誰にも分からぬ状況にあるのである（事実、2015 年 11 月 22 日の大阪府知事・大阪市長ダブル選では「橋下維新」は「都構想」を再び公約に掲げている）。

　しかも、こうした「改革」全体主義は、今後の大阪のみならず、あらゆる大都市の自治において立ち現れ得るものである。なぜなら本章冒頭で詳しく確認したように、今、日本中で都市化が進み、それを通して人々の大衆化が激しく進行している状況にあるからである。人々が大衆化するほどに、刺激的な改革が人気を博し、それに踊らされる格好で「改革派首長」が誕生していくのである。

　理性的で合理的な自治、行政を展開するためにも、思考停止に基づいて改革をただひたすら追い求める不条理な「改革」全体主義の到来は、是が非でも避けねばならない。そのためにも、本書で紹介する「大都市自治」における全体主義の「理論的構造」と、具体的な「実情」を、さまざまな角度で深く認識することは、極めて重要な意味を持つものであると考えられる。

【参考文献】
・田村秀（2014）『改革派首長はなにを改革したのか』亜紀書房
・中尾聡史・沼尻了俊・宮川愛由・藤井聡（2014）「大衆性と投票行動の関連性に関する研究」『土木計画学研

・沼尻了俊・中尾聡史・宮川愛由 (2014)「地方行政の統治機構改革に対する態度形成要因に関する研究」『土木計画学研究・講演集』CD-ROM、Vol.49
・沼尻了俊・宮川愛由・神田佑亮・中尾聡史・藤井聡 (2015)「地方行政をめぐる人々の支持意識、投票行動と接触メディアの関係分析 ―大阪・堺における実証分析」『人間環境学（投稿中)』
・羽鳥剛史・小松佳弘・藤井聡 (2008)「大衆性尺度の構成 ―"大衆の反逆"に基づく大衆の心的構造分析」『心理学研究、79(5)』pp.423-431
・ハナ・アーレント、大久保和郎・大島通義・大島かおり訳 (1951；1972、1974)『全体主義の起原1・2・3』みすず書房
・藤井聡・羽鳥剛史 (2014)『大衆社会の処方箋 ―実学としての社会哲学』北樹出版
・藤井聡 (2015a)『〈凡庸〉という悪魔 ― 21世紀の全体主義』晶文社
・藤井聡 (2015b)『大阪都構想が日本を破壊する』文春新書
・藤井聡 (2015c)『大阪都構想は、マジで洒落にならん話(1) ―賛成する学者なんて誰もいない編』現代ビジネス
・ホセ・オルテガ・イ・ガセット、神吉敬三訳 (1930；1995)『大衆の反逆』ちくま学芸文庫
・松葉侑子・上田修一 (2011)「テレビニュースと新聞におけるエピソード型フレームとテーマ型フレーム：総選挙報道の分析」『三田図書館・情報学会』65、pp.83-107
・横山滋 (2001)「ニュースメディアとしてのテレビの特性」萩原滋編『変容するメディアとニュース報道』丸善、pp.51-66
・渡部美穂子・金児曉嗣 (2004)「都市は人の心と社会を疲弊させるか？」『都市文化研究3号』pp.97-117

第2章
大阪市住民投票という「テロル」を検証する

藤井聡

1　子供の遊び場と化した政治

　わが国では現在、「住民投票は素晴らしい」という趣旨の言説を耳にすることが多い。マスメディアや学術界、言論界は、そういう論調の議論に満ちあふれている。
　しかし、そんな言説は、単なる質の悪いデマに過ぎない。そもそも「真実は少数に宿る」のは日常茶飯事だ。だから、多数決で物事を決することが「すべからく」素晴らしいともてはやす風潮は何ら正当性を持たぬデマの類なのである。
　しかも、政治というものはそれが経済であれ戦争であれ何であれ、人々の将来の生き様、死に様を規定するものである。社会哲学者ハンナ・アーレントが『イェルサレムのアイヒマン』(1963) の中で語ったように、「政治は子供の遊び場ではない」。
　だからまっとうな良識を携えた人々は誰もが、政治における判断に際しては、とりわけ慎重になる。
　しかし驚くべき事に、以上の話を理解できない人々が、つまり、「子供の遊び場」と「政治」との区別がついていない人々が大量に生息している。
　そして特に残念な事に、2015年5月に行われた「いわゆる『大阪都構想』(以下、「都構想」と略称) をめぐる住民投票」では、子供の遊び場と政治との区別が何らついていない大量の言説が飛び交った。例えば、その典型的なものとして、次のようなものがあった。
　「彼 (橋下氏) が発する「甘言」はすべて嘘だと思っている。それでも、

『東京には負けへんで!』という大阪人の心をくすぐる、彼の攻めの姿勢には賭けてみたい。」

つまりこの論者は、橋下氏が言う話は「すべて嘘」だと断じているのだが、驚くべき事に、それでもなお橋下氏に「賭けてみたい」とのたまったのである。

ではなぜ賭けてみたいのかと言えば、橋下氏の「攻めの姿勢」には心がくすぐられるからだそうである。「すべて嘘」ならこの論者が認識している橋下氏の「攻めの姿勢」なるものも「嘘」だと思っても良さそうなのだが、それだけは「嘘」だとは思っていないらしい。

嘘で塗り固められた「攻めの姿勢」に賭ける —— つまり彼は、詐欺師の詐欺を詐欺と知りながらそれでもなおその詐欺師の詐欺に賭けると言っているわけだ。

これはもう「狂気」でしかない。

こんな馬鹿馬鹿しい話を、どこかの個人がネットのブログやツイッターでつぶやいているだけなら、黙って見過ごすこともできる。

しかし以上の主張は、日本の五大新聞の一つである産経新聞が立ち上げたインターネットジャーナル iRONNA にて、都構想の投票直前に大々的に組まれた『大阪都構想、やってみなはれ』というタイトルの特集[*1]でなされたものなのだ。そして上記の言説はすべてジャーナル編集長白岩賢太氏のイントロ記事のものである。

公器としてのマスメディアの編集長の言説がこの体たらくである以上、あとは推して図るべしである。ありとあらゆるところであらゆる論者が「子供の遊び場と政治」との区別をつけないままに、「ヤンキーのノリ」(小田嶋、2015)で都構想についての発言を垂れ流し続けたのであり、それが、「都構想」をめぐる言論空間の実態だったのである。

2 「住民投票」の政治決定それ自体が暴挙である

2015年5月17日、「大阪都構想」の住民投票が行われ、都構想は反対多数で否決された。結果、大阪市は廃止は免れ、その存続が決められた。

しかし賛否の票差は 0.8％に過ぎなかった。

したがってわずかな条件が変わっていれば、逆に可決されていたわけである。すなわち今回、あらゆる理性的判断をすっ飛ばした単なる「ヤンキーのノリ」で大阪市がもう二度と戻らない形に破壊されていた事態は十二分以上にあり得た話だったのである。

だから今回は、単に「たまたま助かった」に過ぎないのである。

だからこそ我々は「この事実」を忘れてはならない。「この事実」に思いが至りさえすれば、「直接住民投票に法的権限を付与する」ということが、如何に恐ろしいものであるかが明白になるからだ。

そもそも、「都構想推進」というものが「狂気」の代物に過ぎぬものであることは、行財政学的に言っても都市計画学的に言っても明白だった。詳しくは第 2 部、あるいは『大阪都構想が日本を破壊する』(藤井、2015) に詳述されているが、要点だけを煎じ詰めて言えば、次の二点に集約される。

第一に「都構想」は、大阪市民固有の自治権を廃止し、その権限の一部を大阪府に委譲するものだ。具体的に言うなら、大阪市民が所有している数千億円にも上る「財源」と、まちづくりをはじめとした「権限」を、大阪府が吸い上げる、ないしは (2011 年 6 月 30 日の 読売新聞にて報道された橋下氏の言[*2]を借りるなら)「むしり取る」ものである。大阪市という「公権力組織」を中心とした都構想推進派は、こういう事実を大阪市民に何ら伝えないままに賛成させようとしていたのがこの度の住民投票であったわけだから、それはもう到底「正気の沙汰」とは言えぬ代物だ。

第二に「都構想」は、実現するにも実現後に運用するにあたっても、想像を絶する膨大な行政コスト (つまり、時間、財源、マンパワー) を必要とするものであったことは明白だった。これについてもほとんど何の住民説明もないままに推進派は市民に「都構想」を認めさせようとしていたのだから、この一点だけでももう「正気の沙汰」とは思えぬ暴挙といって差し支えない。

つまり、この住民投票は、「大阪市の自治権」という現在の大阪市民のみならず、子供や孫を含めた子々孫々の大阪人たちが自分の身を守るために貴重な「権利」を、膨大なコストをかけてぶっ壊すかどうかを、後先考えずに「でっけぇことやんだよ！」という気合い一発のヤンキー精神に少なからず影

響された人々に委ねたことを意味しているのである。

　繰り返すが政治的判断は落ち着いた理性的な人物が、落ち着いて冷静に（しかし時に疾風怒濤のごとく迅速に）判断しなければならないものだ。

　だから、今回の騒動において看過されがちな重大な問題は、こんな危険きわまりない住民投票をする事を政治的に決定した、というその事実そのものにあったのである。

3　議会の決定を覆すという自由民主主義に対するテロル

　ここまで話が及べば、その背後にある、都構想騒動における「最大の問題の所在」が、明確なものとなってくる。それは大阪市の存廃に関わる住民投票を行うか否かを決定した際に、その決定に「直接的」ならびに「間接的」に関わったあらゆる人々である。彼等こそが今回の都構想騒動における（都構想を進めようとしていた政治勢力と同様の）最大責任者なのである[*3]。

　しかも、今回の住民投票には、以上に述べた問題とは全く異なる、別次元の極めて深刻な問題があった。

　住民投票が決められた「プロセスそのもの」の問題である。

　今回の住民投票となった「特別区設置協定書」は、一度議会で否決されたものと基本的に同一のものであった。すなわち、特別区設置の基本法において法的に定められた政治プロセスにおいて規定されている「市議会」ならびに「府議会」にて明確に否定されたものなのである。それにも拘わらず住民投票が決せられたのだから、これは「市議会」ならびに「府議会」というシステムそのものをあからさまに否定するものだと言わざるを得ない。

　そもそも民主主義とは、多数決と同義語ではない。

　民主主義の本質は多数決でなく「自由で理性的な議論」である。

　多数決は、議論の決着がつかぬ場合においてのみ、万やむをえず執り行うものに過ぎない。

　つまり多数決なるものは、熟議が前提なのである。

　そして、市議会、府議会とは、そういう「熟議」を行うための場であり、日本の民主政治の中で最も尊重されねばならぬものである。にも関わらず今

回の住民投票は、こうした議会の決定を「反故」にした上で、「理性的な議論」とは全く無縁の「政局的理由」でもって政治的に決定されたのである。

したがって今回の一旦否決された住民投票が再可決されるという事態は、あるべき民主主義の制度を根底から全否定するものに他ならないのである。

こうした事態は、議会の決定を不服とした小泉総理大臣が解散総選挙に打って出た2005年のいわゆる「郵政解散」と同様に、わが国の民主政体において決して犯してはならぬ「操(みさお)」を蹂躙する暴挙に他ならない。これがまかり通る事を我々が許すのなら、もう議会など要らないと我々全員が宣言するに等しい。それはすなわち議論のための理性など要らないと宣言するに等しく、かつ、それは要するに自らは野蛮人でもかまわないのだと開き直るに等しい。野蛮人であると開き直るとは、あらゆる不正や暴力、テロルを、他者からの物理的妨害が無い限りやり続けるのだと自認するに等しい。

つまり、単なる特定の政治勢力の政局の都合だけで、一旦下された議会の結論を覆して、否決された住民投票を行うという政治決定に、間接的にも直接的にも荷担した人々は、理性をかなぐり捨て、あらゆる不正やテロルを許容してもよいと宣言したに等しいのである。そして、この問題に対して何の批判も差し向けぬ人々は皆、そういうテロルを黙認したに等しいのだ。

つまり、今回、住民投票を決定するという行為それ自身が、民主主義を否定するテロル（＝不当なる暴力行為）そのものだったのである。

もちろん、住民投票の決定は、法律違反ではない。

しかし、法律違反をしないでもテロルを完遂できる事などいくらでもある。実際今回は、圧倒的な資金力を伴った公権力によるプロパガンダによって流布されたデマによって大阪市民の自治権を破壊される寸前だったのである（例えば、第4章、第6章を参照されたい）。テロルとはそもそも、正当性無き物理的暴力である。だから、この住民投票を通した大阪市民の自治権破壊は、仮に法律に沿った手続きで進められたとしてもテロル以外の何ものでもなかったのである。

4 橋下大阪市長の振る舞いは、論理構造上「業務上過失致死傷罪」と同義である

　さらに言うなら、その住民投票が決定された後の公権力者・橋下徹市長の振る舞いそのものも、根拠法の「精神」を著しく踏みにじるものでもあった。

　そもそもその根拠法には、「(関係市町村の) 長は、住民投票に際し、選挙人の理解を促進するよう、特別区設置協定書の内容について分かりやすい説明をしなければならない。」(第7条第2項) という条文がある。住民投票を行うのであるから、しつこい程の「分かりやすい説明」が求められるのは当たり前の事だ。もしそれができぬのなら、住民は理性的な判断が不可能となり、取り返しのつかない政治的決定が下されてしまい、子々孫々の生命と財産に関わる巨大な不利益がもたらされる事 (いわば、子々孫々の人々において広義の「死傷」が生ずる事) が決定的となるからだ。

　つまり、市長が協定書内容をきちんと説明するか否かは、マナーとか礼儀とかの問題ではなく、子々孫々の生命と財産を守るか破壊するかに直結するのである。だからきちんと説明しないという振る舞いは、論理の構造から言えば大量の大阪市民に対して「業務上過失致死傷罪」という犯罪にすら直結し得る大罪なのである (都構想が通れば大阪の経済は疲弊し、都構想によって増加した生活困窮者の中から大量の自殺者が出たであろう事はいとも容易く想像できるところだ)。

　しかし橋下大阪市長は、この法律で定められている「特別区設置協定書の内容について分かりやすい説明」をしていなかった。橋下氏が大阪市長として開催した説明会では、「特別区設置協定書」の重大事項の大半が説明されず、その代わりに政治家・橋下徹氏の「思い」が長々と講述されていた。しかも、「特別区設置協定書の内容」についての質問があっても十分な回答がなされてはいなかった。

　無論、司法判断を仰げば、橋下市長は「分かりやすい説明を行った」と強弁するだろうが、「分かりやすい説明」があったか否かは、受け手である大阪市民がその説明をそう感じたか否かによる。そして、説明会に参加した大阪市民は、質問に適切に回答されていなかったという大いなる不満を抱き続け

ていたのである。実際、直前のアンケート調査でも、協定書の中身の内容について 7 割の人々が「説明不足」と回答していたのである。

つまり、今回の住民投票における大阪市長の振る舞いはこの根拠法の「精神」を踏みにじるものだったのは明白だったのである。そしてそれ故に、少なくとも論理の構造で言うのなら、橋下市長は重大な「業務上過失致死傷罪」を犯し得る状況にあったのである。

ただし、橋下氏ならびに彼を中心とした政治勢力（以下、橋下維新と略称する）の、「広義の法」に違反するという「罪」を犯す行為、すなわち「犯罪的行為」はそれに留まらない。彼らは、「言うべきことを言わない」というだけでなく、「言うべきことを言っている人物を、権力を用いて黙らせる」という、文字通りの「言論弾圧」をあからさまに行っていた。詳細は、第 4 章を参照されたい。

5 自由と理性の破壊者たちの進化にあわせた進化が求められている

以上、本章では、いわゆる「都構想」の住民投票について、政治哲学的視点から考察を加えた。そして、
①住民投票を決定する「まで」の「公権力者」（政治家）たちの振る舞い
②住民投票が決定された「後」の「公権力者」（政治家）たちの振る舞い
③住民投票をめぐる言論空間の「発言者たち」の言動
のいずれにおいても、大阪を破壊し、日本の自由社会を破壊する「テロル」としか言いようのない側面が濃厚に存在していることを述べた。

公権力者たちは、一旦議会で否決された住民投票を、政局における単なる党利党略のために再可決してしまった。そしてその後も彼らは、党利党略のために、投票対象の協定書の内容の重要事項を分かりやすく説明すべきところ説明しないどころか、それを説明しようとする論者たちを彼らの政治権力を駆使して徹底的に黙らせる圧力をかけ続けた。

一方で、多くの発言者たちは、都構想を論じているふりをしながら、その実、あらゆる理性を停止した上で「なんだかよくわかんねえけど、とにかくやるんだよ！」という「気合い一発」のヤンキー精神でもって、都構想を面

白がってごり押ししようとしていた。

　いずれにせよ、重大な政治的決断を住民に丸投げする「住民投票」という政治的方法は、「間違った政治的決定」をごり押ししたがる公権力者たちにとっては、極めて「魅力的」な方法なのである。なぜなら、彼らの強大な公権力を駆使してデマゴギーに塗れたプロパガンダと言論弾圧を徹底的に進めることで住民投票結果を操作すれば、ややこしい議論などすべてすっ飛ばし、「白いものでも黒ということに」「黒いものでも白ということに」政治的に決定してしまうことができるからである。

　つまり「住民投票」は、議論で負けた狡猾でおぞましき公権力者たちが最後にすがる（物理的暴力で政治決定を勝ち取る方法に次ぐ）最終手段なのである。実際、これまでにおいても全体主義体制が進められる政治状況（例えばナチス・ドイツ）では、住民投票が頻発されてきたことはよく知られた史実である。

　だから大都市「大阪」は、そんな全体主義的な公権力者たちが仕掛けた住民投票という「テロル」によって破壊される寸前のところでギリギリ救われたに過ぎない。このことは、大都市住民たる「大阪市民」の理性が未だ皆無ではなかったことを示す帰結であったと言うこともできる。しかしそれと同時に、彼等の理性あらざる狂気が、大阪市の大都市自治の権限を破壊する寸前のところにまで巨大化していることを改めて証明する帰結ともいえるのである。

　したがってこの結果は、理性的議論の上からは否定せざるを得ないような政治的決定でも、住民投票にさえ持ち込めば、現代日本ならば何とかなるかもしれない、という事を証明してしまったのである。だから無理筋の政治決定を党利党略、私利私欲の視点から望む公権力者たちは、こうした住民投票という手口が、意外と「使える」手口であることに気づいてしまった。

　ただし、それは逆に言うなら、大阪を守り、日本の自由社会を守らんとする者たちにしてみれば、理性と自由の破壊者たちがこういう邪悪な手口をいつ何時使ってくるかも知れないという警戒を片時も怠ってはならない、という事を明らかにする事件でもあったということもできよう。

　いずれにせよ、今回の都構想の住民投票騒動は、現代のわが国において理

性と自由の「破壊者たち」が確実に「進化」してきていることを明らかにしてしまった。そうである以上、理性と自由の「守護者」たらんと欲する者たちは、彼等の進化にあわせて、さらに進化せねばならぬのである。さもなければ、あらゆる大都市自治を、理性と自由の破壊者たちの手から、守ることが不可能となってしまう。この度の悪夢のような住民投票に何らかの意義があったとするなら、その責務を、日本中のすべての大都市における理性ある人々に改めて思わしめたという一点にのみ求めることができるのではないかと思う。

※本稿は、藤井聡（2015）「『大阪市住民投票というテロル』を検証する」『市政研究』188号に加筆修正したものである。

注
* 1　http://ironna.jp/theme/250
* 2　http://b.hatena.ne.jp/entry/www.yomiuri.co.jp/politics/news/20110630-OYT1T00014.htm
* 3　この点については、政治学者の富田宏治（関西学院大学教授）は、各種公表情報を政治学的に総合的に分析した上で、次のような分析結果を報告している。「大阪市議会・府議会が熟議の末に否決した協定書案が、ほぼそのままのかたちでゾンビの如く復活し、住民投票に付されていること。しかもその背景に、改憲を目論む安倍首相と中央政界への進出を目指す橋下市長の政治的取り引きがあったのではないかと強く疑われること。ここにこそ、「大阪都構想」なるものの最大の胡散臭さがあります。野心的な二人の政治家の取り引きの結果、歴史ある大阪市が消滅し、財源も権限も奪われた特別区へと解体される。そしてその結果、大阪市民が築き上げてきた財産が次々と切り売りされ、行政サービスも著しく低下する。そんなことを許して良いのでしょうか。」（サトシフジイドットコム、2015）

【参考文献】
・小田嶋隆（2015）『"都"の前には"未知"がある』日経ビジネス
・サトシフジイドットコム（2015）「大阪都構想の危険性」に関する学者所見（5月9日現在、計108人分）http://satoshi-fujii.com/scholarviews/
・ハンナ・アーレント、大久保和郎訳（1963；1969）『イェルサレムのアイヒマン ―悪の陳腐さについての報告』みすず書房
・藤井聡（2015）『大阪都構想が日本を破壊する』文春新書

第3章 都市居住者と社会的統合
地域住民か匿名の大衆か

薬師院仁志

1　住民投票における賛成票の分析

　周知のとおり、2015年5月17日に大阪市で実施された「特別区設置住民投票」では、僅差ながら反対票が賛成票を上回った。言うまでもなく、この住民投票で問われたのは『特別区設置協定書』に対する賛否であり、具体的には「大阪市を廃止して五つの特別区を設置する」ことの可否が基本的な争点であった。しかし、圧倒的大多数の有権者は『特別区設置協定書』を読んでいないだろうし、その内容を詳しく知らずに投票した者も多かったに違いない。実際、日本経済新聞社とテレビ大阪が4月末の時点で実施した世論調査（『日本経済新聞』電子版 2015/4/30 23:49）でも、「関係者の説明が不十分と感じている人は70％にも達し」ていたのである。端的に言えば、よく分からないまま一票を投じた人が数多くいたということになろう。

　おそらく、住民投票の際に「反対」の意志を示した有権者の中には、良く分からないままに大きな物事が進められることに対して不安や不信を抱いていた人も少なくなかったであろう。一方、「賛成」の意志を示した人々はどうであったのだろうか。諸般の状況から合理的に判断する限り、70万近い賛成票が深い理解に裏打ちされたものだとは、とうてい考えにくいのである。では、何が賛成票を支えたのか。本章では、客観的な数値を軸にして、その原因を推論することにする。

2　社会学者の視点から

　ある社会が、どのような社会であるのか。それを知ることが、社会学の課題である。デュルケームの『自殺論』(1897) が社会学の古典的名著だと評価されるのも、この課題に真正面から取り組んだからに他ならない。

　デュルケームは、「それぞれの人間社会が多かれ少なかれ特有の自殺傾向をもっている」(p.376) ことに関心を寄せた。すなわち、「ほぼ同じ文化の水準に達している諸民族」(p.30) の間でさえ、自殺率の高低に関しては大きな差がある一方、それぞれの国の自殺率は「長期的にみて一定しているばかりか、その不変性の度合は主要な人口現象の比率のそれをも上まわっている」(p.28) という事実に着目にしたのである。敢えて簡単に言えば、自殺率は、高い国（や州等）では一貫して高く、低い国では一貫して低く、「そこにどのくらい自殺が起こるかは、その固有の自殺傾向によって規定されている」(p.383) ということになろう。

　例えば、カトリック教徒の多い国は、プロテスタント教徒が主流の国よりも自殺率が低く、ユダヤ教の場合はさらに低い。デュルケームは、その原因として、「個人の属している社会集団の統合の強さ」(p.247-248) を指摘した。プロテスントの場合、カトリックに比べて信仰における自由度が高い分だけ、個人を集団に繋ぎ止める力が弱く、自殺率も高くなるというわけである。

　ただし、注意が必要だ。数としてプロテスタント教徒に自殺者が多いという点が重要なのではない。それは、単なる結果的現象に過ぎないのだ。正しくは、プロテスタント教徒の多い国では、社会的な潮流や雰囲気が自由放任型になりやすく、個人を集団に繋ぎ止める力も弱くなるということである。その結果、社会全体の自殺率が高くなるのだ。この場合、プロテスタント教徒の多い国で自殺率が高いのなら、自殺者にプロテスタント教徒が多いのも当然であろう。

　もちろん、個々の自殺には、実に多様かつ個別的な事情や動機が見て取れる上、自殺率等、どんなに高くても人口比で 0.1% 以下に過ぎない。となると、自殺はごく一部の個人による私的な行為であり、その数を足し合わせて自殺

率を計算したところで、それが「社会そのものの固有の性格」(p.31) を表しているとは考えられないという主張もあろう。だが、そうではないのだ。

　ここで、ピラフ、箱寿司（大阪寿司）、握り飯の 3 種を思い浮かべてみよう。これら 3 つは、主要構成要素は同質的なのだが、その固まり具合には差がある。そして、子供に与えた際のこぼし具合にも差が出る。もちろん、こぼれる米粒は少数だし、どの米粒がこぼれるのかが問題なのではない。肝心なのは、こぼれ易さを知れば、固まり具合が分かるということである。

　自殺率もまた、これと似ている。人々を所属する社会集団に繋ぎ止める力の強弱が、そこから〈こぼれ落とされる〉個人の割合を規定するのである。その場合、「社会そのものの固有の性格」(p.31) は、「一定数のある種の行為を要求しこそすれ、きまっただれそれの行為を要求するということはない」(p.534)。そもそも、「社会を構成している個人は年々替わって」(p.385) いるにも拘わらず、自殺率は年々一定しているのである。その恒常性は、あくまでも社会の特性であって、その構成員の性質ではない。だからこそ、「それぞれの社会は、歴史の各時点において、ある一定の自殺への傾向をもっている」(p.27-28) ということになるのだ。

　本章は、こうした社会学者の視点から、大阪市住民投票における「賛成率」を分析する試みである。次節以下では、大阪市内 24 区の投票傾向を、それぞれの地域的特性と比較しながら考察し、大都市自治の実態と課題を検討する。

3　2011 年大阪市長選挙との比較

　いわゆる大阪 W 選挙という形で行われた 2011 年 11 月の大阪市長選挙では、大阪維新の会の橋下候補が、無所属の平松候補（民主党大阪府連支援・自民党大阪府連支持・共産党中央委員会支援）に 22 万票以上の差をつけて当選した。この選挙の投票率は 60％を超え、橋下候補の得票は全 24 区で平松氏を上回っていたのである。しかしながら、平松候補の惜敗率は、区ごとに明らかな差が見られた。橋下候補の得票率は、全般的に高かったとは言え、市内全域で均一だったわけではなかったのである。

　一方、2015 年の特別区設置住民投票では、全体としては反対多数となった

ものの、反対票が過半数となったのは全24区中13区に過ぎなかった。大阪市の廃止分割に対する賛否もまた、市内全域で均一だったわけではない。むしろ、2011年の大阪市長選挙の結果と比べても、さらに区ごとの偏差が大きかった。実際、反対票の割合が最も高かった大正区と最も低かった北区とを比較すると、その差は15％を超えていたのである。そこで、2011年大阪市長選挙と2015年住民投票の結果を比較して見ると、いくつかの特徴的な事実が浮かび上がってくる。まずは、データを示そう（図3・1、3・2）。

　当然のことかも知れないが、両回の投票結果には明らかな類似性が見られる。住民投票で賛成率が高かった行政区では――例外もあるが――概して市長選における橋下氏の得票率も高かったのである。橋下徹氏や大阪維新の会の支持が最も高いのは北区と西区、次いで中央区と淀川区と福島区である。逆に、平野区と旭区では、その支持が明らかに低いのだ。なるほど、市長選で橋下氏に投票した者が必ずしも住民投票で賛成票を投じたとは限らないし、3年半の間には有権者の入れ替わりも起こっていただろう。しかしながら、データを見る限り、投票傾向は区によって異なり、それが持続していることは事実なのである。

　もちろん、各行政区の有権者の間に、宗教や民族性等の面で大きな多様性

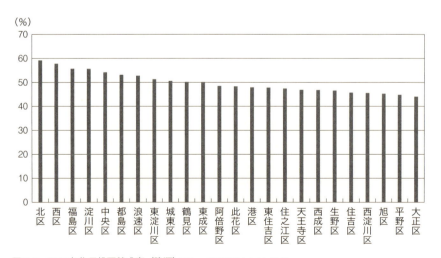

図3・1　2015年住民投票賛成率（降順）(出典：大阪市資料をもとに作成)

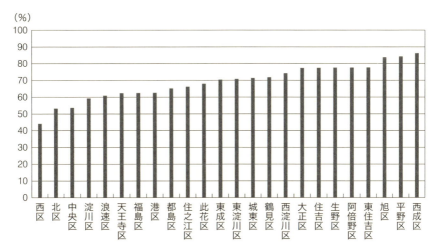

図3・2　2011年市長選挙平松候補惜敗率（昇順）(出典：大阪市資料をもとに作成)

があるわけではない。さらに言えば、行政区は自治体ですらなく、各区の間に根深い利害対立があるわけでもなければ、強固な区民アイデンティティがあるとも考えにくいだろう。それでも、両回の投票結果の類似性に照らせば、その背後に各区の社会的性格の違いがあると推論される。では、何が関与しているのだろうか。

4　行政区の特性と投票傾向

　地域の特性を考えるに際しては、歴史的な要素が重要であることが多い。しかし、大阪市のような大都市の場合、歴史や伝統等、もはや大きな意味を持たないようである。

　1889年に大阪市が成立した際は、東、南、西、北の4区体制であった。これら旧4区は、今日の中央区、西区、北区の範囲と概ね重なる。一方、現在の旭区の区域が大阪市に編入されたのは1925年であり、平野区の場合、現在の平野地域と喜連地域が大阪市に編入されたのは同じく1925年、長吉地域、瓜破地域、加美地域が大阪市に編入されたのは、ようやく1955年になってのことであった。つまり、最も古くから大阪市を形成していた地域において大

阪市の廃止に対する賛成が多く、後になって大阪市に編入された地域において、それに対する反対が強かったのである。こうした状況に、世代を超えた地域アイデンティティの力を感じ取ることはできないだろう。そこで、以下では、大阪市内各区の現状に焦点を当てて分析を進めることにする。

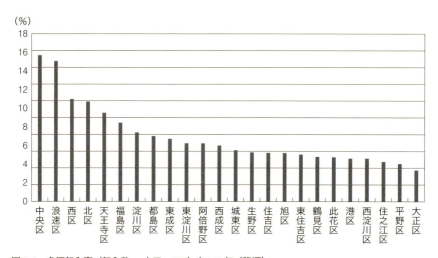

図3·3　各区転入率（転入数÷人口×100）（2012年／降順）(出典：大阪市資料をもとに作成)

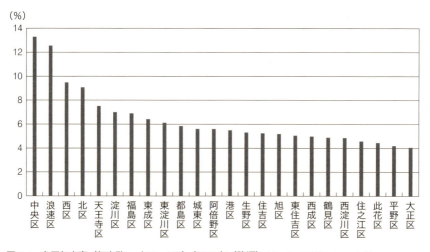

図3·4　各区転出率（転出数÷人口×100）（2012年／降順）(出典：大阪市資料をもとに作成)

歴史的な要素の影響が小さいということの理由として、まず考えられるのが、現在の人口移動の頻度であろう。図3・3は2012年度の各区転入率を、図3・4は同年度の各区転出率を、それぞれ降順で示したものである。

　これらを見ると、ゆるやかではあるが、たしかに住民投票や市長選の結果との相関関係が認められる。維新支持層の多い（橋下氏や大阪維新の会への支持が高い）北区、西区、中央区、淀川区、福島区等では、概して住民の出入りが激しく、逆に、平野区や旭区、さらには住民投票での賛成率が最少だった大正区等では、転入率も転出率も概して低いのである。だだし、新住民に維新支持が多いと判断するのは、いささか早計である。ここで取り扱っているのは集合的なデータであり、観察される相関もまた、地域の特性と投票傾向との関係だからである。このことは、他の指標に関しても変わるところはない。

　次に、各区の住民層について考えよう。それぞれの区に、どのような人々が多く暮らしているのかという問題である。それを知るために、本章では、「全人口に占める65歳以上の者の割合」と、「全世帯数に占める非高齢者単身世帯の割合」を取り上げてみた。なお、後者は、大阪市が発表している統計を利用し、単身世帯数から高齢単身世帯数を減じた値を総世帯数で除して

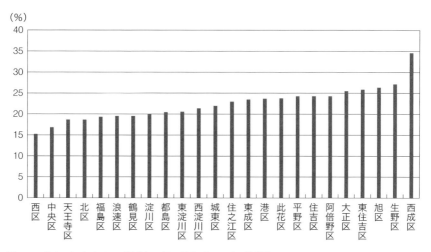

図3・5　全人口に占める65歳以上の者の割合（2010年／昇順）(出典：大阪市資料をもとに作成)

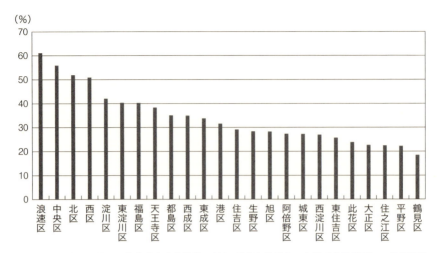

図3・6　全世帯数に占める非高齢者単身世帯の割合（（単身世帯数―高齢単身世帯数）÷ 総世帯数 ×100）（2010年／降順）(出典：大阪市資料をもとに作成)

百分率化したものである（図3・5、3・6）。

　これらのグラフもまた、住民投票や市長選の結果との相関関係を少なからず示している。特に、「非高齢者単身世帯の割合」は、かなり大きな要素であることが見て取れるであろう。浪速区、中央区、北区、西区では、全世帯の半数以上が、65歳未満の者の一人暮らし世帯なのである。このような人々は――とりわけ職場が自区外にある場合――地域社会との関係が薄くなりがちであることは否めない。そして、当然のことながら、そうした住民の多い地域では、人間関係が希薄にならざるを得ないだろう。そこでは、固有名詞を持つ地域住民ではなく、匿名化した大衆が居住者の大半を占めているのだ。

　また、高齢者の割合が高い地域において概して維新支持が低いことの背景として、高齢層ほど大阪市を終の住処だと考える割合が高いということが考えられる。また、既に仕事を退職した高齢者は、自地域の中に居場所を見出すことが多い。こうした事情から、高齢者率の高い区においては、地域社会の紐帯が比較的育ち易いと考えられるのである。実際、老人会的な活動が、地域内の人的交流に寄与していることは、経験的な事実であろう。

　以上で考察したことを確認するために、2015年住民投票における各区の投

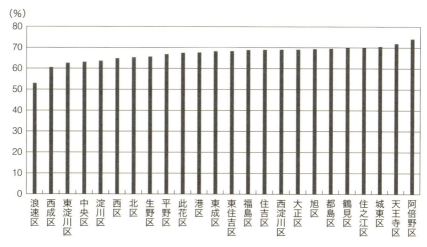

図3・7　2015年特別区設置住民投票・投票率（降順）(出典：大阪市資料をもとに作成)

票率を示すグラフを挙げておこう（図3・7）。投票率は、居住者の自治域に対する関心を反映すると思われるからである。

　これを見る限り、投票率が低い区ほど賛成率が高いという傾向は、一定程度ではあるが、たしかに存在すると言えよう。少なくとも、賛成率の高かった北区、西区、中央区、淀川区等で投票率が低かったことは事実である。つまり、地元への関心が低い地域ほど、概して賛成率が高いというわけである。もちろん、これこそ地域特性の問題であり、棄権した者に賛成率が高い等と言っているわけではない。

　ここで、参考までに、生活保護率を示すグラフを挙げておくことにする(図3・8）。なお、生活保護率は全市平均で5.5％に過ぎず、西成区以外はすべて9％未満である。この値は全国平均よりも高いが、大阪市民の95％近くが非生活保護受給者であるという事実は変わらない。

　なるほど、生活保護率のグラフもまた、各区の投票傾向との相関が高いようにも見える。しかしながら、これは、西成区の突出も含め、「全世帯数に占める高齢者単身世帯の割合」（図3・9）や、先出の「全人口に占める65歳以上の者の割合」等が媒介変数として作用している可能性が高い。また、地価

第3章　都市居住者と社会的統合　　49

が高い市内中心部に生活保護受給者が少ないことは、経済的に見て当然である。

最後に、住民の特性ではなく、地域の特性を示すデータとして、昼夜間人口比率を検討しておくことにする（図3・10）。

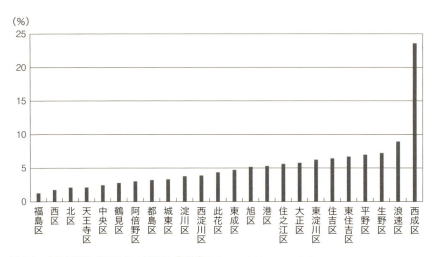

図3・8　生活保護率（2015年4月現在／昇順）(出典：大阪市資料をもとに作成)

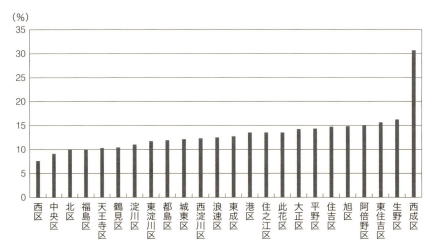

図3・9　全世帯数に占める高齢者単身世帯の割合（2010年／昇順）(出典：大阪市資料をもとに作成)

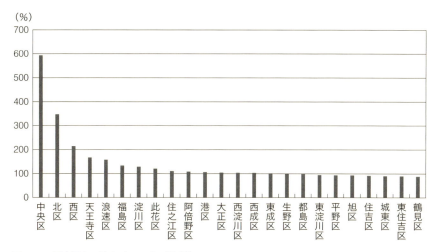

図3-10　昼夜間人口比率（2010年／降順）(出典：大阪市資料をもとに作成)

これを見れば、中央区、北区、西区では、昼間人口が夜間人口を大きく上回っていることが分かる。これらの区では、日の下で出会う者の大半が非住民なのである。これでは、人間関係が匿名化し、地域に根ざした社会関係は生まれ難い。地域そのものが、匿名化してしまうからである。淀川区と福島区でも、昼間人口が夜間人口を上回っていることを考え合わせると、維新支持の割合が高い地域の特性が容易に理解できるであろう。これに対して、旭区と平野区では、昼間人口が夜間人口より少ないのである。換言すれば、匿名化した大衆ではなく、地域住民の姿が多く見られるということになろう。

補足）天王寺区と浪速区の特性

天王寺区は、2011年大阪市長選挙と2015年住民投票とで投票傾向が明らかに逆転した唯一の区である。これは、天王寺区において公明党の支持率が比較的高いことが影響していると思われる。事実、2014年12月の衆議院議員総選挙における公明党の得票率を見ると、大阪市全体で17.92％だったのに対し、天王寺区は20.17％であった。なお、2015年住民投票において、大正区で――もともと維新への支持は相対的に低いのだが――反対票の割合が非常に高かったことも、同様の理由であると推察される（大正区の2014年

衆院選における公明党の得票率は 22.47%）。

　また、投票率に関しては、浪速区の低さが際立っている。浪速区は、高齢化率が低く若年単身者が多いことに加え、住民の転入出が激しく短期居住者の割合が高いという特徴を持つ。実際、区の人口（6万 9000 強）に比べて有権者数（4万 9000 弱）が非常に少ない（70.85%／全市平均＝ 78.12%）のである。となると、自地域に対する関心の薄い居住者の割合が高くなり、投票率が下がるのも不思議ではなかろう。その一方、浪速区には、古くからの低額家賃のアパートが数多く残る地区があり、そこに生活保護を受けている単身高齢者が集まるという傾向もある。実際、浪速区の生活保護率は 9% に近く、平野区より高いのだ。つまり、浪速区は、北区や西区的な特徴と、大正区や平野区的な特徴を併せ持っているのである。そのことが、高齢化率が低く若年単身者が多いにも拘わらず、大阪維新の会に対する支持が北区や西区ほど高まらない原因になっていると推察される。

5　賛成票の立脚点

　橋下氏や大阪維新の会に対する支持が高い地域は、概して住民と地域との紐帯が弱く、居住者が匿名の大衆と化し易いという特性を持つ。このことは、もはや明らかであろう。なぜ、そうなのか。もし各自がデタラメな選択をしていたのなら、持続的な投票傾向等生まれない。その背後には、何らかの理由があるのである。それを解明するために、興味深いデータを紹介しよう。2007 年の大阪市長選挙における、平松候補の各区得票率である（図 3・11）。

　もちろん、2015 年の住民投票と 2011 年の市長選挙が二者択一であったのに対し、この選挙では得票率 10% を超えた候補が 4 人もいたので、単純な比較はできない。それでも、北区と西区の数値が非常に高い点は注目に値しよう。この両区は、2011 年の市長選挙でも 2015 年の住民投票でも、維新支持率が際立って高い地域だったからである。

　なぜ、そうなったのか。結論から先に述べると、北区や西区の投票傾向の背後にあるのは、刷新や改革といった抽象的なイメージなのだ。周知のとおり、2007 年の市長選挙で当選した平松氏は、大阪市初の民間企業出身の市長

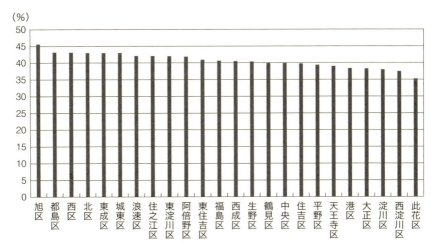

図3・11 2007年大阪市長選挙・各区別平松候補得票率（降順／対投票者数で算出）(出典：大阪市資料をもとに作成)

であった。それまでの長い間、大阪市では、助役から市長になるという流れが定着していたのである。そうした中、民間出身の平松氏は、その経歴だけをもって、斬新な改革派というイメージ──それが虚像ではないにせよ──を短絡的に貼付されていた。端的に言えば、政策や主張の具体的な中身よりも、むしろ「官から民へ」という短絡的で分かり易い改革イメージが、北区や西区の投票傾向に影響を与えたと考えられるのである。

　社会的統合の力が弱く匿名化した環境の下では、地域に密着した具体的な政策は地元世論を喚起しにくい。それに対して、何であれ「改革」であれば、ともかく「善」だという抽象的なイメージとして浸透が容易になる。つまり、北区や西区等の場合、2007年の市長選では平松候補に改革派のレッテルが貼られ、2011年の市長選では橋下候補こそ改革派だとイメージが蔓延したということになろう。同様に、2015年の住民投票においても、これらの区に見られた賛成多数は、大阪市の廃止分割という具体的な政策の中身以上に、改革というイメージの影響が大きかったと思われるのである。

6 地域住民としての都市居住者の重要性

　社会的な統合の度合いが低く、居住者と地域との関係が希薄である行政区ほど抽象的なイメージに流された投票傾向が目立つのは、ある意味で当然のことであろう。敢えて極端に言えば、半ば他人事のような雰囲気が漂うからである。このこと自体は、決して望ましい状況ではない。しかしながら、大阪市のような大都市の場合、住民の入れ替わりが激しいことも、昼間人口が非常に多いことも、不可避な現実であると同時に、経済活動の面では好ましい事態でもある。

　匿名の大衆と化しがちな居住者を、いかにして地域住民として統合するか。これが、大都市の自治にとっては大きな課題なのである。この課題は、経済成長によって実現するものではない。ましてや、自治体の人口規模を縮小すれば住民自治が高まる等というのは、大都市地域の現状に照らせば全くの空論である。むしろ、公的機関は、たとえ短期的な経済的利益に繋がらなくとも、広く住民が参加できる活動を支援すべきなのだ。長い目で見た場合、そのことが、都市の発展に繋がるように思えてならない。

【参考文献】
・大阪市都市計画局（2014）『大阪市地域別現状分析』なお選挙及び住民投票のデータは大阪市選挙管理委員会のウェブサイト、生活保護率のデータは大阪市ウェブサイト（http://www.city.osaka.lg.jp/fukushi/page/0000086901.html）を用いたが、その他のデータはすべて本書を元にしている
・デュルケーム、宮島喬訳（1897；1985）『自殺論』中公文庫

第 4 章

大都市自治における「言論弾圧」

藤井聡

　現代の大都市自治においては、大都市住民の多くが「大衆化」し、その帰結として、「自治」に対して非協力的な振る舞いを始める。結果、彼らの俗情（生活に対する不満、嫉妬、ルサンチマン等）に応える有権者を首長に選び、その俗情を満たす「改革」が熱狂的に支持され、それを通して不条理な「改革」が断行されつづけていく──これが、第 1 章で論じた、現在の大都市自治が必然的に陥る「改革」全体主義の構図であった。そして、この大都市自治における「改革」全体主義の典型例として、「橋下維新」による 8 年間の大阪での地方行政が位置づけられる、という点もあわせて指摘した。

　ただし、この橋下維新による全体主義の相貌を的確に理解するためには、アーレントが「全体的支配の本質そのもの」と喝破した、真実と真実を表明する人々に対する「テロル」（暴力・威嚇）、すなわち「弾圧」として如何なるものがあったのかを理解することが重要である。ついては本章では、橋下維新による「テロル」を描写することとしたい。

　ところで全体主義におけるテロルは、全体主義を成立せしめている「ウソ」を崩壊する力を秘めた「真実」に対して仕向けられるものである。一般にそうした真実は、ジャーナリズムにおける「言論」の形で公衆に伝達されるものであるから、真実に対するテロルは、必然的に言論の自由を侵害する「言論弾圧」の形式を帯びることになる。そしてその弾圧は、そのウソを供出している「公権力者」である以上、それは自ずと「白色テロル」（公権力者が反対者に向けて行われるテロル）の形式をとることになる。

　ついては本章では、「橋下維新」が、彼らが唱える「大阪都構想」なるものの虚構性を告発する一人の言論人に対して徹底的に行った言論弾圧という白

色テロの実像を詳細に報告する事を通して、大都市自治において如何なる全体主義が立ち現れ得るのかを描写したい。こうした描写を社会的に共有できれば、大都市自治におけるテロが再発する可能性が低減されるに違いないのであり、それが本章の狙いである。

1　「都構想」を巡る七つの「事実」に対する直接的弾圧

　2015年1月13日、大阪市を解体、再編するいわゆる『大阪都構想』(以下、「都構想」と略称)について、大阪府と大阪市の法定協議会が協定書をまとめ、案が決定された。そしてこれをもって事実上、2015年5月17日に大阪市民を対象として「都構想」の住民投票が行われることが決せられた。

　しかしこの時点で、「都構想」の内実を知る者は極めて限られていた。住民投票の有権者(大阪市民)に限定した筆者等が行ったアンケート調査(2015年2月中旬実施)では、住民投票で可決されても「大阪都」という名称にはならないという事実を知る割合は半数以下で、かつ、「都構想」実現後の府市間の財源分担について知る有権者は実に2割強であり、8割近くの有権者はその実情を知らなかった。したがってこの時点では、有権者の多くがほとんど何も知らないままに住民投票の判断をせざるを得ない事態が危惧されたのである。

　こうした事態を回避すべく、京都大学の藤井聡教授(本稿筆者だが、本稿の記述の客観性を担保すべく、藤井氏と呼称する)は、購読者3万人弱の小さなネットメディア(新日本経済新聞)にて、『大阪都構想:知っていてほしい7つの事実』なる短いコラムを2015年1月27日に公表した(藤井、2015a)。

　その記事の論調は至って淡々としたものだった。そもそもこの記事は、「賛否はさておき、(投票)判断に向けて大切な、いくつかの『事実』の情報を提供したい」と明記されている通り、「都構想」を頭ごなしに否定するようなものではなく、以下の七つの事実を解説するものだった。

　【事実1】今回の住民投票で決まっても、「大阪都」にならず「大阪府」のまま。
　【事実2】今の「都構想」は、大阪市を五つの特別区に分割する「大阪市五分割」の構想です。

【事実3】大阪市民は、年間2200億円分の「おカネ」と「権限」を失います。
【事実4】2200億円がさまざまに「流用」され、大阪市民への行政サービスが低下するのは決定的。
【事実5】特別区の人口比は東京7割、大阪3割。だから大阪には東京のような「大都市行政」は困難。
【事実6】東京23区には「特別区はダメ。市にして欲しい」という大阪と逆の議論があります。
【事実7】東京の繁栄は「都」の仕組みのおかげでなく、「一極集中」の賜です。

　これらの事実は、認識することで意見が変化する可能性はあるものの、あくまでも事実に過ぎぬものであった。実際、この原稿公表後、（後に詳述するように）実にさまざまな非難・弾圧が橋下大阪市長を中心とした「維新」の関係者や支持者たちから浴びせかけられ続けたが、これらの七つの事実を論駁する批判はただの一つも供出されなされなかった。藤井氏はさらに念を入れて、その事実性を論駁する批判を、雑誌、インターネットを通して繰り返し「公募」したものの、それでも明確に論駁されることは無かった[*1]。

　いずれにせよ、これら経緯は、この七つの事実が紛う事なき「事実」であることを示している。にも関わらず、この記事が公表された当日の夕刻から、橋下大阪市長のツイッター上での激しい罵倒、誹謗中傷が藤井氏に浴びせかけられるようになる。表4・1に示したように、橋下市長は上記の七つの事実の指摘について「とんでもない嘘八百」と断じ、藤井氏が「事実誤認の虚偽事実を内閣参与の肩書を持ちながら公言」していると強く非難した上で、「バカな学者の典型」「バカだね」「内閣参与のバカ学者」「門外漢のバカ学者」という明確な名誉棄損を行い、「まともな学者は相手にしていません」「政治、行政の世界でも相手にされていません」「学長にでもなって組織を動かすしんどさを経験してから同じ土俵で議論してやるよ」「大阪都構想の制度設計図を何も読んでいません」という激しい誹謗中傷を繰り返した。

　これらはいずれも約137万人のフォロアーがいる橋下市長のツイッター上での発言であったが、これに加えて、大阪市役所における定例の記者会見の席上でも藤井氏に対する同様の誹謗中傷と名誉棄損を繰り返していった[*2]。その様子は連日、新聞紙上で取り上げられていったのだが、これらを契機と

して藤井氏の大学のオフィスには、抗議の電話やはがき、手紙が殺到し、一時、大学事務はその対応のために通常の業務ができない状況に追い込まれた。

橋下市長はこうした藤井氏への誹謗中傷をネットと記者会見上で繰り返すと同時に、彼が代表を務める地域政党「大阪維新の会」に、藤井氏に対して、「間違った情報を示し、誤解を与えている」ことについて激しく抗議すると共に、彼自身と「公開討論」をする事を申し入れる文書を送付することを指示

表4・1 橋下市長による藤井氏へのツイッター上での誹謗中傷(「七つの事実」公表直後)

「バカな学者の典型です。学長になって初めて大阪都構想の意味が分かるでしょう」 https://twitter.com/t_ishin/status/560021115213320192 (1/27)
「まあまともな学者は相手にしていません。皆、分かっていますよ。政治、行政の世界でも相手にされていません」 https://twitter.com/t_ishin/status/560058829116035072 (1/27)
「大阪市民の税金は流れませんよ。藤井氏は大阪都構想の設計図を全く読んでいないのでしょう。バカですから」 https://twitter.com/t_ishin/status/560067339689811970 (1/27)
「おバカなことをおっしゃる非礼極まりないお世間お知らずのお学者様には言えないな〜」 https://twitter.com/t_ishin/status/560071223023923202 (1/27)
「なんでこんな連中(※)を恐れなきゃならないの?バカだねこいつら。学長にでもなって組織を動かすしんどさを経験してから同じ土俵で議論してやるよ」 ※中野剛志・藤井聡の意 https://twitter.com/t_ishin/status/560612190093201408 (1/28)
「藤井氏という学者は、内閣参与の肩書がなければ放っておけばいい。僕も公人の肩書がなかったときは好き勝手にやっていた。しかし彼は現在、内閣参与の肩書を持っている。それが地方行政のことを何も知らないまま、とんでもない嘘八百を言っているので公開討論を申し入れました。応じて頂きたい」 https://twitter.com/t_ishin/status/560938549260722177 (1/29)
「その通りです。大阪市民の税金が大阪市外に出ていくと騒いでいる内閣参与のバカ学者は、大阪都構想の制度設計図を何も読んでいません」 https://twitter.com/t_ishin/status/561763941223657472 (1/31)
「大阪都構想について行財政の専門家からは批判の声がなくなった。そりゃそうだ。現実の行財政のプロ中のプロである霞が関省庁のメンバーと徹底的に協議した上で制度設計した。指摘された問題点は全てクリアーした。文句を言っているのは橋下反対、維新反対の結論ありきの行財政に門外漢のバカ学者」 https://twitter.com/t_ishin/status/561764734332989442 (1/31)
「内閣参与の藤井氏に公開討論を申し入れたが全く反応がない。あれだけ大阪都構想について事実誤認の虚偽事実を内閣参与の肩書を持ちながら公言していたのだから公開討論に応じるべきだ。合理的な批判、指摘であれば受け入れる。曲がりなりにも内閣参与である以上、有権者のために公開討論に応じるべきだ」 https://twitter.com/t_ishin/status/561765404700209152 (1/31)

している。そして、図4・1に示した書簡が、藤井氏の手元に2月2日に届けられた。

これと並行して、橋下市長は、ツイッターと記者会見の席上にて、2年以上前に藤井氏が公権力者橋下市長の政治家としての資質を諷刺したインターネット動画を突然持ち出し、激しく非難し、藤井氏が勤務する京都大学総長に藤井氏の大学教員としての資質を問いただすと共に、国会の場にてその京都

公開討論会の申し入れ

平成27年1月吉日

藤井聡　様

大阪維新の会　幹事長　松井一郎

　貴殿は各種講演会やSNSなどのWEB上で、我々が提唱する大阪都構想に対し徹底して批判されています。しかし市民に対し間違った情報を示し、誤解を与えている事には憤りを感じ、間違った情報を発信される事に強く抗議するものであります。
　とはいえ、我々としてはこの機会に市民の皆様に反対賛成を問わず住民投票に向け、貴殿と我々との主張を闘わせることで、大阪市民に公正な判断の機会を有権者にお示し出来ると考え、以下の通り強く申し入れます。
　今回の申し入れに対する返答はお手数をおかけいたしますが、2月10日までに下記連絡先まで文書をもって回答をお願いします。
　なお、本申し入れ書は封書とe-mailにてご連絡を差し上げるとともに各メディアにも送付したうえで大阪維新の会WEBページにて公開いたします事を申し添えます。

申入れ事項
　大阪都構想に反対する貴殿と我々の政治団体の代表者が参加しての各メディアにも完全公開する公開討論会を2月中に開催するよう申し入れます。
　そのための協議をよろしくお願いいたします。
　当方よりご連絡申し上げます。

連絡先
大阪維新の会　事務局長　喜多義典
〒542-0082　大阪市中央区島之内1−17−16　三栄長堀ビル
TEL 06-6120-5581　FAX 06-6120-5582

図4・1　2015年2月2日付で大阪維新の党から藤井に送付されてきた抗議と公開討論申し入れのための書簡

大学の大学運営を所管する国務大臣（文科大臣）に、同じく藤井の大学教員としての資質を問いただすと宣言している（なお、当該の動画については、藤井氏は「国民国家の命運を分ける政治家に対してはその資質も含めて批評されるべきであるのは民主国家の当然の前提である」との声明文を公表している*3）。

　橋下市長はこうした藤井氏への徹底的な非難、誹謗中傷を重ねる一方で、藤井氏の発言が虚偽であることの「理性的根拠」を一貫して示してはいなかった。彼は根拠を示さずにただただ「藤井はウソ八百を言っている」と繰り返した。藤井氏はこうした状況下では、橋下市長とまともで理性的な討論が成立する見込みは皆無であると判断し、維新側からの公開討論の申し入れの拒否を宣言している*4（2015年2月7日）。なお、この拒否を受けて、橋下市長と彼のシンパたちは、藤井氏が上記宣言文上で予告していた通り、「逃げた逃げた」と罵倒する発言を継続していったのは言うまでもない*5。

　ところで橋下氏は、自身に対する批判者に対して「公開討論」を申し入れるという方法をしばしば使用してきた*6。申し入れられた人物はそれを拒否すれば、「逃げた」と誹謗中傷されるし、仮にそれを受けたとしても、批判者の批判が橋下氏があらゆるウソとごまかしを駆使して否定してみせれば、どれだけ適正であろうと、その批判が否定される印象が残されることとなる。つまり、橋下氏からの（図4・1に示されているような）文字通り「ケンカ腰」の「公開討論申し入れ」は、それ自身が「嫌がらせ」の機能を果たすものに他ならないのである。したがって、多くの論者は、罵倒されながら公開討論を申し込まれかねない「橋下氏への批判」を憚るようになってしまうのである。

2　「学習性無力感」に陥るメディアと学者・言論人

　ただし、こうした批判に対する「嫌がらせ」は、橋下維新固有の現象ではない。例えば、19世紀のアメリカの民主政治を詳細に描写したトクヴィルは、モノが言えないこわばった空気が出来上がった時、それに反する発言をした人物は「いつでもあらゆる種類のいやがらせや迫害とたたかわねばならない」

（トクヴィル、1835、p.180）と論じている。そしてその戦いは、極めて孤独なものとなってしまうことを指摘している。なぜなら、そんないやがらせや迫害がされる様を目にした多くの人々は、「沈黙し、彼から離れ去ってしまう」（トクヴィル、1835、p.181）からである。

実際、大阪で橋下維新に対する批判は「嫌がらせや迫害」の対象となったのは藤井氏をはじめとした学者関係者だけではなかった。例えば維新の党および大阪維新の会（以下維新と略称）の意にそぐわない発言がTV番組内で少しでもあれば、ツイッター、そして、マスコミ各社が参加する記者会見の席上で、橋下大阪市長による激しい抗議、非難にさらされており、かつ、その記者会見で橋下市長の意にそぐわない質問が記者からあれば、その記者には激しい非難、罵倒が浴びせかけられ、マスコミ各社がいるその場は瞬く間に「公開リンチ」の場になる、そして、維新の意にそぐわない記事を掲載した新聞社の記者もまた同じ憂き目に遭うこととなる、という様子が藤井（2015c）にて報告されている。

そして橋下市長の部下である大阪市の職員に至っては、住民投票の期日まで都構想の是非について一切話してはならぬという完全なる「箝口令（かんこうれい）」がしかれていた[*7]。

こうした自由な言論に対する弾圧が重ねられた結果、大阪市役所職員は言うに及ばずメディアも識者たちも、そのおおよそが橋下氏の罵詈雑言や公党からの抗議圧力に怯えてしまい、声高な批判をしなくなってしまい、どの様な不当な圧力行為を目にしても、「あぁ、またいつものことか」と慣れっこになってしまっている、という様子が、同原稿（藤井、2015c）で指摘されている。なお、こうした状況は、心理学の用語で言えばまさに「学習性無力感」（Abramson, Seligman & Teasdale, 1978）と呼ばれるものに他ならない。それはいじめやDVに晒され続ける多くの人々が陥る「何をやったって、どうにもならない」という、あの無力感である。

3 京都大学総長、ならびに国会を通した文部科学大臣への圧力

さて橋下維新側は以上に加えて、京都大学の総長に藤井の国立大学教員と

しての資質についての見解を問う書簡を、「維新の党」の松井幹事長名義で送付している（2015年2月6日付け）。その後、その書簡に対して総長から「職務外での個人の表現活動」であり、「見解の表明は控える」との回答が寄せられた事に対して橋下氏はこれを不服として、京都大学それ自身を「勘違いしている」（引用）と断定、「ライフワークで既得権益者として位置づけ…しっかり正していく」（引用）と宣言している[*8]。そして事実、同年3月10日には、橋下氏が最高顧問を務めている国政政党「維新の党」の足立康史議員が、衆議院予算委員会の場で、下村文部科学大臣をはじめとした文部科学省関係者に「京都大学の藤井氏についての使用者責任」を糾弾する国会質問を行っている。この時、政府側は、京都大学と同様、職務外の発言活動であるとの認識を表明する答弁を行っている。

なお言うまでも無く、この国会答弁にて、例えば大臣が維新関係者であるケース等を想定すれば、答弁如何によって藤井氏が失職する可能性が存在していたことは間違いない。

4　TV局に対する直接的な「言論弾圧」

京大総長に藤井氏の資質についての見解を問いただす文書を送付した6日後の2月12日、今度は、同じく「維新の党」の松野幹事長名義で、在大阪の全テレビ局に対して、図4・2の「藤井氏のTV出演の自粛を求める文書」を送付している。そして、さらにその4日後の2月16日にも、ほぼ同趣旨の文書を再度送付している（図4・3）。

前者の文書には、「大阪維新の会反対、大阪都構想に反対の象徴として位置づけられている藤井氏の存在が広く周知されること自体が、大阪維新の会、大阪都構想について反対している政党および団体を利することになる」が故に「藤井氏が各メディアに出演することは、放送法四条における放送の中立・公平性に反する」と明記されている。これは無論、実質的に藤井をTVに出すなという趣旨の圧力を国政政党がかけるものに他ならない。

ただしこの文書の論理は、放送法四条の理念から完全に乖離するものである。そもそも放送法四条が求める中立・公平性は「放送全体」のものを言う

ものであって、個々の出演者の中立・公平性では断じてない。もしこの論理がまかり通るのなら、何らかの政治的な意見を持つ個人は、何人たりともメディア出演それ事態が不可能となる。こういう悪質な虚偽の法律解釈に基づく圧力を国政政党が党として行っているのであるから、これこそ、公権力者による反対者に対する言論弾圧、すなわち、「白色テロル」そのものと言わざるを得ぬものである。

　一方、2月16日の文書では、藤井氏は「反維新、反大阪都構想のスタンス

平成27年2月12日

放送局各位

維新の党
幹事長　松野頼久

平素より大変お世話になっております。
　さて、ご承知の通り本年はわが党の政策の根幹でもある大阪都構想へ向けた統一地方選挙が挙行されます。特別区設置協定書についても総務省からも特段の意見無しと返答を頂き、2月議会を経て、住民投票が実施される見通しが確実となっております。
　私たちはかねてより大阪都構想の実現は住民による直接投票にその審判を委ねるべきとの主張をしておりましたが、過日より、京都大学に所属する藤井聡教授は現大阪市長、大阪維新の会代表、維新の党元共同代表の橋下徹に対し、侮辱の言を公に述べ、維新の会、大阪都構想に反対する立場を鮮明にしております。さらに大阪都構想について虚偽の主張を繰り返しています。
　つきましては、公平中立を旨とする報道各社の皆様に改めてお願い申し上げるのも不遜とは存じますが、以下の事由から今後住民投票が終了するまで各報道姿勢にご留意いただきたくお願い申し上げます。

記

　藤井氏は内閣官房参与の肩書を持ちながら、大阪都構想について事実誤認に基づく虚偽の主張を公に繰り返している。(①)さらに来る統一地方選挙に向けて大阪維新の会や大阪都構想に反対する政治運動を公に行っている。(②③④)
　藤井氏は、橋下に対して、「ヘドロ」「あんな悪い奴はいない」「私利私欲」「膚る最先端」など、公人に対する批判・侮辱を超えて、徹底した人格攻撃を公てしている。(DVD)
　ゆえに、大阪維新の会は、藤井氏に対して公開討論の申し入れを行った(⑤)が、公開討論は拒絶している。(⑥)
　統一地方選挙まで3か月を切っている。大阪の統一地方選挙では大阪都構想の是非についても最大の争点となる事が予想される状況下で、大阪都構想や大阪維新の会、橋下に対して公然と反対する政治活動を行い、大阪維新の会の公開討論会の要請を無視している藤井氏が、各メディアに出演することは、放送法四条における放送の中立・公平性に反する。
　なぜなら、公開討論をすることによって相互の主張を公にするならともかく、このように大阪維新の会反対、大阪都構想に反対の象徴として位置付けられている藤井氏の存在が広く周知されること自身が、大阪維新の会、大阪都構想について反対している政党及び団体を利することになるからである。選挙及び住民投票を歪めることのないよう、放送局としての自覚を求める。

図4・2　維新の党から在阪TV各局に送付された圧力文書（その1：2015年2月12日分）

は明確」であるにも関わらず「テレビの番組等では、中立を宣言している」と断じた上で、「番組内で虚偽の中立宣言をした藤井氏を出演させる放送局の責任は重大である」というロジックで、国政政党幹事長名義で、再び、藤井氏のTV出演を自粛することを求める圧力を掛けている。

ただしこの文書のロジックも極めて悪質かつ不当なものである。そもそも、藤井氏はいかなるTVでも「中立」を宣言していない*9。したがって、藤井

> 平成27年2月16日
>
> 在阪放送局各位
>
> 　　　　　　　　　　　　　維新の党
> 　　　　　　　　　　　　　幹事長　松野頼久
>
> 　平素のご高配誠にありがとうございます。先日、皆様に藤井聡に関するお願いを送付させて頂き、各放送局におかれましては、私どもの公平中立を求める意図をお汲み取り頂いている事と存じます。
> 　この度は、テレビ番組などでは中立を装いながら言動不一致である藤井氏の行動は有権者及び住民投票を大きく歪める事になり得ると考え、下記事由により各放送局におかれましては、再度今後住民投票が終了するまで各報道姿勢にご留意いただきたくお願い申し上げます。
>
> 　　　　　　　　　　　　記
>
> 　藤井氏は自民党の東成区の反維新、反大阪都構想のタウンミーティングに参加する。
> （参考　別紙）
> https://www.facebook.com/events/1572533022986319/?ref_newsfeed_story_type=regular
>
> 　しかし、維新の会のタウンミーティングや討論会には参加しない。
> 　藤井氏は反維新、反大阪都構想のスタンスは明確であるにもかかわらず、関西テレビの番組などでは、中立を宣言している。
> 　中立を宣言している者が述べる意見は客観的・公平的であると聴衆は錯覚する。これは明らかに公平性を害する。
> 　番組内で広く視聴者に虚偽の中立宣言し、中立を装いながら、反維新、反都構想の政治活動をすることは許されない。極めて悪質である。
> 　このような活動をしている藤井氏が、維新の会、大阪都構想に中立なわけがなく、番組内で虚偽の中立宣言をした藤井氏を出演させる放送局の責任は重大である。
>
> 　　　　　　　　　　　　　　　　　　　　　以上

図4・3　維新の党から在阪TV各局に送付された圧力文書（その2：2015年2月16日分）

第1部　大都市が陥る改革至上主義

氏が「番組内で虚偽の中立宣言をした」と非難すること自体が、ウソに基づく非難、すなわち「濡れ衣」なのである。こういう悪質な嘘に基づく圧力を国政政党が党として行っているのであるから、これもまた公権力者による反対者に対する言論弾圧としての「白色テロル」と言わざるを得ない。

なお、こうした圧力にも関わらず、藤井氏がレギュラー出演している番組の継続を朝日放送が宣言したところ、京大総長への圧力文書送付時と同様、国会の場で、所管省庁（総務省）に、藤井氏を出演させているTV局は放送法の理念に反する振る舞いをしているのではないかと問いただす質問を行っている（2015年3月10日衆議院予算委員会第二分科会、質問者は維新の党足立康史議員、答弁は高市総務大臣はじめとした総務省担当者だった）。

なおこのケースでも、政府側は、足立議員の意図を認める発言は一切行っていない。ただしこの国会答弁でも、例えば大臣が維新関係者であるケース等を想定すれば、答弁如何によっては藤井氏のTV出演が不能となるケースや、藤井のTV出演を継続させている当該のTV局が何らかのペナルティを被るケースがあり得た事は間違いない。

さらには、こうした圧力に影響されて、藤井氏のTV出演を自粛する動きが実際にあったとしても不思議ではない。なお、いずれのTV局のいずれの番組であるかについては不明だが、実際にそういう動きがあったことも、一部で報じられている（藤井、2015c）。すなわち、橋下維新によるTV局に対する言論弾圧は、実質的に一部は功を奏し、藤井氏の言論機会が剥奪されたのである。

5 大都市自治でのテロルを避けるために

以上、本章では、大阪における「都構想」の住民投票を巡って繰り広げられた、公権力者側から「事実」を申し述べる言論人に対して実際に行われた言論弾圧の実情を報告した。以上の報告からも明白なとおり、橋下氏、ならびに彼を代表とする「維新」の関係者は、一言論人が指摘した「彼らにとって不都合な事実」に対して、議論でもって反論する代わりに、公権力を背景としたさまざまな手段を駆使しながら「黙らせよう」という圧力をかけ続け

たのである。こうした橋下維新の態度は、ゲッペルズが全体主義国家が持つべきものとして述べた「すべての力を反対意見の抑圧に用いることは極めて重要だ。真実は嘘の不倶戴天の敵であり、したがって、真実は国家の最大の敵なのだ」(c.f. Freie Ansichten, 2013) という態度そのものだ。

　そして、この橋下維新の言論弾圧「事件」の重要な特徴は、藤井氏に差し向けられた明確な名誉毀損や誹謗中傷や藤井氏の言論の自由やテレビ局の報道の自由に対する明確な公権力による侵害に対して、大手新聞社、大手テレビ局は「黙認」「黙殺」する立場を取ったという点にある。ちなみに藤井氏は、言論弾圧の実情を大手雑誌上で訴え続けたのだが（例えば、藤井、2015b, c)、大手新聞社やテレビ局の態度はほとんど変化する事無く、むしろ、藤井氏の言論の自由は抑制され続けた（実際に TV 出演の機会が奪われたであろうことは、先に指摘した通りだ）。

　平時であるなら、公権力者による言論・報道の自由に対する侵害があれば、メディア上では蜂の巣をつついたような騒動となるのは明白だ。しかし本件に限ってそうならなかったのは、偏に、大阪を中心としたメディア界が「全体主義」に覆われていたからに他ならない。それはナチス・ドイツにおいていかなる弾圧が行われようとも、メディアが取り上げなかったことと同一なのである。

　本書で繰り返し論じた様に（第1章参照）、現代の「大都市自治」において「全体主義」が立ち現れるのは、半ば必然的な状況なのであり、そして、事実、2015年の大阪では、ここで報告したような濃密な全体主義が成立していたのである。

　だからこそ、これからの日本で、こうした全体主義の危機があらゆる大都市自治に於いて成立しうるものであるという事実は、片時も忘れてはならないのである。

注
＊1　サトシフジイドットコム「『事実4』に対する反論を正式に頂きましたが、その事実性は論駁されませんでした」(http://satoshi-fujii.com/150326-3/) を参照されたい。
＊2　サトシフジイドットコム「藤井聡に対する『公権力からの圧力』の経緯」(http://satoshi-fujii.com/pressure/) より
＊3　藤井聡 (2015) サトシフジイドットコム「なぜ私、藤井聡は『橋下徹』という一政治家に対して、ヘド

＊4 　ロチックという徹底批判を『2年以上昔』に展開したのか。」(http://satoshi-fujii.com/150208-2/)
＊4 　サトシフジイドットコム「権力による言論封殺には屈しません　藤井聡」(http://satoshi-fujii.com/150207-2/) を参照されたい。
＊5 　橋下氏は2015年2月7日に、ツイッター上で次のようにつぶやいている「京大の藤井教授。やっぱりでしたが、公開討論に応じないとのこと。理由はいっぱい付けていますけど。普段は国が！国民が！と言ってるるいのにね。彼の主張は、地方行財政学上、でたらめです。」　また、彼のシンパ達が運営するHPでは、次のようなコメントが書き込まれている。「公開討論をやれば、自分の主張が専門家から見ていかに恥ずかしい主張かが明らかになってしまうから、公開討論から逃げた。陰でまた色々言うのだろう。やれやれ。」(http://hashimotostation.blog.fc2.com/blog-entry-1867.html)
＊6 　これまで、橋下氏から公開討論（あるいは、テレビ討論）を申し入れられてきたのは、村上弘立命館大学教授、中島岳志北海道大学准教授、山口二郎北海道大学教授、元民主党大畠章宏幹事長、平松邦夫元大阪市長らであった。
＊7 　詳細は、「民主法律協会会長萬井隆：令大阪市を解体・分割する『大阪都構想』についての橋下市長の『箝口令』を批判する」(http://www.minpokyo.org/information/2015/02/3552/) を参照されたい。
＊8 　「勘違い京大、ライフワークとして正す」と橋下氏…"ヘドロチック発言"めぐり」『産経WEST』2015年2月22日
＊9 　詳細は、「『中立偽装』報道における事実誤認について『遺憾』の念を表明します。」(http://satoshi-fujii.com/150310-4/) を参照されたい。

【参考文献】
・アレクシス・ド・トクヴィル、井伊玄太郎訳（1835；1987）『アメリカの民主政治』講談社学術文庫
・藤井聡（2015a）「大阪都構想：知っていてほしい7つの事実」新日本経済新聞、2015年1月27日号
・藤井聡（2015b）「橋下大阪市長の言論封殺を許すな」『WiLL』2015年4月号
・藤井聡（2015c）「「橋下維新」はもはや圧力団体である」『新潮45』2015年4月号
・Abramson, L. Y., Seligman, M. E. P. & Teasdale, J. D.（1978）"Learned Helplessness in Humans: Critique and re-formulation", *Journal of Abnormal Psychology*, 87(1), pp.49-74
・Freie Ansichten（2013）*Nichts als Lugen und Propaganda auf Kosten der Menschen*, 11.26.2013
http://www.freie-ansichten.com/nichts-als-luegen-und-propaganda-auf-kosten-der-menschen/

第5章
「大阪都＝大阪市廃止分割」構想の実体と論争

村上弘

1 大阪都（大阪市廃止分割）構想の多面性

　おもしろいことに、この構想は三つの名前を持つ。推進する橋下氏、維新の会は「大阪都構想」と名づけたが、法律上の公式名ではないし、大阪が副首都になるわけではなく、大阪府は大阪市を吸収しても「府」のままなので、虚偽表示に近い。しかし夢あふれインパクトのある名前で、一般に用いられるようになった。命名のアイデア自体は絶品で、構想が人気を集める理由の一つになっただろう。

　反対派は、同構想の重要事項ないしは「ダークサイド」を直視するべきだという意図で、「大阪市廃止分割構想」と呼ぶようになった。行政学等の研究者有志が2012年に提唱し、2014年になると大阪の自民、共産、民主等もこの呼び方を統一して使うようになった。マスコミが「大阪都構想」だけを使い続け、公平に二つの名称を併記しなかったのは軟弱だが、記事の中では、次第に市が廃止分割されるという重要事項を説明するようになったので、反対派の努力も意味があったわけだ。

　さらに、第三の名称として、「特別区設置」という、地方自治の専門家以外には理解困難な名前がある。後述する根拠法の2条3項に基づくようだが、2015年の住民投票では大阪市選挙管理委員会がこの呼び名を（図5・4のように誤解を招く修飾句を付けて）用いることになった。

　つぎに、構想ないしは制度変革の内容を見よう。こちらも、やはり多面的で複雑だ。

　中立的に説明するならば、

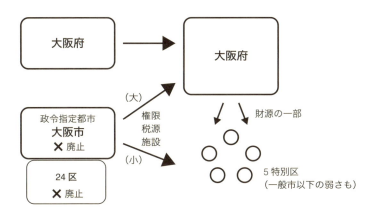

図 5・1　大阪都＝大阪市廃止分割＝特別区設置が予定した、自治制度の主な変化(出典:「特別区設置協定書」等に基づいて作成)

「(政令)指定都市である大阪市(および堺市?)を廃止し、市の権限や財源のうち重要な(広域に関する)部分を大阪府に統合し、また基礎的な部分を公選区長・議会を備えた特別区に移すという制度変更」

ということになる。

　つまり図5・1で示すように、大阪市とその24の行政区を廃止し、五つの特別区を設置し、上側の矢印のように大阪府は存続させ、市の権限・税源等を斜めの2本の矢印のように分割して移転させる。さらに、主要税源を失った特別区には府が財政調整を行うことになる。以上五つの変化を、同時に導入する制度変更なのである。

2　世界の大都市制度と比べても非常識な都構想

　「大阪都」の構造とメリット、デメリットを冷静に考えるために、それを四つのタイプの「大都市圏における地方自治制度」(表5・1)の間で比較検討してみていただきたい。

　Aの特別市制度と、Bの指定都市型の制度との間で共通するのは、中心市の自治を尊重し、また広域の大都市圏と中心市を二つの自治体が分担すると

表5・1　大都市自治制度の比較

	大　←　　　基礎自治体(市)の自治・権限・役割　　　→　小			
	A 特別市	B 指定都市(中核市も)	C 一般市のまま	D 都区制度
定義	大都市(「市」)が、広域自治体(州・府県)から独立し、それと同じ地位・権限を得る	「大都市特例」＝大きな市に広域自治体の権限の一部を分権化する。日本では、国との直接交渉権も認める	大都市圏に複数の中小の市が連なる	広域自治体(州・府県)が大きな市を吸収合併(集権化)。基礎サービスだけは、区長公選等をする特別区に分権化
理念	行財政能力の高い大都市にふさわしい地位を与え、大都市と都市圏のために活動してもらう。地方分権にもなる		―	大都市圏を一体的に整備運営する。住民に近い特別区を導入
事例	ソウル、台北、ベルリン、グレーターロンドン*など首都が多い	米、独、仏などに類似の制度がある(権限拡大の程度は違いうる)	尼崎・西宮・芦屋市	東京都、大阪「都」構想、上海等。民主主義的な先進国にはほとんどない
自治・広域自治体の利害	広域自治体は、市域から徴税できず、市域に施設も置けない。市の全域をさらに特別区に分けることが多い	1956年導入の指定都市制度は、大都市と府県との妥協。それだけに両者に一定の利点もある。行政区を分けるが、住民参加等は今後の課題	各市の自治は保障され、中核市になれば権限も拡大する	広域自治体は強くなれる。大都市は、都市全体の自治、財源、政策力、時には地名も失う。特別区は、小さな範囲だが自治権を獲得する
政策能力	課題の多い大都市圏を「二つの強いエンジン」で発展させ、サービスできる。広域自治体と市が分担、補完、競争するメリットがある。ただし、両者が対立すると、デメリットになる。行政区を分けて、きめ細かいサービスができる		大都市圏の行政が断片化するおそれがある(高度な行政は、広域自治体または市の連合体で運営)	広域自治体への一元化。しかし、市の政策力と自主性が消え、広域自治体によって十分代替されない。特別区の行財政能力も不安
効率性	広域自治体と市の施設が並立するが、形式的には二重行政でない	二重行政が発生。巨大な人口と需要があるので有益だが、一部は過剰・ムダでありうる	―	(良いものも含め)二重行政を大幅削減できる。特別区への分割による追加コストが生じる

＊　グレーターロンドン(GLA)に似た制度として、推進派は大阪都を説明しているようだ。しかし、ロンドンの都市の実体が大阪より巨大であること、GLAは大阪府より狭く、その外側にグリーンベルト、さらに外側に衛星都市(郊外)があること、GLAが市長(mayor)と市役所(city hall)を持つことを考えると、むしろGLAは「特別市」と理解すべきだ。

(出典：指定都市市長会、2010および澤井・村上・大阪市政調査会、2011などをもとに作成)

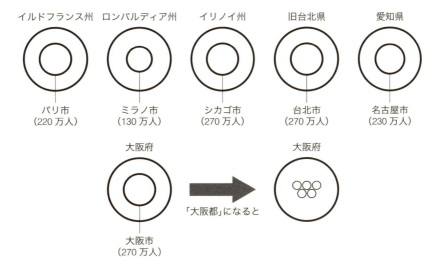

図 5・2 いくつかの大都市圏の自治制度 — 広域と中心市の「2 重システム」 他の都市についても、インターネットで調べてみていただきたいが、民主的な先進国の有力都市の大部分は広域と中心市の二つの自治体を置く。市の多くは、人口 200 〜 300 万またはそれ以下である。市の内部の区には、公選の議会等を置く場合もある。円の大きさは、面積ではなく人口をイメージしている。
(出典：Wikipedia 日本語、英語その他から作成)

いう理念だ。これを筆者は、「二重システム」と呼ぶ。そして、民主主義的な先進国の大都市圏は、ほぼすべて「二重システム」を取っている（図 5・2）という事実は、橋下市長は認識・説明せず（橋下・堺屋、2011、p.48）、マスコミもあまり紹介しなかったが、大阪都を考える際の重要な基礎知識だ。

　言い換えると、大阪都という、中心市を廃止し広域の府に統合する「一元システム」は、地方自治を尊重する民主主義国家にあっては非常識なものだ。そうした周辺の広域自治体との統合案は近年、ベルリン市（都市州）やロッテルダム市で提案されたが、否決されている（なお、道州制（村上、2014、10 章）も、府県を廃止統合する「大型自治体のさらなる統合」の側面を持ち、デメリットが多い）。

　そもそも、東京都の由来は、1943 年、政府が激化する大戦争を遂行するために、東京市を、抵抗を押し切って東京府が吸収し「都」になると決めたもので、東京の発展のための制度では決してない[*1]。

3 「大阪都」の議論と評価 — 大阪を集権化し、不便にし、衰退させる

「大阪都（大阪市廃止分割）」構想は、消費税等よりも複雑なテーマだ。1節で述べた構想の内容を知ったうえで、メリット、デメリット（コストを含む）、代替案、海外情報を検討し説明するのが、合理的な意思決定だ。先進国で異例の、大阪市廃止分割のデメリットやコストが大きいおそれがあれば、そのメリットが不可欠でかつ他の代替案では（それをまず試みて）達成できない場合にだけ、「大阪都」を選ぶべきだろう。「この最新かつ異例の大手術をするしかない」とだけ患者に繰り返す医者は、疑うべきだ。

一応、中立的に議論の状況を紹介しておこう（筆者の結論は、この節のタイトルのとおりだが）。

表5・2で、論点を七つに整理してみた。

どの論点についても、具体的な政策事例を調べるべきで、イメージだけで判断するのは危険だ。

①府市の対立と、大阪市の業績：実際には、府と市は担当地域を分担し、あるいは1970年万博誘致等、何かと協力することも多かったし、また強い大阪市が、マイナスイメージもあった巨大都市を整備してきた（澤井・村上・大阪市政調査会、2011、pp.124-125）のに、維新もマスコミもこうした事実には触れない。

②二重行政のムダ：（大阪維新の会、2015）は、府市の中央図書館、同体育館、見本市会場と国際会議場等を挙げ、さらに府立大と市立大等が挙げられる。しかし、ニーズの大きさや設置地域の違いを考えると、「良い二重行政」が多く、どちらかを廃止すればマイナスが大きい。

③大阪都にして初めて推進できる成長戦略：（大阪維新の会、2015）でさえ、梅田北第2期開発、市内環状高速道路、関空アクセス地下鉄新線、カジノの四つしか挙げない。しかも、最初の二つは府市の協議で進めてきたし、関空新線案は既存のJRの高速化（停車駅の減）の方が早くて安い。カジノだけは、都市計画権を持つ大阪市を廃止すれば府が一方的に作りやすくなるというのは、維新の言うとおりだ。

表 5·2 大阪都（大阪市廃止分割）構想をめぐる論争のまとめ

	大阪都に賛成	反対	＋大阪都への対案
自治	民意で選ばれた府知事のリーダーシップ 住民に近い特別区の自治を導入	大阪市の自治が消える 市の重要問題が府(知事)に決められ集権化する	総合区(権限・財源拡大と住民参加)
政策力 (大型事業)	府への一元化で推進 廃止した市の交通局等を民営化	府市分担・調整でも可能 市の政策力が消える	府市調整会議 政策評価 (適切な)民営化
政策力 (住民サービス)	公選区長・議会の特別区が競争 財源は特別区の税源の多くを吸収した府が再配分 24区を5区にして高度化	特別区は財源・権限不足 大阪市の税源、能力、スケールメリットを失う 24区の個性・施設が減る	総合区 職員の能力向上 住民参加、議会の活性化
財政の効率化	府市の統合で効率化	市の分割で非効率に	歳出抑制、政策評価
府市の二重行政	大部分ムダであり、府への一元化で整理削減・高度化	需要を満たし便利な「良い二重行政」も多い	府市調整会議 政策評価
府市の対立	大阪では長年の対立 市を廃止するしかない	他の府県と同じく、知事と市長の努力で調整可	府市調整会議
内外の事例	東京都、GLA＊	「二重システム」が常識	—

注：表5·1からも読み取れる。筆者の分析視点について詳しくは、(村上、2011、pp.596-597)。
＊ 表5·1の注にあるように、GLAについては複数の解釈が可能である。
(出典：澤井・村上・大阪市政調査会、2011 および大阪維新の会、2015、新聞記事などをもとに作成)

さらに、2015年春の議論を知るためには、市会議事録をはじめ、賛否の市会議員の意見を掲載した「投票公報」(大阪市選挙管理委員会、2015)、および有識者の小論集(『WEDGE』2015年7月号等)等が参考になる。各新聞は工夫して「賛成・反対の対比表」を掲載し（例、朝日新聞2015年3月16日、毎日新聞大阪版2015年5月3・4日)、インターネット[2]でも見られる。研究書や論文も増えてきたが、結論は批判的なものが多い（村上、2014、p.124の文献リスト／藤井、2015a 等)。

4 政治過程 ── 橋下市政は「大阪市廃止」の説明責任を避けたが、住民投票で否決

(1) 5年間の経緯

2010年、府知事だった橋下氏は、指定都市制度（表5·1のB）の問題点を批判し、府市の二重行政や対立を解消するには東京と同じ「都区制度」モデ

ル（大阪都）（表 5・1 の D）しかなく、それだけが大阪を地盤沈下から復活させると強く主張した。大阪府への一元化で強力に成長戦略と効率化を進め、同時に住民に近い特別区を設置してサービスを改善するという宣伝が功を奏して、同氏率いる「大阪維新の会」は 2011 年の大阪府・市の議会と首長の選挙で勝った（橋下氏は、得票率 59％で市長に当選）。

　ただし、この時点では構想はまだ具体化されていなかった。特に大阪市廃止といういわば重要事項は、東京都の制度にならうならば 100％確実だったが、維新や橋下氏からは説明されず、マスコミも十分に報道しなかった。世論調査では、大阪都について「内容が分からない」という回答が 3 分の 2 に及び、新聞は「大阪府と大阪市の再編である」という無内容な定義を好んだ（村上、2012）。

　橋下氏や維新を批判すると、激しい抗議電話が掛かってきたりする（藤吉、2012／香山、2012／参考、中島、2013 等）。筆者があるマスコミから取材を受けたとき、「大阪都とは大阪市の廃止に他ならない」と説明すると、「そんなことを言って維新に抗議されませんか」と不安そうな反応が返ってきたのを覚えている。

　したがって、実はこの知事・市長ダブル選挙で大阪都が支持されたとは言いがたいが、橋下市長と松井知事は、「民意に支持された」と主張し、かつ行政の長としての権限を用いて、構想を強力に推進した。府会と市会で大阪維新の会が第一党になったことも、支えになった（もちろんこの単純な「民意の信任」論に対しては、四つの反論がある。①対立候補が得た 41％の民意も重要。②議会選挙で示された民意も重要。③大阪都が具体的に設計された段階での世論は異なりうる。④他の個別争点に関する世論の支持までは主張できない）。

　まず、当時の民主党政権と国会に働きかけて必要な根拠法を制定させた（参考、岩崎、2012）。法律の一部を紹介しておこう。

「大都市地域における特別区の設置に関する法律」（2012 年）
　第 1 条　この法律は、道府県の区域内において関係市町村を廃止し、特別区を設けるための手続並びに特別区と道府県の事務の分担並びに税源の配

分及び財政の調整に関する意見の申出に係る措置について定めることにより、地域の実情に応じた大都市制度の特例を設けることを目的とする。

第2条　3　この法律（中略）において「特別区の設置」とは、関係市町村を廃止し、当該関係市町村の区域の全部を分けて定める区域をその区域として、特別区を設けることをいう。

第6条　関係市町村の長及び関係道府県の知事は、（中略）特別区設置協定書を速やかにそれぞれの議会に付議して、その承認を求めなければならない。

第7条　（中略）関係市町村の選挙管理委員会は、基準日から60日以内に、特別区の設置について選挙人の投票に付さなければならない。

2　関係市町村の長は、前項の規定による投票に際し、選挙人の理解を促進するよう、特別区設置協定書の内容について分かりやすい説明をしなければならない。

3　関係市町村の選挙管理委員会は、第1項の規定による投票に際し、当該関係市町村の議会の議員から申出があったときは、当該投票に関する当該議員の意見を公報に掲載し、選挙人に配布しなければならない。

つまり同法では、「大阪都」になれば大阪市等は廃止されることを明記し（1、2条）、同市を吸収した大阪府が「都」になるという規定はなく、また府・市議会と住民投票での二重の承認手続き（6、7条）が盛り込まれた。その後の大阪での議論を、慎重な「熟議」に誘導する多少の効果があっただろう。

以上の動きに対して、大阪では、自民、共産、民主等の野党やかなりの市民、研究者が反対した。反対理由は、大阪市（指定都市）の自治と政策能力が消滅し、住民サービスが下がり大阪がむしろ衰退すること、代わりに設置される五つの特別区は税源が弱くかつ分割によって非効率であること、府市の対立や重複は調整可能であること、二重行政はニーズが多い大都市圏ではむしろ有益であること、等だ。

2014年、「大阪都」について、府と大阪市による法定協議会で膨大な協定書（設計図）が完成した。いざ具体的に立案してみると、節約効果が小さく、

特別区は都市計画権も持てず「中核市並み」どころか一般市以下に格下げされ、区議会の定数が少なすぎる等、当初の橋下市長の宣伝は、かなりの部分が「羊頭狗肉」になった。この協定書はいったん府会、市会で不承認となったが、橋下氏らの（おそらく国政選挙と絡めた）強力な要請で公明が賛成に転じて承認になり、決着は大阪市での住民投票に委ねられることになった。

2015年5月の住民投票に向けて、賛成・反対両派は運動を強めた。賛成する維新の側は橋下市長の弁舌および宣伝資金の投入が目立ち、反対派は自民、共産、民主等の政党組織と諸団体が幅広く協力した（図5･3）。市長説明会と投票用紙は、賛成への誘導作用を持つ偏ったものになった（(3)で後述）。

都構想の推進派・反対派の主なPR方法

推進派	反対派
大阪維新の会	自民、公明、共産、民主系
・テレビでのCM ・日替わりで新聞に折り込み広告 ・若者向けウェブサイト開設	・市民グループ作成の共通ロゴを活用 ・街頭でのパレードや集会 ・キャラクターを使った動画配信

図5･3 住民投票、両派の運動の特徴（出典：2015年4月14日朝日新聞、提供：朝日新聞社）

投票の結果（大阪市政調査会、2015 等）は、賛成 69 万 4844、反対 70 万 5585 と、僅差での否決となった（投票率 66.8％）。賛成の割合（49.6％）は、2011 年の市長選での橋下候補の得票率 59％より低かったが、2014 年衆院選比例代表で維新が得た 32％（大阪府域）、15 年大阪市議会選の同 37％より高い（ただし、投票率の違いを考慮に入れる必要がある）。

(2) 投票行動

世論調査[*3]によれば、2011 年には賛成がかなり優勢で、14 年にも賛成が多かったが、15 年になり投票が近づくと反対が上回るようになった（読売新聞、2015 年 5 月 11 日等）。ただ、「賛成の人の方が、投票に行きたいと答える割合が高い」という調査結果は、橋下氏または「大阪都」が、一定のファン層をうまくつかんでいることを示した。投票率が下がると、賛成派に有利になる。

また賛否の動機が気になるが、例えば（日本経済新聞、2015 年 4 月 30 日）によると、賛成の人は「思い切った改革が必要だから」48％、「（府市の）二重行政が解消されるから」32％と、いかにもイメージ的な判断が多く、「大阪の経済成長につながるから」は 10％強にすぎない。反対の人の理由は「多くの費用がかかるから」27％、「大阪市がなくなり、元に戻せないから」24％等だった。しかし、別の項目を立てた（朝日新聞、2015 年 5 月 17 日）では、賛成の人の理由は「行政の無駄減らし」41％、「大阪の経済成長」31％と、事実か否かは別にして大阪都推進派のうまい宣伝のポイントがうかがわれる。

住民投票における有権者の投票行動、特に内容の理解度、社会階層、社会意識との関連について、研究が期待される。データとしては、行政区別のものは公式発表されているが（3 章参照）、政党支持別、男女・年齢別、賛否の理由等は、世論調査や出口調査に頼るしかない。職業別、所得階層別等の傾向を知るには、特別な調査を要する。

政党支持別のデータを見ると、維新の支持者に大阪都賛成が多く、その他の政党の支持者には反対が多く、相関が強い。この住民投票では、各政党の働きかけが活発でかつ有効だったといえる。年齢別では、若い世代で賛成が反対を上回ったという出口調査のデータがあるが、これは、「若い層の改革志向を高齢者がつぶした」「若い人は市のサービスへの依存を意識していない」、

あるいは「若い人ほど新聞を読まないゆえに、扇動されやすい」のどれにも解釈できる。

(3) 橋下市政による一方的な説明と、対抗情報の広がり

さて大阪都の内容と同じく乱暴だったのが、その説明方法だ[*4]（70年前の、ミッドウェイ海戦等についての「大本営発表」を連想させる）。

橋下市長は、各地区での住民説明会で大阪市廃止にあまり触れずに（大阪市、2015）、プラスの情報ばかり宣伝した。そしてポスターや投票用紙（図5・4）においてもなぜか、「大阪市における特別区の設置についての投票」等と、大阪市が存続するとの誤解を招きうる不適切な記載がなされた（同趣旨、高橋、2015）。これらは、賛成への誘導効果を持っただろう。後者については、多少ヒアリングしたところでは、総務省、選挙管理委員会、そしておそらく市長の判断が一致したということらしい。

図5・4 住民投票の投票用紙に記載された分かりにくく誤解を招く表記 ただし、実際の投票用紙には「賛成」「反対」は書かれていない。なお、投票用紙ではなくウェブ等の解説では、「賛成の票数が有効投票（賛成票と反対票を合計した総数）の半数を超える場合は、特別区設置協定書に基づき大阪市が廃止され、特別区が設置されます」等という説明が添えられた。（出典：大阪市選挙管理委員会、2015をもとに作成）

こうした市長説明と投票用紙の不備は、説明責任を果たさず、「市長は…分かりやすい説明をしなければならない」と定めた前記の根拠法（7条2項）に反し違法のおそれが強く、日本の住民投票の歴史に汚点を残すと言ってもよいほどの不祥事だった。
　そのように大阪市による公的な（税金を用いた）情報発信の多くが一方的であったなかで、同法7条3項にもとづき、賛成反対の両議員集団が意見を記載する「投票公報」（大阪市選挙管理委員会、2015）が、かろうじて相対立する情報を有権者に伝えた（根拠法を作った民主党政権の担当者は、橋下政治への危惧と「先見の明」があったようだ）。
　2015年になると、反対派は「大阪市廃止分割構想」という「対抗概念」を一致して用いるようになった。新聞も、大阪都では大阪市は廃止分割されるという説明を、時々は掲載するようになり、賛成派と反対派の主張を並べる企画も増えた。ただ、「府と市の二重行政はほぼすべて有害」等の、維新が作った神話からは、現場をしっかり取材した記者以外は逃れにくかったようだ。
　マスコミが「中立性」を崩しにくいなか、インターネットが市民や学者に自由で手軽な情報発信の機会を提供したことは、特に「自分で考え意見を述べる人が多い陣営」に好都合だった。独裁体制下のアネクドート（小話）のように、You Tubeで「都構想の失敗」等のパロディ作品も広まった。各種の自主的な集会やデモに加えて、インターネットやメールという「公共的（社会的）な」コミュニケーション装置がなければ、住民投票は市長の「公的」権限を駆使する賛成派が勝ったかもしれない。

5　展望 ──「大阪都」構想への有効な対応

　表5・1、図5・2でも確認したように、広域自治体（府県、州等）と中心市自治体（市）の「二重システム」は、大都市制度の国際標準だ。もし大阪都構想で、自治機能、政策能力を持つ（参考、北村、2013、3章・4章）指定都市・大阪市を廃止すれば、強い「政策エンジン」が府だけに減って大阪を一層衰退させ、弱い特別区は自治や住民サービスの観点から問題を生むだろう。

ただ、維新が指摘した指定都市制度のデメリット（行政区の弱さ、および府市の政策不整合や、二重行政のうち需要を超えてムダな部分）については、改善を要する（参考、北村、2013、5章）。既に、大阪都に対する代替案として、2014年に地方自治法が改正され、行政区を強化する「総合区」（15章参照）、および共通の政策や二重行政を検討する「指定都市都道府県調整会議」を設置する規定が新設されたので、これを活用していきたい（今後の、大阪発展のための政策については、14章、16章等を参照）。

なお、住民投票が僅差の否決だったゆえに、一度葬られた「大阪都＝大阪市廃止分割」構想が蘇り、橋下氏と維新が再びこれで選挙を戦う可能性もある。

まず確認しておくべきこととして、大阪都のための根拠法は他の大都市圏にも適用可能だが、これを適用して指定都市の廃止と府県への一元化を進める動きは、他の地域には皆無だ。例えば「京都市（神戸市、名古屋市…）を廃止すれば、京都（兵庫、愛知…）は良くなる」等と演説しても、ほとんど相手にされないだろう。京都市、神戸市、名古屋市等の指定都市が、都市と広域の発展、住民サービスのために各種政策を展開してきたことを、住民や関係者は感じている。

もちろん、橋下氏と維新は、ポピュリズム＝単純化の流儀に従い、大阪市の廃止それ自体や市の功績、海外情報を説明せず、プラスイメージだけを宣伝するだろうし、それは集票・権力維持の戦術としては「合理的」だ。しかも、大阪市廃止によって、都市計画権限を獲得した府がカジノ建設を強力に推進できる（大阪維新の会、2015）という願望がある。けれども、大阪の将来をまじめに合理的に考えようとする（考えざるを得ない）市民や政治家、マスコミは、次のような議論を投げかけ、情報発信をするべきだ。

第一に、根拠法に従えば、改めて協定書（設計図）を作り複雑な手続きをたどらなければならない。しかも、今回の協定書よりましなものを作るのはむずかしい。例えば特別区の数を増やすなら、財政調整がより厳しくなるだろう。

第二に、住民投票では、「大阪市の廃止」という重要事項を投票用紙に明記し、市長も（デメリットも含めて）繰り返し説明するべきだと、強く要求し

たい。そうした要求は、今回よりも強まるはずだ（もちろんマスコミによる報道と、野党、市民、選挙管理委員会の自覚と良識が必要条件だが）。2015年5月の一方的な市長説明と投票用紙が、より公正で正確なものに改められ、議論が深まれば、反対票はもっと増える[*5]。

　第三に、代替案としての府市調整機関（大阪会議）が設置されたので、そこで成果が得られれば、大阪都＝大阪市廃止論の説得力はさらに下がる。今のところ大阪会議が進まない原因は、府と市の対立では全くなく、維新の知事・市長と他の党の議員の対立だ。したがって対立解消に必要なのは、大阪市の廃止では決してない。はるかに簡単な方法として、市長や知事が交替すれば、大阪会議は進むだろう（参考、京都新聞、2014年11月14日）。

　そして第四に、大阪都構想を延々と議論すると肝心の具体的政策が遅れ、時間と思考力をロスする。防災対策も進んでいない（13章参照）。特に新規の都市整備や産業政策は、大阪都にしないと絶対進まないという「ドクトリン（教義）」のゆえに、橋下市政は「失われた4年間」と化してしまった。例えば、大阪モノレールの延伸は、大阪都の目玉政策の一つとして宣伝された（大阪維新の会、2015）が、かえって住民投票で大阪都が否決された直後、府と東大阪市は延伸のための経費分担で合意することになったのだ。

注
* 1　東京で一元システムが都・区の紛争と権限調整を繰り返しつつも機能しているのは、国が各種施設を設置してくれる、突出した税収で都区財政調整が潤沢である、旧東京市（23区）が人口・選出議員数・知事選有権者数で都全体の大半を占めて主導権を握れる、等の条件による。どの条件も、大阪には存在しない。
* 2、3　インターネットで、「大阪都　賛成　反対」で「画像」を検索すると、賛成・反対の主張の対比や、世論調査の結果が出てくる。もちろん、どんな機関が作ったかに注意。
* 4　大阪都をめぐる論争から強く感じたことだが、記者や研究者が批判すると、現代日本のふつうの政治家は説明・反論するのに、橋下氏は、内容に立ち入らず、「机上の空論に過ぎない」「まったく説得力がない」「おバカな学者」「大阪都への代替案はない」と切り捨て、時には個人攻撃する異例の対応をする。そうした強引さには、説明と議論を回避し、反対派やマスコミを沈黙させ、他方でファンに「確信と強さ」を演出するメリットがある（4章）。しかし、それは国政レベルでは通用しないこと、そして大阪地域でも賢明な市民が協力すれば何とか対抗できることも、この4年間で明らかになった。
* 5　例えば、（藤井、2015b）では、大阪都に関する住民投票前に、754人の大阪市民を対象とする調査をおこない、実際に使われた「大阪市の廃止」という情報を入れない投票用紙と、実験的に作成した「大阪市の廃止」という情報を挿入した投票用紙では、前者の方が5.2%も（反対票率に対して想定した）賛成率が上昇することを実証的に示している。大阪都を「説明し議論するほど反対が増える」法則は、2014年から15年にかけて世論調査で反対が増えてきたデータによっても確認できそうだ。逆にポピュリズム戦略にとっては、低投票率になり、単純な大阪都礼賛をうのみにする有権者だけが投票することが好ましい。

「都構想否決で大阪は復活のチャンスを捨てた」とお気楽にコメントする（東京の）評論家も罪深いが、大阪市（論理的には横浜市、名古屋市、福岡市・・・）を廃止すべき理由や、中心都市の市役所を廃止した大都市が先進国にあるか等を、彼ら・彼女らはきちんと説明できるだろうか。

【参考文献】
- 岩﨑忠（2012）「大都市地域特別区設置法の制定過程と論点」『自治総研』2012年10月号
- 大阪維新の会「大阪都構想」2015年5月訪問、ウェブサイト
  http://oneosaka.jp/tokoso/#front#sitemap0
- 大阪市（2015）「特別区設置協定書について（説明パンフレット）」ウェブサイト
  http://www.city.osaka.lg.jp/seisakukikakushitsu/page/0000308845.html
- 大阪市政調査会編（2015）「特集：大阪市住民投票を検証する」『市政研究』2015年夏季号
- 大阪市選挙管理委員会（2015）「特別区設置住民投票」＞「投票公報」「投票の方法・賛否の決定」ウェブサイト
  http://www.city.osaka.lg.jp/contents/wdu240/jutou/
- 香山リカ（2012）『「独裁」入門』集英社
- 北村亘（2013）『政令指定都市 — 100万都市から都構想へ』中央公論新社
- 澤井勝・村上弘・大阪市政調査会編（2011）『大阪都構想Q＆Aと資料 —大阪・堺が無力な「分断都市」になる』公人社
- 指定都市市長会（2010）「諸外国の大都市制度に関する調査 報告書」ウェブサイト
  http://www.siteitosi.jp/necessity/city/pdf/report_v5_2.pdf
- 高橋茂「異例ずくめの『大阪都構想』住民投票」『Voters』No.17、2015
- 特集「ポスト大阪都構想 賛成派vs反対派4人の識者が激論「大阪のゆくえと大都市のゆくえ」」『WEDGE』2015年7月号ウェブサイト
  http://wedge.ismedia.jp/articles/-/5087
- 中島岳志（2013）『「リベラル保守」宣言』新潮社
- 橋下徹・堺屋太一（2011）『体制維新 —大阪都』文藝春秋
- 藤井聡（2015a）『大阪都構想が日本を破壊する』文藝春秋
- 藤井聡（2015b）「大阪都構想・橋下市長の2つの秘策？「フライング敗北宣言」＆「ラストメッセージ」作戦」『日刊ゲンダイ』2015年5月15日
- 藤吉雅春（2012）「橋下徹が「総理」になる日」『文藝春秋』2012年6月号
- 村上弘（2011）「大阪都構想 —メリット、デメリット、論点を考える」『立命館法学』2011年1号、ウェブサイト
  http://www.ritsumei.ac.jp/acd/cg/law/lex/11-1/murakami.pdf
- 村上弘（2012）「大阪都構想（大阪市・堺市廃止）の極端化に新聞はどう対応したか—「府」の名称のままの柔軟な改革を検討する」『立命館法学』2011年5・6号、ウェブサイト
  http://www.ritsumei.ac.jp/acd/cg/law/lex/11-56/murakami.pdf
- 村上弘（2014）『日本政治ガイドブック —改革と民主主義を考える』法律文化社

- 朝日新聞（ウェブ版）2015年3月16日「大阪都構想案、大阪市議会が可決 維新と公明が賛成」
- 朝日新聞（ウェブ版）2015年5月17日「30代は6割賛成 都構想 朝日・ABC出口調査」
- 京都新聞（ウェブ版）2014年11月14日「京都府と市、消防学校一体化へ 二重行政を解消」
- 日本経済新聞（ウェブ版）2015年4月30日「大阪都構想、有権者の賛否拮抗 日経・テレビ大阪世論調査」
- 毎日新聞大阪版（ウェブ版）2015年5月3・4日「おさらいOSAKA都構想」上下
- 読売新聞（ウェブ版）2015年5月11日「「大阪都」反対上回る…橋下氏支持・不支持並ぶ」

第6章

維新の党

右派ポピュリズムはリベラルを超えるか

村上 弘

　橋下氏率いる「維新」(以下、大阪維新の会、維新の党等を総称してこう呼ぶ)は、国政レベルでも一定の力を得た。正確に観察すれば自民党よりも右寄りなのに、第三党にまで伸長したのは、戦後日本では異例だ。このブームの原因、限界、政党システムへの影響等について、記録し検討しておきたい。

　なお、本章は、筆者による日本政治の教科書(村上、2014)の5～8章の要約および続編(詳しくは、村上、2016予定)なので、関心のある方は同書とそこで紹介した文献もご覧いただきたい。

1　維新の党、橋下氏の政治とは何か

(1) 6年間の軌跡

　表6・1の略年表のとおり、橋下氏と維新は短期間にいくつかの段階を経て、「天才的」ともいうべき作戦を次々と打ち出し、勢力を拡大していった(参考、読売新聞大阪本社社会部、2012等)。

　最初のステップはやや偶然だった。2008年の大阪府知事選挙で、自民党は当時勢いのあった民主党に勝てる候補者を捜し、この若く、テレビ出演で人気のあった「タレント弁護士」を擁立した。

　橋下氏は当選後、2年間知事として大阪市との対立を展開したのち、この強い市を全廃し府に統合する争点(アジェンダ)を発見し、それに大阪都構想と名づけた。橋下氏は同構想を最大のスローガンに自ら主宰する地域政党「大阪維新の会」を立ち上げ、自民党地方議員の一部や、野心的な若い政治家志望者を集め、2011年、大阪府・市の議会第一党と、さらに府知事・大阪市

長の両ポストを勝ち取った。

2012年には、国政に進出する。最初は、大阪都の根拠法を制定させるために必要だといううまい説明だった。しかし、この法律が民主党政権下で可決されたあとも、橋下氏らは、統治機構改革としての「維新八策」を提示し、進み続ける。

2012年末の衆院選で、「日本維新の会」は比例代表で約20%を得て、大勝の自民党、大敗の民主党につづく第三党に躍進した。ただし、皮肉なことに、維新が多くの票を（自民ではなく）民主党支持層から吸収した結果、自民党は単独過半数を大きく超えてしまった。その結果、自民は参議院と選挙での協力をしてくれる公明だけと連立政権を作り、維新が国政与党に入る夢はかなわなかった。

表6・1　維新の会（党）と大阪都構想をめぐる経緯

年月	出来事
2008年 2月	橋下徹氏が大阪府知事に就任
7月	大阪府・市が水道事業統合を目指す検証機関を設置
2009年12月	府市長会の反発で水道事業統合が白紙に
2010年 1月	橋下氏が府市再編を提唱
4月	大阪維新の会を設立、都構想を掲げる
2011年 4月	統一選で維新が圧勝。府市両議会ともに最大会派に
12月	橋下氏が府市ダブル選で勝利し、市長に就任
2012年 8月	大都市地域特別区設置法が成立
12月	日本維新の会を設立し、衆院選に進出。第三党に
2013年 5月	市議会が、水道事業統合案を否決
9月	堺市長選で維新が敗れ、都構想反対派の市長が当選
2014年 1月	維新と公明が決裂、都構想協議が中断
3月	橋下氏が、出し直し市長選で再選
7月	維新単独で、都構想の協定書案を決定
10月	府市両議会で協定書案が否決
12月	維新が衆院選で再び第三党に。公明党が「住民投票には賛成」に転換
2015年 3月	府市両議会で協定書案が可決
5月	大阪市民による住民投票

（出典：毎日新聞2015年4月3日大阪朝刊「大阪都構想」をめぐる経緯）

さて大阪では、維新と橋下市政に対して、共産、民主からだけではなく、自民党からの反対も強まっていく。経済団体も、華々しく「ケンカ」はするが具体的な成長政策が進まない市政に批判的になったという印象もある。他方で、大阪市の廃止構想や行政サービスの削減、市長の労組への攻撃、従軍慰安婦を正当化する発言等、各種の権威主義的な言動（本書2部／村上、2014、7章参照）に対しては、リベラルな市民や専門家、一部マスコミ記者が、批判を強めた。そして、連戦連勝の維新が初めて破れたのが、2013年の堺市市

長選挙だった。

　2014年末の衆院選では、維新の議席は減ったが踏みとどまった。2015年、統一地方選挙で大阪の維新は好調だった。肝心の大阪都（大阪市廃止分割）構想の住民投票では、市長権限を活用し「大阪市の廃止」を知らせない宣伝に努めた（5章参照）が、僅差で否決という民意を突き付けられた。ひとたび引退を声明したが、タフな橋下氏は次の作戦を考えるだろう。

(2) 党の方針

　維新の党の綱領や、橋下氏と維新の理念や政策を解説した（橋下・堺屋、2011）が参考になる。

　また、「維新八策」なる日本政治の大規模な改革案を、2012年夏、衆院選に向けて公表し、注目を集めた。参議院の廃止、衆議院定数の半減、道州制、首相公選、地方交付税の廃止（地方間財政調整へ）、解雇規制等の規制緩和、公務員への統制、憲法改正等を列挙している（読売新聞大阪本社社会部、2012／日本経済新聞、2012年9月1日）。

　これらを筆者は、全体として統治機構を極端に（大胆に）集約化し、小さな政府（維新の表現では「既得権の排除」）と権力集中（同じく「決定できる政治」）を目指していると解釈した（村上、2012）。また、大胆な改変を主張する割に理由の説明が少ないのが、特徴的だった。

(3)「右派ポピュリズム」という解釈

　第一に、現代のポピュリズム（大衆扇動・迎合政治）は、かなりの国に見られ（高橋・石田編、2013）、さまざまな面を持つが、多くの研究者が共通して指摘する特徴はその構造と方法にある。構造の面では、強力なリーダーが、政党組織や利益団体をつうじてではなく、直接に民衆・大衆と結びつく。民衆・大衆を引き付ける方法は、彼ら・彼女らの「敵」を設定しこれを攻撃し懲らしめる「ヒーロー」を演じるか、あるいは利益をばらまくかだが、いずれにせよ合理的な検討や説明を避ける（Kuper / Kuper、2004／村上、2014、7章）。「劇場型政治」と呼ぶこともある。

　さて、橋下氏と維新の立場は、維新八策、大阪都構想、その他この本で記

録・分析されている諸政策から分かるように、「敵」を攻撃し排除する制度改革をすれば問題は解決できるという主張が多く、かつその制度改革は単純化して宣伝する。これは（攻撃型の）ポピュリズムに該当するだろう。橋下氏が知事になる前に出版した本で「ウソつきは政治家の始まり」と宣言し、その後「政治には独裁が必要」と述べたのは、まことに意味深い（参考、村上、2012、pp.714-716）。

　しかも橋下氏の「敵」は一つではなく、中小の問題に嚙みついて他者を「全否定」することが多い（4章参照）。例えば、2015年9月に維新の党を割った根拠も、「関東派」が地方選挙応援をめぐる公開討論に応じなかったからだと言う（毎日新聞、2015年9月4日）。橋下知事のときの伊丹空港廃止論もそうだが、大阪市を全廃する「大阪都」構想も、実はその程度の所作であって、しっかり考え抜いた提案ではない可能性がある。ただし、支持層へのアピール効果を見極めるカンは、すごい。

　第二に、政治における「左と右」（今日では、リベラルと保守等）の座標軸が、手掛かりになる。分類の基準は、①市場経済に介入して規制し、再配分する大きな政府を好むか、または市場経済の自由競争を許す小さな政府を好むか。②平等と寛容を好むリベラルな価値か、または権力と不寛容が政治において必要だと考える権威主義的な価値か。それぞれ、前者が「(中道)左派」、後者が「右派」の立場だ。

　橋下氏と維新の立場は、前述の維新八策、大阪都構想、この本で記録・分析されている諸政策から分かるように、小さな政府（効率化）と権力集中（強いリーダーシップ）と理解されるものが多く、右派に分類してよいだろう（村上、2014、図表5・1、図表8・4）（なおここで右派、左派という用語は、政治的立場や政策体系を客観的に測定したもので、善い悪いの評価を直接に含むわけではない）。

(4) 維新の強さの理由と限界

① 一定の不満のある現状をともかく変える、つまり「大阪・日本を変える」というアピール。
② 2014年ごろから、「身を切る改革」「税金のムダ遣いをなくす」というア

ピールを前面に出し、集票効果を得ている。国や自治体みずからが議員・公務員のコストを縮減し（民主主義や行政の能力も弱まるおそれがあるが）、住民サービス等他の支出に回すという主張だ（例、京都府選挙管理委員会、2014）。
③いずれにせよ、前記のポピュリズム型の単純化で、「分かりやすい」と受け止める人が多い。他方で、批判や不信も強くなる。
④橋下氏の、単純化、威嚇、個人攻撃等を含む、高度な弁舌能力。
⑤ブームに乗って当選したい政治家志望者が一定数存在し[*1]、維新は「維新塾」等でリクルートに成功した。ただし、橋下氏の攻撃と単純化の政治スタイルに直面すると、自立心のある有能な「同志」は集まらないようでもある。
⑥かなりのマスコミが、勉強不足か、記者が個人攻撃を恐れるのか「大阪都」等への批判を自粛し、維新を「地域政党」「第三極」と美化してきた。海外のマスコミは、維新を「右派」（The Economist、2014）と表現することがあるのだが。
⑦もちろん維新を最終的に支えるのは、有権者の投票（および支持しない人の棄権）だ。橋下氏と維新の政治が、反知性主義（単純化）と権威主義（強いリーダー）を特徴とするポピュリズムだという解釈が正しければ、そうした政治を支持する人々、つまり操作しやすい「大衆」（村上、2015）が、多いということになる。橋下氏の刺激的なツイッターのファンも多いようだ。さらに、知的に「優秀」であっても、厳しい競争原理を生き抜いて活躍しているホワイトカラーは、(3)で前述した小さな政府論に共鳴する可能性がある。

2 政党システムへの大きな影響 — 右傾化への貢献

(1) 政党システム変動の複合的な説明

近年の日本政治（参考、薬師寺、2014等）の特徴は、新党の登場と、2012年以降の自民党の優位および民主党の低迷だ。比例代表での得票率の推移（村上、2014、図表8・1等）をみると、自民党が「日本を取り戻す」と訴え

て政権を取り戻した2012年衆院選では、2009年の27%から約1%しか増えなかったので、主要な問いは、民主党への支持がなぜ2009年の42%から16%へ急落したか、である。

　詳細は（村上、2014、8章／2016予定）に譲り、ここでは複数の原因を簡単に列挙する（一部のマスコミ、評論家は、①の民主党の失敗だけを指摘して満足するが）。

①民主党政権の失敗（目標を明示しすぎたマニフェストの不達成、招き入れた小沢派による党分裂、「脱官僚」の行き過ぎ）への強い批判とともに、成果（原発規制、自然エネルギー促進、子供・教育支援等）もあった（参考、後藤、2014／伊藤・宮本、2014）が宣伝・認識されず、そもそも党の基礎票[*2]が自民党に比べて弱い。

②自民党の、アベノミクスによる景気浮揚を前面に出し、右寄りの方針（全面改憲、自衛隊の海外戦闘法制）は選挙公報（例、京都府選挙管理委員会2014）等で明示しない、巧みでアンフェアな戦術。

③宗教団体を母体とする公明党の、与党参加と自民への忠実な選挙協力。

④維新の党が、前節（4）の諸理由①〜⑦から、「右派」ではなく「改革派」と見られることに成功し、無党派や中道の票を吸収した（衆院の比例代表得票は、2012年が20%、14年が16%）。

　以上をまとめると、2000年代後半、自民党政権が失敗を繰り返したときでさえ、比例代表の得票は25%レベル以下には下がらなかった。これは、このレベルの党の「基礎票」つまり支持基盤（支持団体、後援会等）が安定して存在すると推定させる。それに対して、民主党への投票は42%から13%の間で大きな変動を示す。言い換えると、日本では、民主党は支持政党のない「無党派層」（4割くらいまで増えた）の大部分を引き付けられた場合にのみ、自民党（と公明党の連合）と対等になることができる。しかし、この無党派層を、維新の党は吸収することに成功した。

⑤最後に、制度も強く作用する。小選挙区制のもとで、最大政党と第2位政党の間の得票の差は、より大きな議席の差に増幅される。例えば、2014年衆院選で、自民党は比例代表（定数180）で、得票率33%にほぼ対応する68の議席を得た。ところが、全体としての獲得議席は291で、定数475の

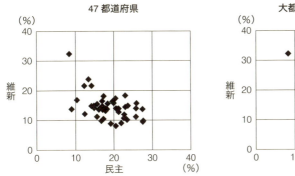

図6・1 2014年衆院選での民主、維新の得票率の関係(比例代表) 大都市地域とは、総務省統計局が定義する「大都市圏」を含む15の都道府県。自民・維新の関係等のグラフは紙幅の制約で省略したが、(村上、2016予定)に掲載予定。(出典:総務省自治行政局選挙部、2014より作成)

ほぼ3分の2に達した。これはもちろん、自民党が295ある小選挙区のうち223で、公明党の支援もあって勝ったためである。民主党は比例代表では得票18%で35議席を得たが、小選挙区では、わずか38議席を取っただけであった。

(2) 民主票と維新票の逆相関関係

2014年衆院選における都道府県ごとの、自民、民主、維新の得票率の相関を探るグラフ群を作成してみたが、図6・1では2例だけ示す。

一定の有権者を政党同士で取り合うのだから、政党の得票率の間に逆の(マイナスの)相関関係が発生するのは当然だ。しかしその中でも、47都道府県ごとのデータでは、自民と民主に比べて、自民と維新の、そしてそれ以上に民主と維新の逆相関が強かった。維新は保守系なので自民支持層の票を食うはずだが、実際には、「改革」を標榜し非自民層や民主党の支持層(無党派含む)からより票を集めたことが、推定できるわけだ。特に図6・1の大都市地域では、より強い程度で、民主は、維新が進出すればするほど票を減らしている。

(3) 結語 ── 自民党一党優位への維新の貢献、リベラル派の可能性

2012年以来、自民党は、3回の国政選挙で連続して過半数を獲得してきた。
とはいえ、現代の日本は、自民党への支持は3〜4割程度で、社会の多元化や、衆参の比例代表部分、地方議会選挙制度に支えられた多党化の傾向がある。しかし、民主、公明、維新の3党が2節（1）で述べた特徴を持つために、第一党（自民）と第二党（民主）の差が開き、それが小選挙区制で増幅されて、自民党の一党優位が現れていると解釈すべきだろう。一党優位が民意を反映したものでないという結論になり、「不当」であるとともに、盤石でないとも言える。

維新の党（橋下氏が率いるそれ）は、ポピュリズム型「改革」を打ち出して、民主党から無党派の票や自民への不満票を吸収し、結果的に自民の大勝を助けた。それがなければ、安倍政権が、衆議院で圧倒多数を占めて「安全保障」法案等を強引に進めることはむずかしかったに違いない。しかし、維新は穏健保守ではなく、本質的に右派であるため、もし合併すれば民主党は分裂・崩壊してしまう。いわば、「右派ポピュリズムはリベラルを超えるか」という危機的な状況だ。

今後の政党システムを展望するとき、①自民と民主の競争、②民主と維新の競争、③自民党内の穏健派の自主性、④公明党の自主性、さらに⑤問題提起力を持つ共産党の動向等が重要になる。①②については、各政党の違いを政策争点について、およびリベラル、保守、保守右派という枠組みで、有権者やメディアが認識できるか、安倍政権の統治の二面性に市民が賢明に反応するか、民主党の潜在的支持者や無党派層に対する支持回復の努力が成功するか（政策転換よりも、イメージや組織運営技術の問題か）、等に注目していきたい。

注
＊1　近年、維新に限らず他の政党でも、「公共性や改革を明快に主張する、攻撃的な、若い候補者」が当選する事例が目立ち、その風貌には独特の共通性があるようだ。なかには権力的な問題発言や、公共性どころか私益の追求で馬脚を現す人もいるが、そうした自由競争原理に立つ「政治的企業家」層の厚さは、保守の「資源」だ。これに対して、リベラル派（民主党等）は、弁護士、市民活動家等の人材をある程度リクルートしている。
＊2　保守（自民）とリベラル（民主）の「基礎票」や党員数の格差は、他の先進民主主義国にはあまり見られず、政治学や社会学の重要なテーマだ。意識調査とともに、リベラル派・中道左派（あるいは市民社

会）に不利な、日本の政治制度、社会・文化的特性を検討しなければならない（村上、2015）。
　インターネットで見ていると、保守系の評論家は、民主党が日本に有害だと主張し、しかも「反日」「親中国」「既得権」等のレッテル貼りで理由説明（つまり思考）なしに切り捨てるのは、さすがだ。リベラル派が自民・維新を批判するときに、割合ていねいに理由を説明するのと違う。他方で、「潔癖な」リベラル派は、民主党等現実の政党をすぐに見限ってしまい、保守派に不満はあっても自民党を支持するような現実感覚が、乏しい。

【参考文献】
・伊藤光利・宮本太郎編（2014）『民主党政権の挑戦と挫折 ―その経験から何を学ぶか』日本経済評論社
・京都府選挙管理委員会（2014）「2014年12月14日執行 衆議院比例代表選出議員選挙公報 近畿選挙区」
　＊選管がウェブサイトの公報つまり政党の公約を、選挙後消去してしまうのは、政治における「説明責任」を弱めるものだ。
・後藤謙次（2014）『幻滅の政権交代 （ドキュメント 平成政治史 第3巻）』岩波書店
・高橋進・石田徹編（2013）『ポピュリズム時代のデモクラシー ―ヨーロッパからの考察』法律文化社
・橋下徹・堺屋太一（2011）『体制維新―大阪都』文藝春秋
・村上弘（2012）「日本政治と「維新の会」―道州制、首相公選、国会縮減の構想を考える」『立命館法学』2012年4号、ウェブサイト
　http://www.ritsumei.ac.jp/acd/cg/law/lex/12-4/murakami.pdf
・村上弘（2014）『日本政治ガイドブック ―改革と民主主義を考える』法律文化社
・村上弘（2015）「強くない日本の市民社会 ―市民の政治参加の「3層構造」モデル」『政策科学』ウェブサイト
　http://r-cube.ritsumei.ac.jp/bitstream/10367/6176/1/P22_3_11-murakami.pdf
・村上弘（2016予定）「自民党1党優位性の再解釈 ―民主党、維新の競争からの説明」（仮題）『立命館法学』ウェブサイト
　http://www.ritsumei.ac.jp/acd/cg/law/lex/ritsumeikanhogakuindex.htm
・薬師寺克行（2014）『現代日本政治史』有斐閣
・読売新聞大阪本社社会部（2012）『橋下劇場』中央公論新社
・Kuper, Adam/Kuper, Jessica eds. (2004) *The Social Science Encyclopedia*, 3rd edition, Routledge
・The Economist (2014), *Japan's snap election result*, Dec 15th 2014, website

・日本経済新聞（ウェブ版）2012年9月1日「衆院定数を半減 「維新八策」最終案の全文」

第 2 部

橋下市政は大阪をどう変えたか

第 7 章

教育再建に向けて
7年余の破壊から立ち上がる人々を支えたい

小野田正利

1 ターゲットにされた「教育改革」

　私は教育に関する行政や法律そして学校運営について研究しているが、ここ15年ばかりは、保護者と学校の教職員の間に生じるトラブルの研究と解決の実践を重ねることが中心になり、派手な唐草のジャケットで全国を講演行脚することが多い。しかし、大好きな大阪の街の教育行政の惨憺たる破壊の状態を座視することはできないと思い、事実に基づいて批判的な分析と発言を重ねてきた。

　教育——この問題は、橋下維新統治下の約7年の中で、彼から最も激しい攻撃対象になり、そして実際に「改革」させられて、今でも翻弄され続けている渦中にある領域である。ここでは主として学校教育に絞って、その「改革」で何がおこなわれ、その結果として何が残ったか、それはまともな「改革」だったのかどうかについて述べるとともに、特に2015年になって注目された、全国学力調査の成績を、府立高校の入試に「利用する」問題を中心に展開する。

　表面に現れる問題事象はごく一部であるが、底流には「これからもう一度本腰を入れて立て直さなければならない」深刻な実態がある。その意味で本章のテーマを「教育再建に向けて」とした。

　橋下徹氏が、その主たるタレント業での独特の行動様式をアピールして大阪府知事に当選後に、異様な執念を燃やして実行したのは、さまざまな形での公務員バッシング、公立学校たたきであった。いわく「既得権益者をのさばらせるな」と批判し、他方で「パブリックサーバント」ではなく、民意を

得たからにはすべての公務員は「マイ（首長である俺の）サーバント」になるべきとの如く「政治主導」を最大限活用していく。「大阪維新の会」を結成し、2011年春の統一地方選挙で府議会・市会で多数の直属議員を擁して、最初に行ったのは大阪版の「国旗国歌条例」（大阪府の施設における国旗の掲揚及び教職員による国歌の斉唱に関する条例、2011年6月13日）の制定であった。これは中原徹・府教育長（民間人校長として当時は府立和泉高校校長。在職途中の2015年3月に暴言・パワハラ問題が指摘されて辞職）の、歌っているかどうかの「口元チェック」行動としてエスカレートしていった。

　一般的に教育政策は、地方政治において焦点化されやすいテーマではあるが、当時のマニュフェストにも明確には書かれていなかった大胆な「改造」を目論んだ。学校のあり方を「枠づけ」、教職員の行動を「徹底して縛る」方策に打って出る「教育基本条例案」「職員基本条例案」の構想が出され、府市の両議会に提出されたのは2011年9月であった。当初の2条例案は、地方自治法・地方教育行政法にも違反するとの批判が多方面から寄せられたため、11月の知事・市長のダブル選挙後には、議員提出ではなく府市統合本部からの提案という形で狡猾にお色直しがされ、2012年3月23日に自民・公明も加わり、3条例（「大阪府立学校条例」「大阪府教育行政基本条例」「職員基本条例」）という形で成立していった。これらについて「元の案とは大きく変わった」（陰山英男・元府教育委員長、立命館大学教授）と評価する声と「維新原案の趣旨を概ね維持」（維新府議）と見立ては分かれるが、その内容を精査すれば後者の見方が正しいだろう。それは橋下氏が繰り返し好んで使っている「グレート・リセット」という用語に象徴され、2012年8月31日に出た総選挙用の「維新八策」を見れば、至極当然のことだからである。そこには統治機構の改革だけでなく、公務員制度も教育行政制度等も、すべて「ともかくひっくり返す」ことが明言されている。

　橋下市長の特有な弁舌（既成政党と官僚批判、公務員、教員、そして知識人を攻撃）を、私は「破壊のエクスタシー（快感）」と名づけてきた。そしていまの社会全体に漂うルサンチマン（ねたみやうらみ）が共鳴するかのように、橋下氏に拍手喝采を送る多くの人々がいるという事実も見ておく必要がある。まず自らは多数者側に身を置きながら「敵」を明確に仕立てあげ、舌

鋒鋭く槍玉にあげて叩き続け、そこで「民意」を獲得したと自らを正当化して「私だけが民意」であるかのように豪語し、次の敵をあぶり出していく手法である。マスコミの寵児というよりもツイッターで発信し続けることで"Look me！"を標榜する本人もマスコミそのものだということが、従来の政治家とは明らかに違う。彼の政策は「新自由主義的政策」と言われることがあるが、その時その時の「思いつき」（ご都合主義）に近いものだと私は思っている。それにあれこれの理由をつけながら、論点をすり替えながら「ごり押し」をする方法である。

2　高校入試に「学力テスト」を利用する問題

(1)「相対評価」から「絶対評価」への流れ

　「ご都合主義」を物語る一つの典型として、全国学力テストの結果を、2016年度3月の府立高校入試に「利用」しようとする問題に見ることができる。4月に全国一斉に行う中学3年（小学6年も）を対象とした全国学力・学習状況調査（いわゆる全国学力テスト、以下では「学テ」とする）の大阪府下での各学校ごとの成績結果を流用して、この学テの平均値で高得点をとった中学校の生徒には、内申書で「5」の高評価をつける割合を多くするが、そうでない中学校には割合（同時に4や3のつけ方の割合も変動）を低くすることを目論んだ事件である。この騒動の中心役は、教育委員会議のために東京から、原則的に月曜日と火曜日にだけ通ってくる大阪市教育委員会・委員長の大森不二雄（首都大学東京教授）氏であるが、常に「橋下市長の意向」を汲んで行動している。

　全国の公立高校の入試は一般的に、通常は中学3年の3月の学力検査（入学試験）と、所属する中学からの調査書（内申点）等が考慮されて合否が決定されるが、その比重は都道府県によって異なる。内申点の教科ごとの評価方法は、かつて相対評価が用いられてきたが、2002年からは絶対評価へと変更された。

　従来型の「集団に準拠した評価（いわゆる相対評価）」は、集団の中での相対的な位置付け」で評価するものであるため「基礎的・基本的な内容を確実

に習得し、目標を実現しているかどうかの状況や、一人ひとりの児童生徒のよい点や可能性、進歩の状況について直接把握することには適」さず、「児童生徒数の減少等により……客観性や信頼性が確保されにくくなっていることも指摘されている」と教育課程審議会答申は批判した（2000年12月）。そこで文科省は2001年4月に指導要録の改善通知を出して、2002年以後の中学の評定は「絶対評価」に切り替えたのである。

しかし唯一大阪府だけは、学校内で他の生徒と比較する「相対評価」（10段階）を続けてきた。そのこと自体は異様とはいえるものの、違法ではない。先の教課審答申でも、各教科の内申点を絶対評価にするか相対評価にするかどうかの具体的な取扱いは「従来どおり、各都道府県教育委員会等の判断において適切に定めることが適当と考える」とされていた。

(2)「あるもんは使わせろ！」

歴史をきちんと振り返ろう。始まりは、2012年にさかのぼる。知事から市長に鞍替え当選後の2012年5月に、橋下氏がツイッターで「相対評価を大阪が死守しているのはおかしい。他県と同じように絶対評価にしろ。文科の考え方に賛成だ」と批判し、松井府知事もこれに共鳴した。「改正」の動きはこの頃から始まった。

だとすればそのように改正すれば良いものの、今度はなぜか「絶対評価にすると、入試の『公平性』が保障されないではないか？」と言い出した。その中心になったのが、先の大森委員長（元・文科官僚）である。彼は「相対評価を絶対評価に変えるだけでは、5段階評価の「5」を生徒の過半数につける学校が出てくる一方で、1割未満しかつけない学校も出る等、理不尽な不公平が生じうる」（2015年7月10日、朝日新聞）と相当に極端な論を展開し、内申点の「絶対評価にはテストによる各校共通の評価尺度が必須」だとして、ここから全国学テの結果の不適切な利用を思いつく。

（※【　】は心情の推測、以下同じ）

【来年（2016年）の入試から「変える」って決めて触れ回っちゃったよ。しまったなあ‼ あっ、そういやあ、文科省の「学習評価及び指導要録の改善等」の通知（2010年3月）の中にQ5として「評価の結果が進学等におい

て活用される都道府県等の地域ごとに、一定の統一性を保つように努める」ってあったよな。そうだ！　大阪府下の中学生全員対象の学テをやっちゃえば、それは絶対評価を補正する指標に使えるぞ。生徒たちだけでなく、学校に是正勧告もできるしなぁ。】

　こうして自治体独自の統一テスト結果を高校入試に結びつけるという全国でも例のない「チャレンジテスト」が、まず2015年1月14日に中1・中2を対象にして実施された。府教委は「入試を控える3年の1月は負担が大きい」と2016年からの中3での実施は見送っている。その後に、大阪市教委は「3年生こそ必要だ」と市独自のテストをする構えを見せて、つばぜり合いが演じられた。内申点の「公平性」(本当の公平性は別のところにあるが)確保のために、評価の指標をどう設定するかでもめる。入試制度の公表の時期はカウントダウンが迫り【とりあえず来春の入試をどうするかだ】という危機感の中で、なんとここで府と市の両者が【そうだ！　全国学テがあるじゃないか！　あるものは使え！】といわんばかりに合意に達する。

　この動きをめぐって7月7日に文科省の専門家会議では、当然のこととして「学テの趣旨から逸脱している。入試選抜に活用すべきではない」と結論が出された。しかし松井知事は「文科省は上から目線」で「専門家会議はピンぼけ」(朝日新聞、7月9日)と批判し、大森委員長も認められない場合は「法的手段も検討する」(産経新聞、7月14日)と息巻いてみせた。

　この一連の騒動は、そもそも言い出しっぺ側に「歴史経過についての見識がなく」「定見と見通しがない」ことが関係している。加えて、かつて大阪には四つの学区(2008年までは9学区)があったが、橋下氏自らが2014年から撤廃し1学区にしてしまった。534の中学校、257の高校が、たった一つの土俵の上に乗って相撲をとるかの如く、無茶な「戦国時代」を自ら招いてしまったことに、ここではたと気づいた。相対評価から絶対評価に替えていった場合に、一つの学区で数十校程度ならともかく、257校も一緒になると【妥当なコントロールが効かなくなるのではないか？】と「自分たちで勝手に」恐れた。

　絶対評価に切り替えた場合に、相対評価の時代とは異なり、学校ごとによって偏りが出てくるのは当然にある。それを県内の地区ごとの中学校の連絡

調整会議で、極端な差が出ないように工夫している県は確かにある。但し、大森氏の言うような「過半数に5をつける学校が出る」というのは、生徒数が10人以下の学校ならば可能性はある（逆もしかり）としても、現在の大阪府下の中学校でそのような規模の学校はまったくない。物事を大げさに煽って、虚偽のことを言いだし、それによって全国学テと高校入試制度の本質を歪めていくことは、果たして何をもたらすか。

(3) 学力テストの理不尽な活用

　この騒動の中で、当事者なのに蚊帳の外に置かれたのは中3生たちであり、その親たち、そして教職員である。この数年で、実にめまぐるしく変わる入試制度（日程も選抜方法もおもちゃのように扱われた）に翻弄された犠牲者たちには「いいかげんにしてくれ！」という気持ちが渦巻いている。毎年のように仕組みが変わり、入試制度は複雑になった（2016年からまた変更）。前期日程と後期日程で2回受験できるチャンスはあるものの、前期日程試験の異常な高競争倍率（2015年度、3.31倍）による多数の不合格者を出し続けたことは、多くのダメージを受験生に与えるとともに、後期日程では定員割れをする学校が増えた（2015年度、7校から13校）。

　今回の全国学テ結果を高校入試に利用することについて、三つの疑問が普通に出る。

①中3の冬に受ける入試なのに、なんで中1・中2の学習内容の理解度を確認する中3当初の4月21日の全国学テを使うの？　3年生になってから頑張った1年間の伸びしろを考慮しないっておかしいじゃん！それに2016年度入試の場合は、内申点は中3の成績だけで見るんでしょ！

②全国学テは国・数・理の3教科だけなのに、中学校の9教科全体を見渡した成績や能力を見ることができるの？　体育や音楽といった実技系の成績は、国数理と連動しているものなの？　国語と英語の成績も正確に成績割合が比例しているといえるのか？

③絶対評価にするって言いながら、今度は大阪府下の私学を含めた「534校という学校毎を対象にした相対評価」を始めるの？　学校の評価が、個人の評価と連動するの？　松竹梅で言うと、A中は松だから5の評価は15人も

付けられるけど、B中は梅だから5人だけ？ってことでしょ？

（4）文科省への無理強い──「無理が通れば道理引っ込む」「やったもの勝ち」

　結局のところ、下村文部大臣は2015年8月20日の松井知事との会談で、学テの成績を2016年春の入試に限って容認した。表向きの理由は「学校現場の混乱を避けるため」とするが、あれだけ文科省は強硬に「認められない！」を連発していたにも関わらずの「大どんでん返し」の決定となり、多くの関係者が唖然とした。下村文相は、1960年代の学テは「過度の競争から中止になった経緯がある。全国の教委が（2007年からの学テ）復活の際に、指導目的以外の利用を認めないと申し合わせている」が、今回大阪にだけ特別に認めたのは「来春限りの例外」だと言う。この驚くべき結論の背後に、どのような政治的取引（駆け引き）があったかは不明であるが、まさしく「無理が通れば道理引っ込む」様である。

　一度でも趣旨に反する行為を許せば、それは既成事実になるし、その悪質な汚点は消えることがない。これら一連の動きは「政治主導」の産物であるが、その意思決定の中心にいたのは橋下市長である。止められるはずの大阪市・大阪府の暴走が、そのままスルー（看過）されていく危うさの象徴ともいえよう。

　2015年8月27日（木）深夜のNHK「時論公論」（0:00～0:10）では、西川龍一解説委員が、この問題を「何のための学力テストか」というテーマで取り上げ、分かりやすく解説している（NHKのホームページで内容閲覧が可能）。もともと学テは指導の改善のために役立てるものだからこそ「枝問ごとの配点はなく、正答率だけが示されます。ここが成績を付けるためのテストとの大きな違い」であるとした上で、文相との合意決定について「高校入試の問題に、行政側のトップである知事が乗り出すのは異例です。急な決定に戸惑う学校や生徒も多く、混乱の原因を考えれば、言わば"やったもの勝ち"という感は否めません」と厳しく批判した。

　多くの取材を総合した上でのことだろうが西川解説委員は、大阪府が2016年春の入試の内申点の評価に学テを利用するとの決定は「学力テスト実施日の11日前でしたが、急きょ過去の問題を解かせるといった試験対策を取る

学校や塾もあり、今回の学力テストで、大阪府は、すべての科目の正答率は全国平均を下回ったものの、去年に比べると差が縮まりました」と解説した上で、いまこそ学力テストの目的と限界を知ることが必要と力説した。結果が一人歩きすることで、学校の序列化と学校間競争が激化し、「傾向と対策」志向が高まり、不正の恐れがあるということだ。

　しかし「結果が一人歩きする恐れ」についても、懸念されるように歪められていった歴史がある。もともと自治体によるテスト結果の公表は２年前までは認められていなかったにも関わらず、それを「公表させろ！」と声高に主張したのは橋下市長（川勝・静岡県知事や千代松・泉佐野市長も）であった。道理や手順があるものを踏み散らかし「なし崩し的手法」で、混乱をさせていく。その結果、文科省はいくつかの条件をつけて「成績結果の公表はやむなし」へと後退していった。

　「公平性」の名の下に「不適切な措置」を強要していく。1節で、橋下市長の手法は「破壊のエクスタシー」が基本ベースにあり、「思いつき」（ご都合主義）と「ごり押し」であると述べたが、高校入試への「禁じ手である学テの利用」という、これまでの一連の経過の中にもそれらを明確に見ることができる。

3　首長の政治主導による教育委員会統治の危うさ

　一般的に学校に対する親の不満は、わが子のことだけでなく、自分自身の経験からくる不満の集約点にされがちである。不満はそこに向きやすく（向けさせられやすく）なっているが、実は地方自治体の教育行政を担う「教育委員会制度」（以下では「教委」）というのは、制度の設計としては一定の意味を持つ、よく考えられた機構でもある。行政委員会という仕組みは、合議によって決定し、時に利害調整を図りながら行うシステムであり、そこに首長（市長や知事）からの頭ごなしの命令が及びにくい制度は、そもそも教育や文化は、人びとの精神構造や内面の形成（学校教育も、図書館や博物館等の社会教育も）に関わるものであるがゆえに、できるだけ政治的権力から遠ざけておくことが望ましいという理念に基づくものであった。

しかし、大きく「改正」され2015年4月から施行された新しい教委制度の最大の特徴は、自治体の首長の教育への関与権限が大幅に強められたことである。すなわち、①地方公共団体の首長が「総合教育会議」を主宰し、教委とともに教育振興施策の大綱を決めることとされ、②首長が任命する新教育長が教委を代表することとなった。

　教委制度「改革」案が、第二次安倍内閣の私的諮問機関である「教育再生実行会議」を経て、中央教育審議会に諮問されて審議が始まった2013年の当初は、教委を廃止して附属機関とし、教育の執行機関は首長にする案（A案）が極めて有力であった。最終的に成立した2014年6月20日の改正地方教育行政法では、劣勢であった「教委は執行機関のままだが、教育長の権限を強化し、合議制の教委の審議決定事項を限定的にする」（B案）により近い線で決着がついた。

　それは2014年3月12日にまとまった「与党合意案」によるものであったが、この背景には各種の「改革」反対運動やドラスティックに教委制度を変更することへの懸念があった。その大きな要素の一つに「もし首長が教育行政に関する全権限を握ったとしたら何が起こるだろうか？」という不安にあった。

　この点から見ると、橋下市長の「クソ教育委員会」という幾度にもわたる罵りや、冒頭の教育基本条例の制定行動が、かねてから教委制度を変えておきたいと考える政権政党にとって追い風となっていたことは明白である。さながら相撲用語でいうところの「露払い・太刀持ち」のような形で先導的（扇動的）「改革」の道を切り開く役割を、橋下市長は果たしていることになる。しかし他方で、彼の過剰なまでの「教育への干渉や介入」行動への警戒感も政権政党内部にはあり、それが「与党合意」へとつながっていったと私は考えている。そういった意味で、橋下市長の教育分野の最大の功績は、皮肉を込めて言えば、首長に教育権限を集中させることを躊躇させたことにあったように思われる。

　しかし政治主導で、今なお極めて重要な政策が大阪府下で着々と進められている。それは一言で言えば、地域の子供たちが通い学ぶ"みんなの学校""みんなの教室"がなくなっていくなかで、公共財産としての学校敷地等を売

り飛ばしながら、いかに安上がりに「効率の良い人材」を育成するかにのみ、最大の関心を持つ政策である。

「国家戦略特区」(既に 2013 年 12 月 13 日に施行) の中の公立学校運営の民間への開放に、まっ先に大阪市と大阪府が手を挙げ、2019 年春にも「公設民営学校第 1 号を開設していきたい」(橋下徹「教職員向け市長メッセージ『教職員の皆さんへ〜私のめざす教育行政のあり方について』(2015 年 3 月 18 日) としている。このこととカジノの誘致構想がつながっている(「国家戦略特区の創設に向けた大阪の提案(概要)」2013 年 9 月、大阪府知事・松井一郎、大阪市長・橋下徹)。特に大阪はそういった意味で、日本全体を見回した時に、壮大な「社会実験」の場にされようとしている。それゆえ大阪の教育の今後を語ることは、日本の行く末を展望することと同じといえる。

4 教職員のモチベーションの低下と現実課題の深刻化

教育を遂行するキーパーソンは教職員である。彼らが意気軒昂と働ける職場になっているかどうかが、学校活性化の指標であるが、それがこの数年で大幅に低下したというのが実感であり、最も危機的と考える。

教育基本条例が制定された 2012 年に、教職員がどうなっていくかについて極めて悲観的な見通しで、当時、次のように書いた。

《大阪の教育がどうなっていくかの見通しだが、既に学校現場の中で教職員が気分的によどんだ暗い状態になっていることは明瞭だ。ただ今すぐに、目に見えて激変している状態ではない。だが恐らく 2 年後には相当に問題となる事態が生じるだろう。それが衆目を集めることによって、一気になだれを打つように学校の質の低下が始まり、歯止めが効かずに、弥縫策のみを繰り返さざるを得ない深刻なことが発生するように思う。それは第一に「評価・育成システム」と併せて、公募校長の徹底的なマネジメントの浸透による教職員のモチベーションと力量の低下であり、第二は保護者－教職員の関係性が児童・生徒を媒介とした教育的対等性ではなく、保護者優位へと突き進み、児童・生徒－教職員関係も大きなねじれが起きるだろう。

最初のスタートは、教員の逃散だ。学校の中でキーパーソンとなりリーダ

ーシップをとってきた優れた能力を持っている教員たちの早期退職に拍車が掛かり、他県の採用試験を受け始める。教員を目指す優秀な若者が大阪の学校への就職を躊躇する。既に私の勤務する大阪大学の新規学卒者の教員就職のデータをとってみると、明らかに大阪の公立校を忌避する傾向が出始めた。若い教員が大阪への就職を拒否→非常勤講師の多用による学校や教委の大混乱（自転車操業どころか"その日暮らし"的学校運営）→現職教員のモチベーションも低下→［条例等による圧制］→アイデンティティの喪失から早期離職→深刻な教員不足→余儀なくされる教員採用基準の大幅な低下（質の保障より量）→［更なる給与の切り下げ］→優秀な教員の確保は絶望的→保護者や子供のいらだちは学校へ（学力の低下）→教員のなり手がさらに激減、という悪循環が始まったといっても過言ではないように思う。》（小野田正利「大阪の教育の長期的崩壊（報告用補足原稿）」2012年10月27日、日本教育行政学会第47回大会）

　この指摘から3年経ったが、残念ながらそれらのいくつかは的中している。これらを裏付ける事実や事象はいくつもある。

①大阪府下の自治体の複数の教育委員会から依頼されて講演に出向くが、この数年間で「教員の質が目に見えて下がった」「教員がらみで何が起きてもおかしくない」と語る関係者が多くなった。

②民間人校長の大量採用による不祥事の数々（この間の一連のニュース）と、現役教頭の志気の低下が顕著になっている。

③大阪府教員採用試験で、2013年、2014年と、合格通知を出したものの、辞退者数増加で追加の教員採用試験を実施した。

④大阪市における小学校教員採用試験の競争倍率が低位に低迷し（中学、高校は教科によって相当に違いがある）、2015年の場合、2.0倍まで低下した（同年度の京都市は4.4倍、神戸市は4.7倍）。

⑤学校運営上の合理性のために実施されてきた職員会議での合意形成システムを問題視し、より窮屈な学校マネジメントを押しつけてきたためモチベーションの低下が顕著になった。

⑥職員条例に基づく「教員評価制度」と「校長経営戦略」等による目標管理システムでの疲弊ぶりが目立ち、数値目標が最優先でのパフォーマンスが

横行することが多くなり「現実態を見ない」傾向が強まっている。

　こういった状況の中で、子供の教育課題は山積し続けている。暴力行為の発生件数は、1000人あたり10.5件（全国平均は4.3）でダントツの1位（2位は神奈川で8.4）、いじめの認知件数は1000人あたり5.2（全国平均は14.3）で低い方であるが（1位は鹿児島県の72.0、2位は宮崎県の71.5。但し「いじめ」の場合は、その認知をどこに置くかで相当の格差があり客観値ではない）、不登校児童生徒数（小中学校）は1000人あたり31.6人で2位（1位は大分県の31.7、全国平均は26.9）、高校の不登校生徒数は1位の31.8人（2位は沖縄県の30.3、全国平均は16.7）（出典：2013年度「児童生徒の問題行動等生徒指導上の諸問題に関する調査」について、文部科学省2014年10月16日公表）——これらの高止まりの原因と政策効果の分析は不十分なままである。

　最後に、大きく傷ついている大阪の教育を再建するために必要なことを簡潔に述べたい。それは冒頭で述べた大阪府と大阪市で2012年に成立して施行されている「教育基本条例群（職員条例を含む）」の廃止と、大幅な見直しを含めた新しい条例制定の必要性である。子供・保護者、そして教師にとっても学校を魅力ある「学ぶ場・信頼する場・働ける場」に創り替える展望の提示である。そのためには、橋下知事・市長の統治によるこの7年半の間に、いったい何が起き、何が良くなり、どこが悪くなったのかを詳細に明らかにし、その原因究明とまずは回復のための改善策と手続きを示しうる、科学的なデータの収集と分析が必要となっている。

【参考文献】
・小野田正利（2014）「大阪の教育の長期的崩壊—制度破壊志向と大阪を超えた問題へ」日本教育経営学会研究推進委員会編『首長主導改革と教育委員会制度〜現代日本における教育と政治』福村出版、pp.64-80
・『内外教育』（時事通信社）の小野田正利による連載「普通の教師が生きる学校」。
　〈2011年〉
　「親も追い詰められ、子どもも台なしに」（10月7日）、「堤未果『社会の真実の見つけかた』」（10月11日）、「大阪の条例案は学校教育を破壊したいのか」（10月18日）、「過酷な競争的環境の中で子どもは、親は、教師は」（10月21日）、「大阪からドミノ倒しが始まるのか」（10月25日）
　〈2012年〉
　「信頼の構築ではなく仲たがいへ〜大阪の条例案」（2月21日）、「教師はおびえ、保護者は仲たがい」（2月24日）、「教師が大阪を敬遠し始めた」（2月28日）、「米国の失敗と同じ轍を踏む」（3月2日）、「学ぶ喜びが消え、競争一色に」（3月6日）、「定めたい『教育目標』は空疎で陳腐なものだった」（3月9日）、「党員の忠誠に報いるための猟官制へ」（3月13日）、「利益を得るのは、被害を被るのは、誰だ？」（3月16日）、

「1933年の雰囲気と似ている?!」(3月23日)、「発達障害児のトラブルと偏見」(6月8日)、「茶髪と入れ墨と文化と人間と」(11月16日)、「ルサンチマンが学校・教委に向かう時(いま)」(11月30日)
〈2013年〉
「無理が通って道理が引っ込んだ入試中止」(2月1日)、「本質矮小化、ツボもはずした体罰禁止論」(2月8日)、「体罰は麻薬のようなもの」(2月22日)、「桜宮高校生が置かれた状況への励まし」(3月1日)
〈2015年〉「7年余の破壊(1)―民意の乗っ取りとしての住民投票」(5月29日)、「7年余の破壊(2)―根拠とるデータのごまかし」(6月19日)、「7年余の破壊(3)―さながら戦前の『滝川事件』」(7月3日)、「中3の1年間の伸びしろは無視?」(8月7日)

- 『月刊高校教育』(学事出版)の小野田正利による連載「悲鳴をあげる学校」。「保護者も追い詰められる〜大阪・教育基本条例批判(1)」(2011年12月号)、「大阪の教育『不安』の声〜大阪・教育基本条例批判(2)」(2012年1月号)、「学校が選定と管理とビジネスの場に〜大阪・教育基本条例批判(3)」(2012年2月号)、「禍根となる生徒と保護者による授業評価」(2013年2月号)、「橋下市長のイチャモンから立ち上がる桜宮高校の人々」(2013年4月号)

第8章

医療・福祉の全般的削減

中山徹

1 住吉市民病院廃止案で示された公立病院の重要性

　本章では、橋下市政が進めた医療・福祉の全体的な縮小を、住吉市民病院、公立保育所、地域活動を例にとって紹介し、その上で全体的な状況を概観する。

　住吉市民病院は1950年に設置され、それ以降、大阪市南部地域の特に小児、産科で大きな役割を果たしてきた。しかし老朽化が進んできたため、2000年代に入って、小児・周産期医療に特化した病院として現地で建て替える方針が示された。

　ところが橋下市政が誕生すると、近くに大阪府立急性期・総合医療センターがあり、二重行政であると決めつけた。そして2012年5月に現地建て替えを取りやめ、住吉市民病院を廃止し、府立病院に統合する案を出した。

　そもそも住吉市民病院と府立病院は役割が異なる。市民病院は2次医療施設で、気軽に市民が受診できると同時に入院も受け入れる施設である。府立病院は3次高度専門医療を担当する病院で、重症患者、ハイリスク分娩を優先的に受け入れる広域的な病院である。役割が違うのを無理矢理統合するだけでなく、医療も大きく後退する内容であった。当初検討してた現地建て替え案の場合、分娩数は両病院で1446件（年間）、それが統合案では1200件に減る。また小児救急ベット数は両病院で135床、それが統合案では79床に減る。

　もともとこの地域は小児、周産期医療が不足しており、維新以前の方針では、現地で建て替え、小児、周産期医療の充実を目指すとしていた。ところ

が、維新が示した統合案では、地域の医療が守れない。そこで地域の医師会も含め、維新の案に反対する運動が取り組まれた。そのような中で2013年3月に住吉市民病院を廃止する条例を可決したものの、閉院と引き替えに、現地で小児、周産期医療を担う民間病院の誘致が付帯決議として決められた。

そして、1回目の公募が行われ、民間病院が決まった。この時、民間病院から示されたのは、分娩数年間750件、小児病棟35床、小児2次医療を実施というものであった。契約期間は50年であり、内容的には地域医療を継続・充実させるものであった。しかし、民間病院が医師を確保できず辞退した。その後、1回目よりも条件を引き下げて、2回目の公募が実施されたが、適切な医療機関が見つからず、公募は不調に終わった。大阪市は公募では医療機関が見つからないと判断し、2015年1月以降、個別誘致に切り替えた。

民間病院の決定が大幅に遅れているが、条例で定められた住吉市民病院の廃止は2016年3月末である。そのため、このまま2016年3月を迎えると確実に医療空白が生じる。そのような状況を受け、橋下市長は2015年3月に住吉市民病院の閉院時期を2年程度先送りすることを指示した。

さて現在、大阪市は民間病院の個別誘致を進めている。しかし、2度の公募で、しかも2回目は条件を下げたにも関わらず、民間病院が決まらなかった。個別誘致に切り替えると言うことは、さらに条件を下げることに繋がる。実際、民間病院からの提案として大阪市が示している内容は、小児救急はしない、小児科の病床数は10床であり、これでは医療内容が大幅に縮小される。しかも、土地は売却、契約は10年なので、その後の保障は全くない。

この住吉市民病院問題から得られた教訓は以下の三点にまとめられる。①府立病院と市立病院には役割の違いがあり、それを考慮しない統合は地域医療の重大な後退を招く。②地域では産科、小児救急の不足が深刻化しているが、これらは経営の安定、医師の確保が難しい。そのためこのような分野の拡充を民間病院に求めるのは困難であり、公立病院がその役割を果たすべきである。③党派の違いを超え地域医療を守る取り組みを進めた結果、維新政治の横暴を防いでいる。

2 規制緩和と民営化を進める大阪市の保育施策

　大阪市内には多くの保育所があるが、その一方で保育所に入れない待機児童も多くいる。2015年4月時点で大阪市が発表している待機児童数は217名。しかし、転所希望、育休中、求職中、一時保育利用等は待機児童数に含まれず、これら入所保留児童は2926人である。日本では、大都市部を中心に慢性的に待機児童が発生し、その解決が急がれる。それに対して維新が取った対応策は以下のように基準の引き下げであった。

　大阪市は2013年3月「児童福祉施設最低基準条例」を定めた。この条例で二つの基準を変更した。一つは面積基準である。国の定める子ども1人当たりの面積基準は、0歳児、1歳児は乳児室1.65㎡またはほふく室3.3㎡、2歳児以上は1.98㎡である。ところが大阪市が条例で定めた基準は年齢に関係なく1.65㎡である。大阪市の子供は、国の定めた基準より狭いところ、言い換えると詰め込んだ状態で保育を受けることになる。保育所が足りないのは事実であり、普通の感覚であれば、「では保育所を増やそう」となる。しかし大阪市は、「保育所が足りないから基準を下げて保育所に詰め込もう」という方向を選択した。おおよそ先進国ではあり得ない選択である。

　その条例でもう一つ基準を下げたのは保育士の配置基準である。それまでは1歳児の配置基準を1対5（保育士1人につき子供5人まで）としていたが、条例で1対6に引き下げた。保育士を増やさず子供を多く見られるようにしたわけだ。

　大阪市は待機児童対策として2012年9月から保育ママ事業を始めた。これは自宅等で3歳未満の子供を保育する事業だが保育士資格がなくても、研修を受ければ保育者になれる。認可保育所で保育をする場合、保育士資格が必要だが、保育ママでは資格が不要である。全国的に保育士が不足し、保育所の拡充が難しくなっている。もちろん保育士の絶対数が不足しているのではなく、労働条件が悪い、重労働である、賃金が安い、にも関わらず責任が重い等の理由で保育士資格を持っていても、保育所で働かない人が増えているからだ。このような状況を改善し、保育士資格を持つ人が保育所で働ける

ようにすることが基本である。ところがそうするためには財源が必要であり、それを避けるために、保育士資格がなくても保育者になれるような制度を作ったと言える。しかし保育士は子供の成長に直接関与する専門職であり、資格がなくても研修を受ければいいというのは、保育士の専門性を軽視した考えである。これは政府が2015年4月から始めた子ども・子育て支援新制度の先取りである。

維新が規制緩和と共に重視したのは民営化である。大阪市は2013年1月に「公立保育所新再編整備計画」を策定した。これには「公立保育所は児童1人当たりの保育にかかる経費が民間保育所に比して高いという課題がある。さらに事務効率を高めるためには、民間活力をさらに活用する方式である民間移管を導入することが必要である」と明記された。それに沿って、2013年度に5ヶ所、2014年度に12ヶ所、2015年度には9ヶ所の民営化と1ヶ所の休園を決め、公立保育所の民営化を強力に進めている。大阪市内には公立保育所が71ヶ所、市立保育所が329ヶ所あるが、橋下市長は公立保育所を全廃するとしている。今後、このペースでつぶしていくと10年以内に公立保育所が消滅するだろう。

維新が重視する民間とは社会福祉法人ではない。2014年4月から株式会社の認可保育所を認めた。2014年に9ヶ所、企業の認可保育所が開園し、2015年にはさらに7ヶ所がスタートしている。

大阪市が進めてきた保育施策は以下のように考えられる。①面積、職員配置、資格要件に関わる基準を緩和し待機児童解消を図ろうとしているが、このような進め方が望ましい保育に逆行しているのは言うまでも無い。②少子化対策、子育て支援の重要性が指摘されているが、そのような時代に行政が直接供給から撤退し、民間に委ねようとしている。それでは、行政が子供や保護者の状態を直接つかめなくなり、施策の展開も間接的になる。③民間の中でも企業を重視する方向で進んでいる。しかし、子供の貧困や格差の拡大が指摘されている中で、企業を供給主体に位置づけると保育そのものが格差拡大を生みかねない。

3 地域の意向を踏まえず縮小・再編を強行した地域活動・地域福祉

　大阪市は 2012 年 7 月に「市政改革プラン」を策定し、地域福祉・地域活動予算の大幅削減を始めた。具体的な内容は、①大阪市社会福祉協議会（社協）・区社協向け予算の大幅削減、それに伴う職員の削減（大阪市社協は 25 人から 15 人、区社協は 216 人から 168 人に削減）、②小学校区ごとの見守り支援員（地域ネットワーク推進員）316 名を全廃、③中学校区ごとのコミュニティーソーシャルワーカー（地域生活支援ワーカー）127 名を 24 名に削減、④老人福祉センターの統廃合（26 館から 18 館）、子ども・子育てプラザの統廃合（24 館から 18 館）等である。

　このような予算削減、人員削減の結果、大阪市内でそれまで維持してきたさまざまな地域諸活動が維持できなくなっている。さらに地域ネットワーク推進員のようにネットワークの要になる人がなくなると、ボランティアを中心としたネットワークそのものが消滅し始めている。

　そして大阪市は地域福祉活動を、1～2 年程度の短期間で事業者を公募し、その団体に発注する方式に変えている。公募のため、受注競争が起こり、単価が下がり出す。大阪市はそれを成果のようにしているが、その一方で人件費の圧縮が起こっている。また、事業期間が 1～2 年刻みであるため、いつまでその事業を受けられるかがわからず、職員は 1～2 年単位の非正規雇用にせざるを得ない。実際の非正規率を見ると、老人福祉センターで 80%、要介護認定調査員は 74%、生活福祉資金事務や介護予防事業では 100% である。ちなみに老人福祉センターは職員 5 名、うち正規職員 1 名。4 名の非正規職員は全員 1 年契約で、賃金は月 15 万 8100 円（一時金無し）である。そのような結果、キャリアの蓄積が望めず、結果的にはそのつけが市民に回ってしまう。また、雇用が不安定になり、専門性のある職員の採用が困難になっている。

　大阪市はこの間、地域活動協議会の組織化を強引に進めた。地域活動協議会とは、小学校区を単位として、地域振興会（町内会）をはじめ地域住民の組織、ボランティア団体、NPO、企業等が地域の諸活動、まちづくりを進め

るために組織した団体である。もともとこの地域活動協議会は 2011 年 3 月に示されたものであった。その当時は、できるところから自主的に、時間をかけて組織化していくという方針であった。

　ところが橋下市長誕生後、地域振興会では民意を反映していないと難癖をつけ、地域活動協議会の結成を強行した。その手法は、地域振興会をはじめ地域向けのさまざまな予算を人質に取り、地域活動協議会を結成しない地域にはそれらの予算を交付しないという横暴であった。さらに、地域向けの予算はいずれ削減し、コミュニティビジネス等で財源を確保せよという方向性まで示された。中間支援機関まで作ってコミュニティビジネス確保に動いた。そこで示されたのは、地域のお祭りに出店する模擬店から、お祭りが黒字になるような金額の出店料を集める。シルバー人材センターが受注している放置自転車対策を地域活動協議会が受注し、協議会の人がボランティアとして労力を提供し、委託料を組織が確保する等、コミュニティビジネスとは言えないような内容であった。

　地域振興会や地域のさまざまな住民組織は、高齢者や子育てを支援するいろいろな地域諸活動を進めており、また地域のお祭り等さまざまな行事を担っていた。それらを予算を人質に無理やり地域振興会にまとめたため、地域にはさまざまな混乱が生じ、今まで続けてきた諸活動の衰退も発生した。特に長年地域でさまざまな活動を続けてきた方々の中には、自分たちの活動を否定されたように感じ、意欲そのものを失った方も少なくなかったようだ。

　これらの動きから下記の点が読み取れる。①地域の諸活動、諸組織を変える場合は、地域主導で行うべきであり、行政が上から行うのは、自治の点からみて好ましくない。②地域諸活動の財源をコミュニティビジネス等で賄うことは困難である。③地域諸活動のカギとなっている人材を失うと地域活動全体が弱体化する。④地域福祉、地域活動を継続的に運営、支援している組織として社協（社会福祉協議会）がある。社協向け予算の大幅な削減が地域諸活動に大きな影響を与えている。

4 維新政治の医療・福祉施策

　以上で見たのは大阪市の施策であるが、大阪府も医療・福祉予算を大幅に削減した。その主な内容は以下の通りである。①千里、大阪赤十字病院の救命救急センター補助金3億8765万円全額削減。②国民健康保険府単独補助の削減、削減額は6億5153万円（予算総額の34％）。③街かどデイハウス補助金の削減、削減額は2億2375万円（予算総額の73％）。④特別養護老人ホーム建設費補助金の削減、削減額は11億2637万円（予算総額の73％）。⑤障害者福祉作業所、小規模通所授産施設、補助金3億9459万円全額削減。

　維新が目指した大阪都構想の目的は、大阪市に入る財源の一部を大阪府に移し、大阪府が進めるカジノ誘致、大型公共事業予算に充てることであった。普通では基礎自治体の税金を広域自治体が取り上げる等ありえない。ところが、大阪市を解体し、特別区に変えるとそれが可能になる。

　大阪市、大阪府とも、医療・福祉関係予算は軒並み削減である。ただし各々が削減する理由はやや異なる。大阪都構想では、経済対策やインフラ整備、高度医療は広域自治体である大阪府の役割、福祉や身近なまちづくりは基礎自治体である特別区の役割とされた。その役割分担を先取りして、大阪府が抱えている福祉予算は軒並み削減、大阪市が運営していた病院は廃止された。

　一方、大阪都構想の理屈に従うと基礎自治体は福祉を担当するため、府が予算を削減した分、基礎自治体は予算を増やさなければならない。しかし、実際は医療・福祉を充実させるのではなく後退させてきた。その理由の一つは、行政が直接供給するのではなく、できる限り民間、可能であれば企業にゆだねた方が望ましいとしたためである。その典型は先に見た公立保育所である。大阪市が設置運営している公立保育所は民営化の対象になり、その受け皿として企業が位置づけられた。もう一つの理由は、公的な団体、社会福祉協議会や社会福祉法人、町内会が担う場合でも、行政に頼るのではなく、自前で予算を確保した方が事業が効率的に実施されるとしたためである。その結果、大阪市は補助金は減らし、民間の諸団体は職員の削減を余儀なくされている。また、福祉や地域活動で独自財源を確保するのは困難であり、諸

活動の停滞、消滅を招いている。

5　維新の横暴を市民の力で止める

　もちろんこのような維新の横暴に市民は手をこまねいているだけではない。先にみたように住吉市民病院は広範な市民の運動で維新の横暴を許していないし、公立保育所民営化反対運動、地域福祉を守る運動も広がっている。
　これらの運動は、特定の政治団体や特定の組織だけで進めているのではなく、思想信条の違いを乗り越えて、医療・福祉を守るために市民が共同しており、その点が特筆すべきである。
　維新政治の特徴は大きく二つある。一つは、極端な規制緩和、大型公共事業優先等、新自由主義的な経済対策を強引に進めようとしている点である。もう一つは、民主的な議論を経ず、トップダウンで施策を進めている点である。
　そのような維新政治が、地域や市民の暮らしを急速に破壊しているため、それに反対する市民が、保守、革新を超えて共同しだしている。特に医療・福祉の分野ではそれが顕著である。これらの共同は維新政治を防ぐにとどまらず、地域で医療・福祉をどのように充実させるべきか、地域での諸活動を民主的に進めるためにはどのような仕組みが大切か等を考えだしている。維新政治を止め、このような市民の動きを促進させるような行政が誕生すると、地域の医療・福祉が新たな段階へ発展するのではないだろうか。

※本章を書くに当たって、住吉市民病院を守る会、大阪市保育運動連絡会、大阪市の地域福祉を守る会、大阪市をよくする会からの提供資料を参照した。また、中山徹・大阪自治体問題研究所編「雇用・くらし・教育再生の道」自治体研究社、大阪市のホームページも参照した。

第9章 公務員と労組への攻撃

北本修二

1 労働基本権無視と労働組合敵視

(1) 地方公務員の労働基本権

橋下市政の際だった特徴は、憲法による労働基本権の保障を無視して不当労働行為を繰り返し、公務員と労組を抑圧したことである。

憲法28条は労働基本権を保障し、労組法は不当労働行為制度を設け、労組の活動を保護している。働く者は労組を結成する権利があり、労組は団交権、争議権を有する。地方公務員法は、非現業一般職員の団体交渉権、争議権については制約をしているが、団結権自体は保障している。争議権は制約されているが、現業・公営企業職員は、労働組合法の適用を受け、不当労働行為救済制度の適用を受ける。

自治体は公共性を有し法令を遵守すべき団体であるから労働基本権保障に反することがないよう特段の配慮をし、労組との交渉に誠実に応じなければならない。

(2) 橋下市政に対する相次ぐ違法行為認定

市労連（大阪市労働組合連合会）及びその傘下労組は、強制アンケート、組合事務所退去、事務所退去通告に関する団交拒否、市従（大阪市従業員労働組合）・学職労（大阪市学校職員労働組合）・学給労（大阪市学校給食調理員労働組合）チェックオフ（組合費の給与天引き）廃止、水労（大阪市水道労働組合）チェックオフ廃止、水労協約破棄等、6件の不当労働行為救済申立を行ったが、大阪府労働委員会はすべて不当労働行為を認定した。中央労

働委員会においても、強制アンケート、事務所退去通告に関する団交拒否について大阪市の再審査は棄却され、確定した。組合事務所退去とチェックオフ廃止は中労委の命令待ちの状態である。

　強制アンケートと事務所退去については裁判所に提訴され、いずれにおいても大阪市は損害賠償の支払いを命じられている。

　また、大阪市教職員労働組合の教研集会会場使用不許可、大阪市役所労働組合の事務所退去、入れ墨調査等においても、大阪地裁は大阪市の違法行為を認定した。

　橋下氏の職員及び労働組合に対する攻撃は、すべて、労働委員会及び裁判所で違法と断罪された。ひとつの地方公共団体に対してこれほど多くの違法行為が認定されるのは異常といわざるを得ない。

　労働組合活動は常に不当な攻撃を受ける危険にさらされている。労働委員会と裁判所において、大阪市の違法行為が断罪されたことは、公務員だけではなく、働く者すべての権利を守るため重要な意義がある。

(3)橋下氏施政方針演説の「組合適正化」と公務員抑圧

　2011年12月28日、最初の施政方針演説において、橋下氏は基本政策である都構想推進に加え、公務員組合を「是正」することにより日本再生を果たすと主張した。「大阪市役所の組合を適正化することに執念を燃やす」、「公務員、公務員の組合という者をのさばらせておくと国が破綻してしまいます」、「大阪市役所の組合を徹底的に市民感覚に合うように是正、改善していくことによって、日本全国の組合を改めていく、そのことしか日本の再生の道はないというふうに思っております。」等と述べた。

　労働組合の運営は組合員が主体的、自主的に決定すべきものであり、使用者である市長が、組合の適正化、是正、改善を公言すること自体違法な支配介入に当たることは明らかである。

　橋下氏はその時々に「敵」を設定し、カメラの前で激昂してみせることにより、テレビの話題を作り出し、「改革派」の幻想をふりまき、支持拡大を図る政治手法をとってきた。「敵」とされたのはさまざまであり、必要な都度作り出され、テレビ報道は、問題点を充分に調査することもなく、このような

言動を肯定的に伝えてきた。

　公務員と労組に対する攻撃は、一過性のものではない。新自由主義的な立場を取る橋下氏は、労組を競争の妨害物と見ていると思われ、労働法を無視し、労組を敵視する。橋下氏にとって、職員は上からの命令にひたすら服従し、市長の顔色をうかがうべきであり、自由な思考や意思表明は許されず、対等の交渉を求めることはあってはならない。現行法の予定する労使対等の労働条件決定や団結保護は無視されるのである。

　2011年11月の大阪市長選挙直後、テレビ取材に応じた大阪市職員が、「(橋下氏の言う)二重行政が分からない」、或いは、「民意という単語は自分(の認識)と違う」と話した。橋下氏は気に入らなかったが、職員個人として自由な感想であり、規制されるべきものではない。しかし、橋下氏はこの程度の発言を許せないとし、当該職員を探し出させ、反省文を書かせ、さらに当局に通達まで出させた。

　12月19日、橋下氏は市長に就任したが、直ちに平松前市長側近と見做された局長・部長級の幹部職員6名を一挙にそのポストから外し、総務局付とした。幹部職員らが違法行為に関与した事実はなく、人事権濫用というべき強引な人事であった。

　2012年1月始め、大阪市には、匿名で市長に通報できる「目安箱」なるシステムが設けられた。些細な異論を口にすると密告されかねないと受け止められ、職場には恐怖と沈黙が拡がった。

　そして、職員のメール調査、交通局捏造リストによる労働組合攻撃、全職員入れ墨調査等が強行された。

　また、橋下氏は清掃事業の民営化を推進していた。労組は2012年6月末から7月初旬にかけて、民営化について考えてもらいたいと訴えるビラを市民に配布した。労組が、その見解を知らせることは正当な活動であり、正面から民営化に反対するものでもなかった。橋下氏は、このような正当かつ穏健なビラ配布を捉えて、清掃事業民営化について市民に不安感を広めた、信用失墜行為であるとして懲戒処分を示唆し威嚇した。

　橋下氏は、職員が民意を語ることは許さないとの発言を繰り返した。選挙で勝った自分だけが民意である、職員やその労働組合が意に沿わない発言を

すること、自らの言葉で語ること自体を認めないのである。2015年5月実施の大阪市廃止・特別区設置住民投票においても、職員の意見表明は徹底的に封じられた。

　労働契約は対等当事者間の合意に基づき成立するもので、人格的な支配ではない。公務労働であっても、同様である。職務命令は、職務に関する必要性が要件であり、無関係な私的領域には及ばない。

　労働現場は命令と服従だけでは成り立たず、労働者の自発的・主体的な関わりなしに仕事は円滑に進まない。職務に従事し、実際に市民と接する職員や労働組合との協議、意見交換は、労働条件の維持向上だけではなく、円滑な職務遂行、改善のため不可欠である。しかし、橋下氏は働く者の主体性を認めず、労使協議を否定する。

(4) 公務員と労働組合を抑圧する条例制定

　橋下市政において、公務員と労組を抑圧するため、職員基本条例、労使関係条例、政治的活動制限条例、政治的中立性確保条例等が制定された。

　職員基本条例は、管理職の公募による任期付採用という恣意的な人事制度、相対評価、職務命令違反5回（同種であれば3回）の累積による免職、民営化時の分限免職等を規定している。

　労使関係条例は、便宜供与禁止と団体交渉の公開により、組合活動を縛った。使用者には団交応諾義務があり、第三者に対する交渉公開を条件とすることは、団交権の保障に反する。

　政治的活動制限条例、政治的中立性確保条例は公務員の政治活動を萎縮させることを狙ったものである。いずれも違憲・違法の疑いが濃厚である。

　政治的活動制限条例は法規に対する誤解と相まって地方公務員の自由な政治活動を妨害するものであり、別に論じることとする。

2　強制アンケートの実施

(1) 政治活動・組合活動関与の調査

　2012年2月10日、橋下氏は、教育委員会部局を除く全職員を対象に「労

使関係に関するアンケート」を実施し、同月16日までに実名で回答することを求めた（教育委員会は実施を否決し見識を示した）。

「このアンケート調査は、任意の調査ではありません。市長の業務命令として、全職員に、真実を正確に回答していただくことを求めます。正確な回答がなされない場合には処分の対象となりえます。」「仮に、このアンケートへの回答で、自らの違法行為について、真実を報告した場合、懲戒処分の標準的な量定を軽減し、特に悪質な事案を除いて免職とすることはありません。」等という記載のある橋下氏の署名入りの文書が添えられていた。

アンケートは職員に組合活動、政治活動等の詳細を報告させるものであった。

前年の市長選挙において労働組合は対立候補である平松前市長を推薦し、組合員もその方針で活動していたため、次のような質問項目は報復を危惧させた。

①組合活動の参加の有無、活動内容、誘われた人・場所・時間帯
②特定の政治家を応援する活動（求めに応じて、知り合いの住所等を知らせたり、街頭演説を聞いたりする活動も含む）に参加したことの有無、活動内容、誘われた人・場所・時間帯
③職場の関係者から特定の政治家に投票するよう要請されたことがあるか
④「紹介カード」（特定の選挙候補者陣営への提供を目的として、知人・親戚等の情報を提供するためのカード）の配布・記入・返却

そして、組合役員に対する不信感を煽り、組合脱退を促すような設問が含まれていた。

職務と関連性のない組合活動及び政治活動に関する質問が大半を占め、組合員を萎縮させ、思想良心の自由、沈黙の自由、表現の自由を露骨に侵害し、労働組合活動に不当に干渉するものであった。

(2)不当労働行為救済申立・実効確保の措置申立

市労連、市従、大交（大阪交通労働組合）、水労は、直ちに不当労働行為救済申立を行うこととし、2月13日、大阪府労働委員会に対し、不当労働行為救済を行い併せて実効確保の措置を申し立てた。

日本弁護士連合会、東京弁護士会、大阪弁護士会等の弁護士団体から、憲法違反等としてアンケートの中止を求める声明が相次いだ。大阪市は、アンケートは第三者調査チームが実施したものと主張し、責任を免れようとした。
　2月22日、大阪府労働委員会は、実効確保の措置として、大阪市の責任で調査を凍結せよと勧告をした。迅速に不当労働行為を停止させるという労働委員会の本来の役割を果たした画期的な決定であった。
　4月6日、調査期間が終了したとして、本件アンケートは廃棄処分された。
　4月24日、市労連及び市職（大阪市職員労働組合）、市従、大交、水労とその組合員らは強制アンケートを違法とし、損害賠償請求訴訟を大阪地裁に提起した。

(3) 救済命令確定と謝罪

　2013年3月25日、府労委は本件アンケートについて不当労働行為と認め、全面的な救済命令を発した。橋下氏は、午前には不服申立はしないと発言したが夕刻には市労連の記者会見が許せないとして態度を豹変させた。大阪市は、中労委に対し再審査申立を行ったが、2014年6月27日、中労委は不当労働行為の成立を認定し、大阪市の再審査申立を棄却した。
　橋下氏は東京地裁に不当労働行為救済命令取消訴訟を提起しようとしたが、大阪市会はこれを否決し、中労委命令は確定した。首長の提訴議案が議会で否決されるという画期的なものであった。
　命令確定により、8月6日、橋下氏は市労連委員長らに対し、再発防止を約し、誓約文書を手交すると共に謝罪した。
　また、大阪地裁においても、2015年1月21日、大阪市及び野村特別顧問の責任が認められ、損害賠償の支払が命じられた。大阪市及び野村特別顧問は控訴し、2015年9月時点、大阪高裁で審理中である。

3　便宜供与打ち切り

(1) 事務所退去とチェックオフ廃止

　日本の労働組合は概ね企業別に組織されていることから、組合事務所貸与、

チェックオフ等の便宜供与は広く定着している。便宜供与の開始は原則として使用者の任意に委ねられているが、一旦、提供したものを正当な理由なく一方的に打ち切ることは不当労働行為となるとの労働委員会命令、判例が確立している。組合事務所の退去、チェックオフ廃止は労働組合に大きな損害を与え、時に存立にかかわる問題となるからである。

大阪市役所本庁舎地階には、永年、組合事務所が入居していた。その使用料は従来80％の減免率を適用していたが、2010年3月3月、減免率を段階的に変更し、2012年度以降は50％とすることに合意し、その旨の確認書を作成していた。

ちなみに、労働組合は職員の厚生福利を担うもので、組合事務所使用は無償となっているのが大半である。

市職に対しては2008年条例改訂によりチェックオフが廃止されていたが、労組法適用の他の労組においては、チェックオフが継続されていた。

2011年12月24日、橋下氏は、組合事務所使用料について、2013年度以降は減免しないと発言した。合理的理由なく使用料を倍額にするもので不当であるが、継続使用を前提としていた。

ところが、12月26日開催の大阪市会交通水道委員会において、橋下氏は政治活動を理由に、方針を転換し、組合を本庁舎から退去させる、また、一切の便宜供与をリセットすると発言した。

2012年1月30日、大阪市は、各組合に対し、2012年度以降は本庁舎地下の組合事務所の使用申請は不許可とする、3月31日までに本庁舎から退去するように通告した。組合の団交申入れについては管理運営事項であるとして拒否した。

次いで、2月29日、大阪市は、各組合に対し、チェックオフ廃止を通告した。

労働組合は、組合事務所退去通告、組合事務所退去問題の団交拒否、チェックオフ廃止等について不当労働行為救済申立を行った。

「組合是正」に始まる橋下氏の言動からすれば、事務所退去、チェックオフ廃止が、不当労働行為であることは明白である。

不当労働行為救済申立を受けるや、大阪市は、組合事務所は期限のある行

政財産目的外使用許可に基づくもので裁量により許可しないことができる、2012年度においては約860m²の事務所スペースの不足が見込まれていた、また、チェックオフ廃止は橋下市長就任前から検討していた等と、事実を歪曲する主張をして争った。

　そして、不当労働行為の審査中に、大阪市は、労使関係条例を議決し、2012年8月1日、施行した。労使関係条例12条は、組合活動に関する便宜供与を行わないと規定している。大阪市は、これを根拠に、組合事務所貸与やチェックオフは条例に抵触するから、救済申立は却下されるべきであると主張した。

　だが、条例制定により、不当労働行為救済ができなくなるというのは、制度の趣旨に反する。仮に条例12条自体は有効としても、その趣旨は新たな便宜供与に関するもので既存のものには及ばないと制限的に解釈されなければならない。また、条例の改廃を議決することも可能であるから、労使関係条例12条は不当労働行為救済を妨げることはできない。

　2013年9月26日、大阪府労委は事務所団交拒否を不当労働行為として救済命令を交付した。大阪市は中労委に再審査を申立てたが、2015年3月24日、中労委はこれを棄却し、救済命令は確定した。

　2014年2月20日、大阪府労委は市労連・市従・学職労・学給労の組合事務所退去、市従・学職労・学給労のチェックオフ廃止、水労のチェックオフ廃止の3件の申立について、すべて不当労働行為の成立を認定し、救済命令を交付した。

(2)訴訟及び不当労働行為救済申立の経緯

　市労連と加盟労働組合は、2012年度ないし2014年度の組合事務所使用不許可処分について行政訴訟を提起した。

　2014年9月10日、大阪地裁は、組合側全面勝訴の判決を言い渡した。労使関係条例12条について、違法行為を正当化するためには適用できないとの明快な判断をした。

　大阪市は控訴した。2015年6月2日、大阪高裁は原判決を変更し、2012年度の不許可処分のみを違法とし、損害賠償支払を命じ、双方とも、上告せ

ず確定した。

　大阪市水道局は、2014年11月20日、水労との協約一部改正申入れを行い、掲示板、会議室の利用、組合休暇等の便宜供与を打ち切った。水労は撤回を求め不当労働行為救済申立を行った。

　2015年1月21日、府労委は、不当労働行為の成立を認め、救済命令を交付した。大阪市は、中労委に再審査を申立てようとしたが、大阪市会で否決され、確定した。2月10日、水道局長は、水労に対し、不当労働行為再発防止の誓約文書を手交した。

4　政治的行為制限条例の制定

(1) 地方公務員の政治活動規制に対する誤解

　2012年7月30日、「職員の政治的行為の制限に関する条例」が制定され、8月1日施行された。

　この条例は、憲法で保障された思想良心の自由、集会・結社・表現の自由に対して過度の制限を課すもので、憲法・地公法（地方公務員法）に反する疑いが濃い。

　また、地方公務員のすべての政治的活動が規制されているかのごとき誤解を広め、職員と労組の活動を萎縮させた。地方公務員の政治活動はすべて違法であるとする誤解がある。橋下氏も、地方公務員の政治活動は一切禁止ないし不適切とするかのような主張を行った。しかし、地公法は、すべての職員に一切の政治活動を禁止しているわけではない。

　政治活動の自由の保障は民主主義の根幹である。公務員も市民であり、政治活動の自由と権利を有し、その制限は公務の中立性確保のため必要最小限でなければならない

　政治活動について一定の制限を加える地公法36条は、現業職員、公営企業職員に対しては適用されない。

　地公法適用の職員についても制限を受けるのは、当該職員の属する地方公共団体の区域だけである。大阪市の職員が居住する堺市で政治的活動をしたとしても地公法36条は適用されない。特定行政区で勤務する職員について

は他の行政区における行為について制限は及ばない。

　地公法36条は、政党等の政治的団体の結成関与と役員就任を規制し、また、以下の特定の政治目的を有する特定の政治的行為を規制しているのであり、すべての政治的行為を禁止しているのではない。目的および行為が限定されていることに留意を要する。
①特定の政党支持又は反対の目的
②特定の内閣若しくは地方公共団体の執行機関の支持または反対の目的
③公の選挙又は投票において特定の人又は事件の支持または反対の目的
　上記の政治目的を有する公の選挙における投票の勧誘運動、署名運動の企画、主宰等の積極的関与、寄附金その他金品の募集の関与、庁舎、施設等における文書・図画の掲示、庁舎・施設等の利用が制限される。
　すなわち、「○○党を支持しよう」、「○○内閣打倒」、「○○市長支持」、特定の選挙運動等は特定目的に該当し規制されることになるが、「安保法制反対」や「原発廃止」を目的とする等それ以外の政治活動は規制されない。
　住民投票が予想される段階になれば大阪市廃止・特別区設置支持又は不支持を目的とする行為は規制対象となるが、それ以前の段階では規制されない。

(2) 行き過ぎた規制による危険

　政治活動制限条例は、地公法の規制対象ではない①政党機関紙発行の援助、②デモ行進の企画・組織・指導、援助、③政治的目的を有した署名・無署名の文書・図画・音盤・形象の著作・発行・編集および配布・回覧、④政治的目的を有する演劇の演出、主宰又は援助、⑤政治上の主義主張等の表現に用いられる旗・腕章・記章・襟章・服飾等の製作・配布等を、国家公務員並に規制しようとする。
　この条例をそのまま適用すると休日にデモ参加を呼びかけることやバッジをつけることさえ禁止の対象とされかねない危険があり、職員を不当に圧迫する。
　最高裁は、2012年12月7日、国家公務員法102条1項で禁止される政治的行為について限定解釈をし、無罪判決を言い渡した。公務員に対する政治的行為の広汎な制限は見直しが必要な状況にあり、これに逆行する。

地公法36条について誤解を正し、反撃することが求められる。

【参考文献】
・中央労働委員会命令・裁判例データベース
　http://web.churoi.go.jp/m_index.html
　　次の大阪府労委命令、中労委命令が掲載されている。
　　2013年3月25日　　大阪府労委平成24年（不）第6号（強制アンケート事件）
　　2013年9月26日　　大阪府労委平成24年（不）第21号（事務所団交事件）
　　2014年2月20日　　大阪府労委平成24年（不）第15号（組合事務所退去事件）
　　2014年2月20日　　大阪府労委平成24年（不）第24号（市従・学職労・学給労チェック・オフ廃止事件）
　　2014年2月20日　　大阪府労委平成24年（不）第65号（水労チェック・オフ廃止事件）
　　2015年1月21日　　大阪府労委平成25年（不）第15号（水労協約破棄事件）
　　2015年2月18日　　中労委平成25年（不再）第74号（大阪市組合事務所団交）
・「特集　橋下政治に対する批判的検討」『労働法律旬報』2012年6月上旬号、No.1769、旬報社
・西谷敏「便宜供与の法的性格と大阪市労使関係条例」『法律時報』2013年9月号、日本評論社、p.75
・2014年9月10日大阪地裁判決（市役所労組組合事務所事件）、『判例時報』2261号、p.128
・2014年12月17日大阪地裁判決（入れ墨調査事件）、『判例時報』2264号、p.103
・2015年1月21日大阪地裁判決（強制アンケート）、『労働判例』1116号、p.29

第10章 財政

市政改革プランと財政効果の実際

森裕之

1 大阪市財政と『市政改革プラン』

(1)『市政改革プラン』の中の大阪市財政

　橋下市長による大阪市の改革は、2012年7月にまとめられた『市政改革プラン』（大阪市、2012a）で全体方針が示されている。このプランは大阪都構想を掲げて当選した橋下市長の意向をうけたものであり、「成長は広域行政、安心は基礎自治行政」という考え方を基本として、「これから進められていく大阪にふさわしい大都市制度」（＝大阪都構想）の実現を見据えた取り組みを列挙している。その柱は、①大きな公共を担う活力ある地域社会づくり、②自立した自治体型の区政運営、③ムダを徹底的に排除し、成果を意識した行財政運営、という3点にまとめられている。大阪市は住民に身近な区を単位として、住民協働をベースにした施策を進めていく基礎自治行政を担うものとされ、①と②が取り組みの中心になる。
　大阪都構想における大阪市財政の扱いの本質は、その膨大な税財源を広域自治体である大阪府に吸い上げることにある。大阪都構想の本旨は大阪府が大阪市の権限と財源を収奪することによって、成長戦略を推し進めることにおかれている。このことから、大阪都構想が実現するまでの大阪市財政は、できるかぎり削減を進めることで将来の特別区に必要な財政負担を軽減し、その分だけ大阪府が特別区（＝大阪市）の財源をより多く収奪することに焦点が当てられていたと解釈できる。このような視点から、『市政改革プラン』の三つ目の柱である行財政運営の項目をみていきたい。

(2) 行財政運営の特徴

　『市政改革プラン』の行財政運営の項目には通常の経費削減や民間活用の拡大等、一般的な方策も含まれている。そこで以下では、特徴的な行財政運営の取り組みに的を絞って検討していくことにする。

　行財政運営の柱に関しては、最初に「財政運営にあたっての基本原則」が示されている。そこでは、「土地売却代や基金等の補てん財源に依存するのではなく、収入の範囲内で予算を組むこと」および「特定目的基金については、一元管理の下で、可能な限り総合的・機動的な活用」を進めることを原則とした。まず前者についてであるが、これが大原則として掲げられた意味は、大阪市の財政支出を厳しく抑制していくという意志を示した点にある。後者は、大阪市が将来へ向けた諸施策のための特定目的基金を解消することを示している。ここには、大阪都構想の財政制度の設計に際して、大阪市とは無関係かつ使途自由な財源の方が望ましいという思惑があるといってよい。

　次に、「歳入の確保」についての考え方が示される。大阪市は巨大な経済力をもつ大都市であり、そのために産業政策や交通政策といった広域行政的な機能を有している。基礎的自治体が行う狭域行政と広域行政をあわせもつのが大都市行政の一般的特徴であり、大都市自治体はその機能を活用して自律的に税収の確保を追求する。しかし、『市政改革プラン』においては、税収確保に関しては「広域行政（＝大阪府）における経済の成長・活性化に向けた取組による税収増加」へ完全に移行させることを宣言する。そのため、大阪市として行う歳入確保策は、広告料収入、不用資産の有効活用、契約手法の見直し等による税外収入の確保、未収金対策の強化等に絞られる。

　「補助金等の見直し」についても明確な方針が示された。補助対象団体に対して支給する運営費補助や運営交付金等は原則廃止し、必要に応じて事業ごとに支給する事業補助へと転換する。これらの事業補助は原則として補助率の上限を1/2に徹底するとした。また、固定資産税の減免等の「隠れた支援」についても削減していく方向性が示された。

　さらに、「人事・給与制度の改革」においては、2011年10月時点の職員数約3万8000人を2015年10月までの4年間で約半分の1万9350人にまで削減することとされた。民間委託や一部事務組合化等の経営形態の変更もその

手段として含まれているが、一般部局においても毎年度の退職者数600人程度に対して採用予定を150人程度にとどめるとしている。特別区の設置をにらんだ「小さな自治体」への大規模な取り組みだといってよい（大阪市、2012b）。

(3)『市政改革プラン』と財政収支

これらの『市政改革プラン』による取り組みを通じた効果額は表10・1のようになると試算された。ここでは未利用地売却収入による歳入確保（＝補てん財源）を織り込みつつ、人件費の削減と施策・事業の見直しを中心に歳出削減を推し進めていくことが示されている。

一方で、大阪市は2012年2月から「今後の財政収支概算（粗い試算）」を毎年度発表していく。その中で、大阪市のいう通常収支[*1]の試算が行われていった。2012年の試算によれば、通常収支において約500億円の不足が10年程度続くと見込まれていた。そこで表10・1の『市政改革プラン』の取り組みを進めれば、通常収支において3年間で413億円(歳入の確保5億円、経常経費の削減3億円、施策・事業の見直し等394億円、補助金等の削減11億円)の効果が上がると推計された（大阪市、2012b、pp.39-40）。このようなかたちで、『市政改革プラン』は通常収支の不足を引き下げていくための手段として用いられた。

表10・1　市政改革プランに基づく取組見込額

事項	2012年度	2013年度	2014年度	合計
歳入の確保(広告事業等)	8億円	9億円	11億円	28億円
歳入の確保(未利用地売却収入)	254億円	150億円	150億円	554億円
人件費の削減(全会計ベース)	154億円	136億円	136億円	426億円
外郭団体との競争性のない随意契約の見直し対象	141億円	125億円	―	266億円
経常経費の削減(定期刊行物等の購入の見直し)	1億円	1億円	1億円	3億円
施策・事業の見直し等	31億円	137億円	226億円	394億円
補助金等の削減等(全会計ベース) (1億円未満の事業等の削減を含む)	2億円	7億円	11億円	20億円
市民利用施設の維持管理費の抑制	今後算定			
合計	591億円	565億円	535億円	1691億円

(出典：大阪市、2012b、p.39)

表 10・2　見直し対象とする主な施策・事業

①施策・事業の廃止・役割終了
ア）民間移管（行政の役割としては不要）

事業名称	効果額	時期	備考
弘済院	（▲5000万円）	2016	養護老人ホーム 2016年　廃止
青少年野外活動施設	▲1億800万円	2014	信太山は当面存続
屋内プール（9館分以外）	▲12億2300万円	2014	24→9ヶ所分の財源配分
スポーツセンター（18館分以外）	▲1億9000万円	2014	24→18ヶ所分の財源配分
音楽団	▲5200万円	2014	自立化
生涯・市民学習センター	▲3億400万円	2014	総合・阿倍野は存続

イ）点検・精査による廃止（一部廃止含む）

事業名称	効果額	時期	備考
市民交流センター	▲10億3300万円	2014	施設供用廃止
老人憩いの家	▲5500万円	2013	運営助成の削減
ネットワーク推進員活動	▲3億6500万円	2013	補助廃止、区で再構築
地域生活支援事業	▲3億3300万円	2013	支援ワーカー数の削減
軽費老人ホームサービス	▲7900万円	2014	独自加算廃止
がん検診	▲1億3700万円	2013	一部無料検診廃止
社会医療センター	（▲1億3000万円）	2015	診療所機能に縮小
上下水道福祉措置	▲39億6600万円	2014	廃止 別途、再構築あり
民間給与改善費	▲1億200万円	2013	廃止
1歳児保育特別対策	▲8億9900万円	2013	保育士配置基準見直し
教育相談	▲4200万円	2014	一部廃止
管路輸送	▲500万円	2013	廃止
新婚家賃補助	▲21億7100万円	2014	2014年　新規募集の停止 2019年　▲42億8500万円 別途、再構築あり
多様な体験活動（小中学校）	▲1億9700万円	2013	個人が選択できる範囲の拡大

ウ）センター・拠点施設

事業名称	効果額	時期	備考
男女共同参画センター	▲2億100万円	2014	必要なソフト機能は存続
子育ていろいろ相談センター	▲1億2300万円	2014	必要なソフト機能は存続
住まい情報センター	（▲1億1500万円）	2016	必要なソフト機能は存続

エ）広域との役割分担

事業名称	効果額	時期	備考
海外ビジネス支援	▲1億6900万円	2013	基礎自治業務に特化
海外事務所	▲1億6400万円	2014	廃止（上海以外）
障がい者スポーツセンター	▲6200万円	2013	宿泊施設の収支均衡
環境学習センター	▲1億4100万円	2014	施設供用廃止

オ）団体運営補助

事業名称	効果額	時期	備考
バイオサイエンス研究所	▲4億5000万円	2014	現行6億1900万円 2015年 ▲1億6900万円
大フィル・文楽協会	▲2400万円	2012	現行1億6200万円 2013年以降アーツカウンシル

②施策・事業の再構築
ア）区長による再構築

事業名称	効果額	時期	備考
コミュニティバス	▲10億7300万円	2013	15億1300万円→4億4000万円を目途
食事サービス（ふれあい型）	▲5400万円	2013	経費の縮減

イ）新しい基礎自治単位を見据えた再配置

事業名称	効果額	時期	備考
区民センター等	—	—	存続
老人福祉センター	▲1億6500万円	2014	26→18ヶ所分の財源配分
子ども・子育てプラザ	▲1億6100万円	2014	24→18ヶ所分の財源配分
屋内プール（9館分）	—	—	24→9ヶ所分の財源配分
スポーツセンター（18館分）	—	—	24→18ヶ所分の財源配分

ウ）スリム化・統合化

事業名称	効果額	時期	備考
コミュニティ協会委託	▲1億2100万円	2012	スリム化
社会福祉協議会	▲4億6100万円	2012	スリム化
放課後事業	▲5400万円	2014	事業統合
ファミリーサポート	▲1億3700万円	2013	スリム化
学校元気アップ	▲1億4600万円	2014	スリム化
学校一般維持運営費	▲1100万円	2014	2014年までを目標に8校統合
特別会計操出金（病院）	▲5億円	2013	スリム化

③受益と負担の再検討

事業名称	効果額	時期	備考
国民健康保険	▲7億6700万円	2013	保険料アップ 府内負担感並
敬老パス	▲28億4500万円	2014	利用者負担の導入 2015年 ▲35億9000万円
保育料	▲1億5000万円	2013	軽減措置の見直し
学校給食協会交付金	▲1億2000万円	2013	食材配送費の保護者負担化
キッズプラザ	—	—	2017年 基礎自治としては廃止

④事業スキームの再構築等

事業名称	効果額	時期	備考
ATC関連事業	▲5億6900万円	2012	現行19億6700万円 2012年 施策効果の検証

(出典：大阪市、2012b、p.6)

では、通常収支効果の大部分を占める施策・事業の見直しはどのようなものであったのだろうか。表10・2はその主なものを示したものである。これらの中には本書の各章で論じられる課題も多いため、ここでは特徴的な点だけを指摘しておくことにする。一つには、膨大な数の施策・事業を一気に見直し、あるいは廃止にしていくことである。市長選挙の結果という民意を盾に、「上からの改革」を断行しようという意図が読み取れる。もう一つは、大阪都構想を見据え、各行政区に整備された公共施設を9ないし18に再編統合することである。大阪都構想では大阪市を解体して特別区を設置する数を最終的には五つとしたが、当初は八～九つとされていた。そのため、各公共施設もその特別区の数に合わせた数が設定されたのである。

2　予算編成

　橋下市政がはじまる2012年度からの予算編成は『市政改革プラン』と整合させるかたちで進められた。そこで、実際の予算編成方針について確認しておきたい。

　2012年度当初予算は「抜本的な改革に向けての暫定的な予算」として「骨格予算」のかたちをとった。そこでは、「大阪府市統合本部において、現在の都市経営のあり方を改革するとともに、大阪市改革プロジェクトチームを中心に、施策・事業をゼロベースで見直しを進めている」として、今後の予算編成を『市政改革プラン』に合わせて進めることが示されている。なかでも人件費の削減は骨格予算から先行的に実施され、給料月額のカット率拡大と退職手当支給額のカットが実施された。これにより、年間削減効果額が全会計ベースで136億円になると試算された。また、生活保護に係る不正受給や医療扶助の適正化等も先行実施された。この当初予算の一般会計は1兆5163億円であった。

　市政の抜本的改革への具体化と銘打った2012年度7月補正予算では1489億円が計上されたが、これは当初予算と合わせた予算全体の9.8％にすぎない。しかも、この補正予算では「現役世代への重点的な投資」等に向けた事業を計上したとされているが、目的別歳出でみれば福祉費298億円、建設費

233億円、教育費147億円、経済費138億円、大学費99億円、こども青少年費97億円等となっており、福祉や建設・経済関係に多く配分されている[*2]。また、2012年度3月補正予算では財政調整基金が創設された。それによって、大阪市で補てん財源として財政調整的に活用してきた都市整備事業基金（除く特定財源分）と公債償還基金（剰余分）を一本化することで、財政運営の透明性と規律を確保するとした。これも、既にみた『市政改革プラン』における行財政運営の原則を推し進めたものに他ならない。

　2013年度は通常の当初予算が組まれた。その予算編成方針においては、「自立した自治体型の区政運営の推進」を進めるために、基礎自治行政に関しては区長の決定権に基づく施策を展開していくとした。そして『市政改革プラン』や府・市による広域行政・二重行政の一元化の実現を推進するとされ、それに基づく予算編成が進められた。『市政改革プラン』によるものとしては、敬老優待乗車証利用者負担金の新設、保育所保険料の引き上げ、国民健康保険料の引き上げ、水道料金・下水道使用料の福祉施設減免措置の廃止等が決定された。

　2014年度当初予算は、同年3月の出直し市長選挙の影響で、義務的経費を中心とする「骨格予算」が組まれた。そのため、新規・拡充事業は原則として計上せず、『市政改革プラン』等についてはその内容に即して判断された。そして橋下市長の再選をうけ、2013年度とほぼ同じ方針に基づいて2014年5月に補正予算が組まれた。ただし、一般会計の当初予算が1兆6627億円に対して補正予算は186億円と全体の1％程度の規模でしかなく、予算額としてみれば新規事業はほとんどなされていない。続く2015年度当初予算も同じ編成方針が引き継がれている。

　このように、この間の大阪市の予算編成が『市政改革プラン』を柱に進められてきたことが明らかであろう。このことは、施策・事業の見直しと人件費の削減が財政運営の基軸になってきたことを示している。しかし皮肉なことに、これが大阪都構想は財政的に必要のない改革であることを示すことに一役買うことになった。

3 大阪都構想の財政的意味の消失

(1) 財政効果をめぐる自己撞着

『市政改革プラン』に基づく財政改革は、大阪都構想のための予備的措置として位置づけられた。しかし、これが一気に進められたことによって、大阪市のいう通常収支が大きく改善していった。先ほどみたように、2012年2月の「粗い試算」では、大阪市の通常収支の不足は500億円程度で推移するとされていた。ところが、『市政改革プラン』にそって予算が組まれていった結果、通常収支は2013年2月の試算では約300～400億円の不足、2014年2月の試算では当面200～300億円程度の不足にまで減少し、2023年度には約100億円の黒字になると見込まれた。つまり、補てん財源に依存しない「収入の範囲内で予算を組む」ところまで財政改善が進む見通しが立ったのである。

大阪都構想の政治的メッセージは府市再編による二重行政の解消におかれ、それは大阪市の財政においては収支の改善として捉えられる。『市政改革プラン』は大阪都構想とは無関係にそれを推し進めたものであり、その結果として大阪都構想が財政的に必要のないことを示してしまった。換言すれば、大阪市の財政改善は大阪市単独の取り組みによって進められることが明らかになったのである。このことが、大阪都構想の財政効果に対する批判を一層合理的なものへと展開することに貢献する。この点に関連させながら、大阪都構想の財政効果を具体的にみていくことにする[*3]。

大阪維新の会幹事長・大阪府知事の松井一郎氏は2011年12月の時点で、大阪都構想による二重行政の解消で年間4000億円（大阪府・市の予算合計額8兆円の5％）の財政効果があるとしていた。ところが、2013年8月に大阪府市が試算したところ、その財政効果は最大でも年間970億円程度でしかないことが発表された。しかも、この中には一般廃棄物処理や地下鉄の民営化をはじめとして、大阪市が単独で進められる行政改革効果が加えられており、議会でも「水増し」という批判が噴出した。

それでは、大阪府市はこのような状況を実際の財政推計としてどのように捉えていたのであろうか。大阪府・大阪市特別区設置協議会（事務局：大阪

府市大都市局）の資料（大阪府・大阪市特別区設置協議会、2014、pp.51-58）によれば、2013年度当初における府市再編効果額は一般財源ベースで580億円と見込まれている。その中身は、AB項目関連[*4] 375億円と市政改革プラン関係237億円から両者の重複分32億円を差し引いたものである。しかし、2013年度中に既にAB項目関連185億円（交付税等の減額分66億円を含む）、市政改革プラン関係183億円の財政効果が発現し、これらの重複分32億円を差し引けば2014年度当初の段階では244億円（AB項目関連190億円、市政改革プラン関係54億円）の効果しか残らなくなった。ここからさらに2014年度には財政効果の発現分としてAB項目関連43億円（同上）、市政改革プラン関係33億円が発生することから、将来の財政効果額としては168億円（AB項目関連147億円、市政改革プラン関係21億円）しか得られないことになってしまう。このうち、特別区（＝大阪市）に対しては、AB項目関連129億円および市政改革プラン関係21億円が大阪都構想による財政効果分に相当するとされた。しかし、この中にもまだ地下鉄の民営化等の二重行政とは関係のない項目が多く含まれていた。

　以上のように、『市政改革プラン』を通じた通常収支の改善は、大阪都構想による財政効果がわずかしか存在しないことを明らかにしてしまった。財政収支の改善という数字上の課題については、大阪市を廃止して二重行政を解消する必要がないことを示したといえる。これは大阪都構想をめぐる財政効果の自己撞着であるといってよい。

(2) 財政効果の実際

　それでは、いったい大阪都構想によって本当はどれだけの財政効果が生じるのか。大阪府市が「府市で類似・重複している行政サービス」として分類したのは、AB項目のうちのB項目である。つまり、このB項目が二重行政の範囲をあらわしているとみてよい。上記の大阪府・大阪市特別区設置協議会の資料で列挙された府市再編効果のAB項目の中からB項目のみを拾い出せば、全部で11項目（府市合わせて22団体・施設）となっている。これらの再編による財政効果は大阪府と特別区（＝大阪市）の両方に生じるが、そのうち特別区の側には単純合計で2.2億円の効果しか発生しない。つまり、

府市再編による二重行政の解消で大阪市にもたらされる財政効果は2億円程度にすぎないのである。これに加えて、大阪府・大阪市特別区設置協議会では職員体制の再編を通じて将来的には特別区全体で67億円程度の財政効果があるとした[*5]が、これには技能労務職員の転任による職員数削減等が反映されており、府市再編に関係のある効果額が実際にどの程度なのかは不明である。これらを総合すれば、府市再編の財政効果はせいぜい数億円〜数十億円前半でしかないであろう。

その一方で、府市再編にともなって膨大なコストが必要となる。大阪府・大阪市特別区設置協議会では、これらの再編コストを新庁舎建設に関連する二つのケースを想定し、それぞれイニシャルコストとランニングコストに分けて試算を行った。いま仮にこれらをケース1、ケース2と呼んでおけば、ケース1ではイニシャルコスト680億円、ランニングコスト15億円/年であり、ケース2ではイニシャルコスト600億円、ランニングコスト20億円/年となっている。イニシャルコストの小さなケース2の場合でも、二重行政の解消による財政効果額2億円を回収するのに300年かかる計算になる。そのうえ毎年度20億円のコスト増となるのであるから、大阪都構想の財政効果の収支がマイナスになることは明白であろう。

4　大阪市の財政改革への影響

橋下市政の下で大阪市のいう通常収支の改善が進んだのは確かであろう。それは、大規模な人件費削減と施策・事業の見直し等に基づいている。それを推し進めるために、橋下市長は「入れ墨調査」「思想調査アンケート」や職員処分等を通じて大阪市役所に対する市民の反感憎悪を生み出し、補助金等の削減に反対する諸団体には既得権益者というレッテルを貼り付けた。市政のあり方や大阪都構想に反対する者に対する罵倒や攻撃も執拗に行われた。それらは大阪における自由な言論空間を封殺し、殺伐とした市民社会をつくりだしたといってよい。

しかし、そのような大衆憎悪に依拠した改革を進めても、大阪市の再生等ありえないであろう。橋下市政の財政改革は一気呵成のコストカットとして

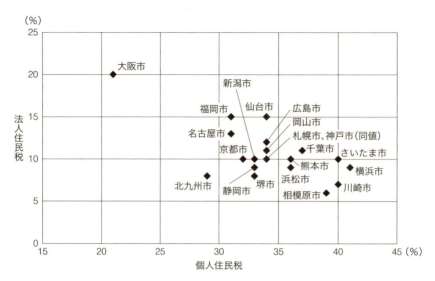

図10・1 個人住民税と法人住民税の構成比（2013年度決算）(出典：各市「決算カード」より作成)

あらわれたが、住民との対話なき改革は多くの関係者から一斉に反発を引き起こした。本来そこで求められたのは、財政改革を推し進める上での熟議なのであって、民意に衣を借りた独善ではなかった。このような政治手法は、中長期的には大阪市財政の改革とってマイナスの影響を及ぼすであろう。

大阪市財政の特徴は収入に占める地方税の割合が低いことにある。2013年度決算でみれば、地方税の割合は名古屋市47.3％、横浜市44.3％であるのに対して、大阪市は38.3％にすぎない。しかも、この割合は政令指定都市の平均39.3％さえも下回っている。この地方税収の低さの原因は個人住民税が少ないことにある。図10・1は政令指定都市の税収に占める個人住民税と法人住民税の構成比をみたものであるが、大阪市だけが特異な位置を占めていることが分かる。これは大阪市では法人住民税が高いことによるとみることができるが、その実相は個人市民税が低いという点にある。

大阪市の財政改革の方向性は、大阪市内で経済活動を営む企業家や従業者が大阪市内に戻ってくることを軸に据えて考えるべきである。それによって、大阪市の経済活動に見合った個人住民税の増加が展望されなければならない。

また、本社機能等を東京等へ移していった企業の大阪市内における機能回復も必要であろう。個人のベンチャー・ビジネスやコミュニティ・ビジネス等の活性化もこのような方向性へ貢献するであろう。
　では、これらの鍵はどこにあるのか。それは、大阪市を良き環境・社会・文化・学芸を有する大都市として発展させていくことであろう。そのためには、大阪市政による優れた都市政策とともに、豊潤で包容力のある地域社会が必要である。
　これらを破壊するような政治は、大阪市における中長期的な財政改革を不可能にしてしまうことにつながる。

注
＊1　ここでいう通常収支とは、補てん財源（不用地売却代、都市整備事業基金（除く特定財源分）、公債償還基金（剰余分）、退職手当債）を活用しない収支のことを指している。
＊2　実際の個別事業をみれば下水道事業会計繰出金184億円、信用保証協会代位弁済補助101億円、市立大学運営費交付金91億円、市営交通料金福祉措置76億円等が多くなっている。
＊3　大阪都構想の財政問題に関する包括的な批判については、森（2015）を参照されたい。
＊4　AB項目とは大阪府市統合本部が仕分けした事業群の分類であり、A項目は「経営形態の見直しを検討する事業」、B項目は「府市で類似・重複している行政サービス」を指している。いわゆる二重行政の対象とされているのはB項目ということになる。
＊5　これとは別に、大阪市職員の大阪府への移管分が38億円とされているが、これは大阪府による大阪市からの税財源吸い上げとセットとみなせるため、本文の考察から除外している。

【参考文献】
・大阪市（2012a）『市政改革プラン　基本方針編』
・大阪市（2012b）『市政改革プラン　アクションプラン編』
・大阪府・大阪市特別区設置協議会（2014）『各特別区の長期財政推計［粗い試算（その1）］（一般財源ベース）』
・森裕之（2015）「大阪都構想の欠陥と虚構」『世界』岩波書店、pp.111-117

第 11 章

産業政策における「改革」の実態

本多哲夫

1　橋下市政下での「改革」

　本章は大阪市の産業振興・経済行政を担う部局である経済局（2013年度から経済戦略局に改称）における橋下市政下での「改革」の実態についてみていく。経済局では橋下氏の市長就任後のわずか2年半の間に、二つの象徴的な組織改編が行われた。一つは、大阪市信用保証協会の廃止（2014年5月19日）であり、もう一つは、経済局が経済戦略局へと再編されたこと（2013年4月1日）である。

　大阪市信用保証協会は経済局の外郭団体であり、大阪市の中小企業金融支援を担う極めて重要な支援機関である。大阪府にも信用保証協会（大阪府中小企業信用保証協会）があることから、「二重行政の象徴的存在」（日本経済新聞2008年8月20日付朝刊近畿経済面）とまで揶揄され、結果、橋下市政下において府の保証協会に吸収合併されることになった。

　経済局は前述のとおり大阪市における部局であり、その歴史は市制施行によって大阪市が誕生した1889年にまで遡る（当時は「商工掛」という名称）。「経済局」という名称は、1947年から66年間もの長きに渡って大阪市で使用されてきた部局名称であった（大阪市経済局、1971）。それを2013年に「成長戦略」を強く意識した「経済戦略局」という名称に変え、後述のように、その管轄業務についても非常に大きな変更を行った。

　これらの組織改編には、以下で詳しくみるように、①二重行政の解消、②成長戦略の推進、③それらの短期間での達成、という大阪都構想の三つの大きなエッセンスが含まれている。したがって、橋下市政下で生じた産業政策

の「改革」の実態を知ることは、大阪都構想とは何かを理解することにもつながる。こうした問題意識から、信用保証協会の廃止・統合、経済局の再編という二つの「改革」がどのようなものであったのかを以下で考察する。

2 信用保証協会の廃止・統合

(1) 信用保証協会の概要

　信用保証協会という機関は、企業経営や金融に関わる人以外には馴染みがないかもしれない。実は、中小企業にとってその知名度と利用度が極めて高い自治体独自の中小企業支援機関である。『中小企業白書 2005 年版』(p.94)には全国の1万5000社を対象とした資金調達に関する企業アンケート調査（2004 年実施、回収率 54.8％）の結果が掲載されているが、これをみると、信用保証協会を利用する企業は、従業員数 20 人以下企業の 69.6％、21 〜 100 人企業の 55.8％、101 〜 300 人企業の 30.2％、301 人以上企業の 6.2％を占めている。このように、とりわけ小規模企業の利用度は極めて高く、中小零細企業の資金繰りを支える重要な機関である。

　信用保証協会は都道府県や政令指定都市等の自治体によって設立されている。各都道府県に一つあり、市においても大都市を中心に設立されている（横浜市、川崎市、名古屋市、岐阜市、2014 年 5 月 18 日まで大阪市）。信用保証協会の歴史は戦前にまで遡る。大阪市では、1942 年に東京（東京府と東京市）、京都（府）に続く全国で3番目の信用保証協会として発足した。

　信用保証協会の役割は、中小企業の債務を保証し、中小企業の資金調達を円滑にすることである。中小企業の多くは十分な資産を有していないため、担保が少なく借入が困難である。そこで、中小企業が借入しやすいように、信用保証協会が債務を保証するのである。そして、借入金の返済が滞った場合に、中小企業の債務について金融機関に「立て替え払い」（代位弁済）を行うという仕組みとなっている[*1]。

　大阪市と大阪府の信用保証協会の統合については、大阪都構想を掲げた 2011 年 11 月の大阪維新の会『大阪秋の陣　市長選マニフェスト』において表明された。そして、市長・知事のダブル選後に発足した「大阪府市統合本

部」が打ち出した統合リスト(いわゆる「B 項目」)の筆頭に府と市の信用保証協会が挙げられた。それから2年半後の2014年5月19日に府保証協会が市保証協会を吸収する形で「大阪信用保証協会」が新設された。市保証協会は1942年の設立、府保証協会は1948年の設立で、互いに70年ほどの長い歴史を有している。この歴史ある機関の廃止・統合が、わずか2年半で進められた。

(2) イメージに基づく二重行政批判の危険性

2008年8月20日付の日本経済新聞(朝刊・近畿経済面)の「大阪再生 制度の壁」というシリーズ企画記事の冒頭では、次のように信用保証協会を批判している。

「『大阪府中小企業信用保証協会』と『大阪市信用保証協会』。よく似た名称の二つの団体は共に大阪市中央区に事務所を持ち、距離もわずか1キロメートルほど。中小企業の資金繰りの支援という業務内容も同じ。財政再建を進める府と市の間に"無駄"という壁として立ちはだかる二重行政の象徴的存在だ。」

この記事にも示されているとおり、「同じようなものが二つあったら無駄」というイメージが大衆に染み付いている。このイメージこそが大阪都構想を生んだ大きな要因ともいえる。しかし、イメージだけで政策の実施体制について語ることは望ましくない。それぞれの機関の支援実態にもとづいて、理性的に議論すべきである。以下では、信用保証協会(以下、保証協会と略す)の支援実態を踏まえつつ、二重行政問題について考えてみたい。

表 11・1 大阪市と大阪府の信用保証協会の概要

		2011 年度	2012 年度	2013 年度
大阪市信用保証協会	保証承諾件数	6896 件	4785 件	4265 件
	保証承諾金額	1061 億 500 万円	761 億 500 万円	741 億 600 万円
	職員数	93 人	92 人	88 人
大阪府中小企業信用保証協会	保証承諾件数	3 万 4381 件	2 万 9507 件	2 万 7036 件
	保証承諾金額	7276 億 1600 万円	6164 億 3600 万円	6077 億 8300 万円
	職員数	361 人	385 人	390 人

(出典:各信用保証協会のディスクロージャー誌の各年度版をもとに作成)

表11·2 大阪府中小企業信用保証協会の保証承諾状況（2012年度）

	件数		金額	
	実数	構成比	実数	構成比
大阪市	1万1126件	37.7%	2430億700万円	39.4%
大阪市以外の大阪府内市町村	1万8381件	62.3%	3734億2900万円	60.6%
合計	2万9507件	100.0%	6164億3600万円	100.0%

(出典：大阪府中小企業信用保証協会『大阪府中小企業信用保証協会の現況 平成25年度版』をもとに作成)

　表11·1は市の保証協会と府の保証協会における保証承諾件数、保証承諾金額、職員数をみたものである。いずれにおいても、府の方が市よりも大きく上回っている。これは、市の保証協会が大阪市エリアの企業のみを対象としているのに対して、府の保証協会は大阪府全域の企業を対象としているからである。

　では、府の保証協会はどの程度、大阪市エリアで保証サービスを提供しているのであろうか。それを示すものが表11·2である。府保証協会は4割弱を大阪市内で保証し、6割は大阪市以外の大阪府域で保証を行っている。なお、本多（2013）や本多（2014）では2008年度におけるデータを示しているが、この時期は件数、金額ともに3割を大阪市内で保証していた。このように、府の保証協会の大半は大阪市以外のエリアでの保証なので、市と府である程度の棲み分けを行っていることが分かる。しかし、問題はこの4割部分（2008年度データでは3割部分）の大阪市エリアでの保証をどう考えるかである。大阪市エリアでは市保証協会と府保証協会が二つとも保証サービスを提供しているが、このことを「重複」と捉えて、「無駄」と考えてよいのだろうか。

　このことを検討するために、他都市の状況と比較してみたい。表11·3は、大阪市、名古屋市、横浜市、東京都における保証の状況を示したものである（2012年度のデータをもとにしているのは、総務省「経済センサス」での事業所数の最新の確定値が2012年のものであったからである）。

　表11·3では、それぞれの都市における保証協会の保証件数合計（A）と、それを事業所数で割った保証割合（E）を示している。つまり、大阪市の場合は、大阪市と大阪府の両保証協会によって、合計1万5911件の保証が大阪市エリアで行われている。これは大阪市の民営事業所数18万9234事業所

表11・3 政令指定都市（あるいは都）における保証状況（2012年度）

	大阪市	名古屋市	横浜市	東京都
政令指定都市（あるいは都）における保証承諾件数合計（$A = B + C$）	1万5911件	2万4097件	1万3807件	9万2537件
うち、政令指定都市の保証協会における保証承諾件数（B）	4785件	1万4168件	7791件	―
うち、府県の保証協会における政令指定都市での保証承諾件数（C）	1万1126件	9929件	6016件	―
事業所数（D）	18万9234事業所	12万1778事業所	11万4454事業所	49万8735事業所
保証利用事業所割合（$E = A \div D \times 100$）（事業所数に占める保証承諾件数の割合）	8.4%	19.8%	12.1%	18.6%

注1： 東京都と横浜市の保証承諾件数については、それぞれの信用保証協会のディスクロージャー誌に掲載されていなかったため、大都市統計協議会『大都市比較統計年表・平成24年』に載っていた信用保証状況のデータを参照した。
注2： 事業所数は2012年「経済センサス－活動調査」の民営事業数。
（出典：『大阪市信用保証協会の現況 信用保証レポート2013』、『大阪府中小企業信用保証協会の現況 平成25年度版』、『神奈川県信用保証協会レポート2013』、名古屋市信用保証協会「事業概況報告書（平成25年3月現）」、愛知県信用保証協会「事業概況月報（平成25年3月現）」、2012年「経済センサス－活動調査」をもとに作成）

の8.4％に当たるということである。したがって、大阪市の保証割合は8.4％となる。ただし、同じ企業が市の保証協会でも府の保証協会でも保証サービスを受けているケースが全体の利用企業の1割程度はあるといわれているが、こうしたダブルカウントについては正確な数字が分からないため、ここでは便宜上無視している（これについては県と市に保証協会がそれぞれ存在する名古屋市、横浜市の状況も同じである）。 名古屋市、横浜市でも、市と県（愛知県、神奈川県）に保証協会が二つある。表11・3に示すように、大阪市と同様に保証割合を計算すると、それぞれ19.8％、12.1％となる。東京都には東京信用保証協会が一つあるだけである。同協会の保証件数9万2537件が東京の民営事業数49万8735事業所に占める割合を計算したところ、18.6％となった。

　以上のように、保証割合は大阪市エリア8.4％、名古屋市エリア19.8％、横浜市エリア12.1％、東京都エリア18.6％となり、大阪市エリアでの保証水準が低いことが分かる。なお、筆者は本多（2013）（2014）において2008年度のデータで同じように大阪市、横浜市、東京都の保証割合を計算してみたところ、それぞれ19.9％、21.1％、27.7％となり、やはり、大阪市の保証水準が低かった。こうした状況は恒常的に続いていると思われる。

表 11・4　保証申込件数に占める保証承諾件数の割合

	2009 年度	2010 年度	2011 年度	2012 年度
大阪市	81.0%	67.0%	76.7%	68.4%
東京都区部	90.4%	88.5%	89.5%	87.0%
横浜市	88.4%	89.0%	89.4%	88.8%
名古屋市	94.0%	94.5%	93.6%	95.6%

(出典：大都市統計協議会『大都市比較統計年表・平成24年』をもとに作成)

　この原因として、大阪市エリアでは保証の申し込み件数が少ない、すなわち、保証サービスへのニーズが小さい、ということがあるのであろうか。表11・4に示すように、各市（と都）の保証協会における「保証申込件数」に対する「保証承諾件数」の割合をみると、他都市よりも低くなっている。つまり、大阪市では保証のニーズは多くあるが、それに対応できていない（対応していない）という実態があることが窺える。

　以上の状況から分かるように、大阪市エリアでの市保証協会と府保証協会の「重複」を無駄なものとみなして、どちらかの保証協会での保証をやめるとすると、いまでも低い保証水準がさらに低くなる。すなわち、「二つあって無駄だから」という発想で、市保証協会の保証をやめる場合、大阪市エリアでは5.9％の保証水準となるし、府保証協会の保証をやめるとすると、大阪市エリアのそれは2.5％しかないことなってしまう。保証協会職員の生産性（保証の審査や手続きをこなす能力）が何らかの理由で劇的に上昇すれば、保証協会を一つ減らしても他都市並みに保証水準は上がるのかもしれないが、2～3倍の生産性上昇が必要であるため、常識的にそれが起こることは考えにくい。こうなると、いまでさえ、他のライバル都市よりも中小企業金融支援環境というビジネス環境が悪いのに、さらに劣悪な環境に陥ることになる。これは大阪市の地域経済・地域社会の基盤である中小零細企業層を脆弱化させ経済的・社会的低迷を一層加速させる可能性がある。また、他のライバル都市への企業移転の促進、企業誘致の際の大阪市の不利の拡大につながる恐れもある。

　このように、大阪市内で市保証協会と府保証協会の二つが存在し、それぞれ保証サービスを提供しているからといって、単純に無駄とみなすことは適

切ではない。大阪市だけが過剰な保証サービスを提供しているという実態はなく、しかも、名古屋市エリアや横浜市エリアでも保証協会は二つ存在している（ちなみに、神奈川県では川崎市にも信用保証協会があるので、神奈川県内には保証協会が三つある）。大都市中心部には膨大な企業集積があるため、大都市圏の中心部に位置する自治体では、基礎自治体と広域自治体がタッグを組んで二つの機関で並行して保証サービスを提供しているのである。これによって、大都市中心部に存在する膨大な保証ニーズの量に、なんとか対応しているのである。東京では保証協会は一つであるが、2014年度には680名もの職員がいる（『東京信用保証協会レポート2015』p.5）。府と市の保証協会の職員数合計よりも200名以上も多い。サービス水準を維持しようとすれば、それなりの職員数は必要なのである。また、保証協会が大都市エリアに二つあることの質の面でのメリットも大きい。一方で保証を断られたとしても、もう一方で保証を受けられる可能性があるからである。互いに切磋琢磨して良いサービスを提供しようとするモチベーションも、二つの機関があることで高まりやすい。

(3) 統合の問題点

　以上みてきたように、東京、横浜、名古屋といった他のライバル都市並みにサービス提供を行いたいのであれば、単純な「二重行政問題」というイメージだけの批判に基づく「改革」を安易に行うべきではない。しかし、実際、2014年5月19日に大阪市エリアの保証協会は一つ減らされた。

　とはいっても、当初は過激なリストラ発想によって始まった統合話ではあるが、結果的に、府と市の保証協会を統合し、二つの保証協会をあわせた人員等の規模が変わらない（あるいは、増えている）のであれば、大阪市の保証水準は保たれる（あるいは、上昇する）見込みがある。

　しかし、現在の職員数をみる限り、そうなってはいない。統合後の大阪信用保証協会の職員数は401人（『大阪信用保証協会の現況（2014年度版）』p.1）であり、表11・1でみた統合前の府・市の保証協会の合計職員数を大きく下回っている。表11・1には統合前の3年度間の職員数を載せているが、最も少なかった2011年度の合計職員数（93 ＋ 361 ＝ 454人）と比べても、53

人も減少し、1割を超える減少率となっている。保証サービス水準は他のライバル都市よりもさらに低い水準になる公算が高く、しかも、先述のように、保証協会が二つあったことによる利便性や利点を失うという質低下までをも招く。

　統合によって管理職が減る、ノウハウが共有されて生産性が上がる等の効果があれば、メリットがあるといえるかもしれない。しかし、70年の歴史を持つ両保証協会の統合には、一般的には、大きな混乱や制度的不整合が生じるとみられる。業務フローや情報システム等を統合させていくには、比較的大きな手間や混乱が伴う。これらはどちらかというと目に見えないコストであって、表には出にくいが、かなりの非効率性を生む原因となる。こうした事務統合のなかで管理職は重要な役割を果たさざるをえないので、管理職を減らすことで、混乱がますます広がるという事態も考えられる。また、二つの組織をあわせて一つの比較的大きな組織をつくってしまうと、組織階層が広がるため、意思伝達が遅くなる、現場での即座の判断ができない等、大規模組織に伴う非効率性が生まれるというデメリットもある。

　もし仮に、統合にコスト低減のメリットがあったとしても、それは「保証サービスが低下する（可能性が高い）ことと引き換え」でのメリットであり、この事実にまったく触れず、「サービス水準は保たれたままコストが下がるのであろう」というようなイメージを市民に植え付けて合併が進められたことは、大きな問題であるといえる。多面的な情報とその吟味に基づく健全な議論があって統合という結論になるのであればよいが、そのようなプロセス抜きで、まさにイメージだけで短期間のうちに統合が進められた疑義が濃い。

3　経済局の再編

(1) 成長戦略への還元

　前節は、信用保証協会という経済局の主要な中小企業支援機関の「改革」について取り上げたが、本節では、経済局という本庁組織自体の「改革」の実態について考えたい。

　先述のように、経済局は2013年4月1日に66年間の長きに渡って親しん

できた名称を、成長戦略を意識した「経済戦略局」に変更した。この「改革」は単なる名称だけの変更ではない。経済局の業務内容が大きく変更された。2013年4月の再編前の経済局は「総務部」と「産業振興部」の二つの部局で構成されていた[*2]。ちなみに、「産業振興部」は主に中小企業支援を担っており、この中小企業政策が経済局の長い歴史の中で中心的な役割を担っていた（経済局における中小企業政策の歴史については本多（2013）を参照されたい）。

　しかし、2013年4月から再編された経済戦略局には新たな部が多数新設された。部構成としては、「総務部」「企画部」「観光部」「文化部」「スポーツ部」「企業立地部」「産業振興部」の7部体制となった（この再編によって経済局の職員数は136名から304名と倍以上に膨れ上がった）。この組織再編の特徴は、経済局にそれまでなかった観光、文化、スポーツ、企業立地といった業務が他部署から移転する形で集められたことである。観光や企業立地については、経済局で扱っていた時期もあるし、産業振興と関わりがあるものなので、それほどの違和感はない。しかし、「文化」「スポーツ」が経済部局に入っていることは奇異に感じる市民も多いのではないだろうか。しかも、「大阪市立大学」まで経済戦略局の管轄となった(経済戦略局の総務部が担当)。文化、スポーツ、そして教育という本来、経済的価値に還元することに慎重になるべき要素までをも成長戦略に組み込んでいこうとする姿勢が窺える。地味な文化の支援を切り捨てる一方で、派手で目立つような観光やイベントを打ち出していくという姿勢にも通じる発想であり、歴史的に蓄積し発展させてきた既存の枠組みをとにかく破壊し、そのなかから組み込めるものはすべて成長戦略に組み込んでいくという「改革」思想を感じさせる。そして、この組織再編は、経済局においてこれまで地道に行ってきた中小企業政策の局内での相対的地位の低下をもたらすものである。この傾向は、以下でみるように、成長戦略自体にもみられる。

(2)派手さの追求と中小企業支援の位置づけの低下

　「大阪都構想は大阪の成長戦略を実現する手段です。」と2011年11月の大阪維新の会『大阪秋の陣　市長選マニフェスト』の冒頭の一文に書かれるほ

ど、成長戦略は橋下市政にとって当初から重要な意味を持っていた。

　成長戦略が大阪市で策定されたのは2011年3月であり、それは橋下市政以前の平松市政下の『大阪市経済成長戦略』であった。ただし、この成長戦略は、大阪府が橋下府政下で2010年12月に策定した『大阪の成長戦略』に対抗する形で策定したものである。大阪都構想が2010年度初頭には大阪維新の会によって提唱されていたことを考えると、市と府の成長戦略はともに大阪都構想を起点として生まれてきたといえる。この市と府の成長戦略は、新産業創出や企業誘致のための開発を重視していくという点が共通した特徴となっている。「環境・新エネルギー」や「バイオ」といった新産業創出によって経済成長を達成していこうとする戦略であり、この路線の中では一般的な中小企業への支援という政策の位置づけは著しく低下している。

　橋下市政に移り、2012年8月に市と府の成長戦略は府が策定した『大阪の成長戦略』に一本化された。2015年に至るまでに何度か改訂が繰り返されているが、中身は大きくは変わらず、中小企業に言及されている箇所として「中小企業の基盤技術の高度化」といった既存中小零細企業に関わるような記述はあるものの、「グローバル市場で果敢にチャレンジする中小企業の支援」や「成長産業分野への中小企業の参入促進」といった記述ばかりが目立つ内容となっている。

　成長戦略の政策路線は、新しい産業や強い企業（あるいは特定の地域）を選別して集中投資し、トリクルダウン（上層を富ますことで下層にお金がしたたり落ちる）を狙うという考え方である。派手で大きな変化を引き起こすという発想であり、見た目の物理的な変化をもたらす開発政策に結び付きやすい。統合型リゾート開発・カジノ構想はこの路線のなかから生まれてきたといえる。

　しかし、行政にどの産業が伸び、どの企業が成長するのかを判断する目利き能力が備わっているとは考えられない。目利き能力があったのであれば、過去の大阪市のベイエリア開発や集客施設開発の失敗はなかったであろう。その意味では、この政策路線は博打的な性格を持っており、こうした政策スタンスこそが、かつての大阪市の多くの開発事業の失敗を招いてきた根本的な原因であったといえる。また同じような失敗が繰り返される可能性が低い

とは思えない。

　こうした「派手さ」を追求した政策が主軸となる一方で、これまで経済局が伝統的に得意とし、そのノウハウを蓄積してきた地道な中小企業支援の位置づけが低下していることは大きな問題といわざるをえない。市内に分厚く存在し（事業所数の9割以上、従業者数の約7割）、地域コミュニティの自治、文化、交流等を支えている中小零細企業層の衰退は地域の活力を大きく削ぐ。

　地元中小企業支援を地道に行う体制が大阪市に存在していないわけではない。大阪市には大阪産業創造館等の中小企業支援機関をはじめとして、既にこの体制が構築されている[*3]。問題は、これが政策の主軸に据えられていないということである。現在の新産業創出・経済成長志向型の政策路線が主軸である限り、これらの地道な中小企業支援は、派手な変化をもたらさないもの（新産業を創出させない、あるいは、ドラスティックな経済成長をもたらさないもの）として、過小評価される恐れがある。財政や人員が過剰に抑制され、最悪の場合、廃止されかねない。現に、大阪市信用保証協会の廃止（府保証協会への吸収）が起きている。大阪市の経済行政が歴史的に積み上げきた知的蓄積を基盤とし、それを発展させて地道に取り組んでいる一般的な中小企業の支援体制を主軸に位置づけ直すことが求められる。ごく限られた強い企業・産業による大きな変革を目指すのではなく、地元中小零細企業による小さな変革を数多く創出させていくという考え方が今後、必要ではないだろうか。

4　「改革」の教訓

　以上、橋下市政下の産業政策の二つの代表的な「改革」についてみてきた。本章の考察から、①二重行政の解消、②成長戦略の推進、③それらの短期間での達成、という大阪都構想の三つの大きなエッセンスが経済行政の「改革」にいかに強く入り込んできたかが分かる。大阪都構想が個別の行政領域に浸透し、大きな影響を与えていたことを顕著に示す事例であったといえる。

　そして、この大阪都構想的「改革」がいかに問題のあるものであったのか

も、本章の分析から示された。第一に、経済局の「改革」の成果については、決してバラ色のものではなく、地域経済・社会を支えている中小企業層の基盤が切り崩されていく危険性があること、第二に、その危険性が明らかにされないままに「改革」が進められていったというプロセス自体にも大きな問題があったことが示唆される。

　これらの一連の「改革」は、本章での考察に基づくと、本当に必要であったのか疑問ではあるが、少なくとも、もっと時間をかけて慎重に議論したうえで進めていくべきであったといえよう。「改革」の経緯をみていくと、「とにかく二つあったら無駄なので一つにする」「とにかく形をかえる」「とにかく派手なものを打ち出していく」という感情論が先行していることが分かる。まさに特別区設置の住民投票がそうであったように、イメージに訴えかけ、短期間のうちに決めてしまう（判断させる）ことで、多様な情報・意見の収集とそれに基づく吟味ができないようにし、人々の理性的な判断の余地を奪っている。この点に、大阪都構想的「改革」方法の大きな問題があるといえる。本章が取り上げた産業政策・経済行政の領域でいえば、中小企業支援を弱める作用が濃厚な「改革」であるにも関わらず、そのような実態が知らされないままに「改革」が実行に移されている。「大規模な組織改編」「新産業創出」といった派手さに気を取られ（気を引き）、地道に日々変革にいそしみ地域コミュニティを支えている中小企業への悪影響に思いが至らない（至らせない）という状況を生み出していたといえよう。多様な考え、意見、情報を多方面から持ち寄って、議論し、吟味し、より良い政策に修正・改善していこうとする真摯な取り組みが極めて重要であることを、大阪都構想的「改革」から得た教訓として、銘記しておく必要がある。

注
* 1　この仕組みを成り立たせるために、保証申し込みをした中小企業からの保証料の徴収、代位弁済による信用保証協会の損失を補うための国の保険制度、自治体からの補助金支給等がある。信用保証の概要については、本多（2013）pp.131-135、林（2014）pp.206-209 を参照されたい。
* 2　経済局（経済戦略局）は中央卸売市場についても管轄しているが、中央卸売市場は組織規模が大きく、市場長は局長級のポストといわれており、実質的には以前から別の組織という位置づけであったため、本章では中央卸売市場については局内に含めないこととした。
* 3　この大阪市の既存の枠組みの重要性（いわば大都市自治の「光」の部分）については、本多（2015）を参照のこと。

【参考文献】
・大阪市経済局（1971）『大阪市経済施策の沿革と現状』
・林幸治（2014）「中小企業金融」植田浩史ほか『中小企業・ベンチャー企業論［新版］—グローバルと地域のはざまで』有斐閣、第 10 章
・本多哲夫（2013）『大都市自治体と中小企業政策 —大阪市にみる政策の実態と構造』同友館
・本多哲夫（2014）「中小企業支援機関の実態と二重行政問題 —大阪府と大阪市における協調と競合」田中宏昌・本多哲夫編『地域産業政策の実際 —大阪府の事例から学ぶ』同友館、第 8 章
・本多哲夫（2015）「大阪市の地域産業政策のこれから —成長戦略から発展戦略へ」『市政研究』No. 189（秋季号）、近刊予定

第12章 溶解する都市計画

藤井聡

1 都市計画に求められる時間的連続性と空間的連続性

　「都市計画」は、単年度ごとの事業を単発的に行っていくものではない。過去数十年の間に進めてきた計画を踏まえ、そこに「木に竹を接ぐ」様な愚挙を避けつつ、かつ、数十年後を見据えながら、事業を毎年、着実に展開し続けていくものである。しかも、都市計画には、そうした「時間的な連続性」を尊重するのみならず、「空間的な連続性」を尊重する態度が痛切に求められている。例えば「大阪市」は「大阪府」と連続的につながっている。そしてそれは「京阪神」という都市圏に接続し、それは関西全体のコアを形成している。そしてそれは国土全体の「双眼」の一極を成し、西日本のコアとして日本列島全体を支えている。大阪市の都市計画は、こうした空間的連続性を踏まえて進められなければならない。

　つまり都市計画は、これまでの歴史を踏まえながら未来を見据え、そしてその都市の空間的な地勢、連続性のすべてを視野に収めつつ、一つ一つの個別具体的な事業を地道に展開していくものなのである。

　もちろん都市計画に限らず、すべての行政政策において、時間的・空間的な連続性が尊重されねばならない。ただし都市計画においては、とりわけ強く時間的・空間的な連続性を尊重しなければならない。なぜなら都市計画は、道路にせよ港にせよ都市開発にせよ、国土を穿ち物理的に改変していくものであり、それらはいずれも事後的には容易に修正できないものだからである。つまり、下手なことをしてしまうと、取り返しがつかなくなってしまうほどの深刻な被害を後世に残してしまうのが、都市計画なのである。

大都市大阪における橋下市政下の4年間の都市計画を振り返るとき、以上に述べた都市計画の特殊性を念頭に置くことが不可欠である。なぜなら、都市計画の時間的連続性、空間的連続性を念頭におかずに橋下市政下での都市計画上の諸施策を吟味すれば、それら諸施策は、橋下市政誕生前のそれらと大きな相違は一見無さそうに見えるからである。そもそも、都市計画それ自体は、上述のように長期的な視野から進められるものであり、したがって、橋下市制下で行われるものは、橋下市政の誕生前から決せられていたものが数多くある。例えば、橋下市政下での都市計画の取り組みの代表として大阪駅北側エリア（うめきた2期区域）のまちづくりがあるが、これは橋下市政以前に進められてきた取り組みに基づく必然的な「継続」事業なのである。

　ところがひとたび、橋下市政下で進められた都市計画の時間的連続性、空間的連続性に着目すれば、それらが大きく棄損している様子が浮かびあがってくる。本章では、いかにして、橋下市政下における都市計画の時間的・空間的な連続性が棄損されていったのかを明らかにすることを通して、高度に大衆化した大都市自治における都市計画がいかにして劣化し、挙句に事実上「消滅」していくのかを描写したい。

2　無くなった「大阪市のマスタープラン」

　「都市計画」は、日本の都市では、法律に定められた「マスタープラン」を基本として進められてきた。ここに、日本国内における都市計画の「マスタープラン」としては、「地方自治法」に基づく自治体の将来像を示した「総合計画」と、「都市計画法」に基づく「都市計画マスタープラン」の二つが代表的なものとして挙げることができる。これらはいずれも、これから数十年後にどのような都市を実現するかをイメージしながら、どのような取り組みを、どのような順番で進めていくべきなのかをとりまとめるものである。

　また、これらの内の「都市計画法」では、「都市計画マスタープラン」（略称『都市マス』）と「都市計画区域マスタープラン」（略称『区域マス』）の2種類のマスタープランが設置されている。ここに、前者の「都市マス」とは市町村が策定するものであり、区域マスは「都道府県」が策定するもので

ある。つまり都市マスは、「地域に密着した視点からまとめられた一つの都市の基本計画」であり、区域マスは「複数の都市の連携も見据えながら、より広い都市圏の視点で定められた基本計画」である。

ここで、国土交通省の関連ホームページ*1を見ると、現在、正式に定められている都市マスと区域マスのリストが掲載されている。

このリストを確認すると、全都道府県が「区域マス」を策定していることが分かる。また、市町村が策定する「都市マス」に着目すると、策定していない市町村もあるものの、県庁所在地や政令指定都市といった主要な自治体においては、おおよそすべての自治体において策定されている。

ただし、「大阪市」には、都市マスは策定されていない。

なぜなら大阪市は伝統的に、市政の将来目標や都市空間計画等を定めた（自治法に基づく）「総合計画」を策定し、それに基づいて都市計画の諸事業を展開してきたからである。大阪市の「総合計画」は極めて包括的なもので、いわゆる「都市マス」を含むものであったことから、都市マスはあえて必要とされてこなかったのである。

こうした大阪の「総合計画」の取り組みは、歴史的に見て、極めて先進的なものであった。大阪市は、マスタープランの概念が十分に世間に浸透していなかった1967年、ニューヨークやシカゴ等の先進諸外国の都市計画を参照しつつ、国内では他都市に先がけて大阪市独自のマスタープランとして「大阪市総合計画1990」を策定している。この総合計画はその後も何度も改訂されてきており、そこで計画された諸事業が長期的に展開され、今日の大都市大阪がつくりあげられていったのである。

ちなみに、大阪市がこの「総合計画」を策定した後に、その仕組みの重要性を理解した中央政府の自治省が、その総合計画の考え方を制度化している。

ところが、今、大阪市では、都市計画法で定義される「都市マス」のみならず、大阪市が伝統的に大切にしてきた「総合計画」もまた、策定されていないのが実情だ。これはすなわち、今日の大阪の都市計画は、既存の都市計画を継承する形では進められてはいないことを意味している。ここに、大阪市の都市計画における「時間的連続性」が、橋下市政において大きく棄損してしまった根本的原因を見出すことができる。

3 「大阪市解体」を先取りした都市計画

　大阪市が、他の都市よりも率先して策定してきた都市計画の「マスタープラン」をとりやめた背景にあったもの——それこそ、大阪市と大阪府が共同で進めようとしていた、いわゆる「大阪都構想」と呼ばれるものである。
　この「大阪都構想」と言うものは、橋下大阪市長が代表をつとめる「大阪維新の会」が、その実現を主張し続けているもので、大阪市（ならびにその周辺の自治体）を廃止すると同時に、それ（ら）をいくつかの特別区に分割する、という構想である。それは「大阪市（ならびにその周辺の自治体）を廃止」した上で新しい制度（都区制度）をつくりあげるという、極めて過激な行政制度改革である。橋下市長らはもちろん、そうした過激な行政制度改革によるメリットは甚大にあると主張していた。しかし、そうしたメリットはほとんど存在しないどころか、かえって改革による深刻な弊害が生ずることは決定的である、という事がさまざまに指摘されていた（藤井、2015／サトシフジイドットコム、2015）。その詳細はそれら文献に委ねるが、ここでは都構想、ならびにそれに付随するさまざまな改革を中心とした橋下市政が、大都市大阪の「都市計画」にもたらした影響を指摘することとしたい。
　まず、「都構想」は「大阪市の解体」とするものであった。例えば、2015年5月17日に住民投票にその賛否が問われた構想では、2017年4月に、大阪市が廃止されると同時に、大阪市が担ってきた業務は、基本的に大阪府と（現大阪市を分割して構成される）五つの特別区に移管される予定であった。
　一方で、すべての自治体の都市マスタープランは、少なくとも当該自治体が、当面の間継続するであろうという見込みの下で策定される。しかし上述のように大阪市は、都構想が実現するのなら早晩廃止されるということが確定していたのである。こうした状況では、大阪市の数十年後の都市の在り方を構想する都市マスタープランが廃止になるのも当然である。
　このことはつまり、大阪市は「大阪市としての都市計画行為」を、橋下市政下で、実質上ストップさせたことを意味している。言いかえるなら、「大阪都構想」は、その実現以前の段階で、大阪市の都市計画を解体したのである。

4　時間的・空間的な連続性が欠落している
「グランドデザイン大阪」

　ただし、橋下市政では、「大阪都構想」のコンセプトを先取りして、大阪市の都市計画を廃止する代わりに、都市計画を府と市で一本化して、一体的なまちづくりを推進することを試みている。

　これは、都市計画上の大阪府と大阪市の間のいわゆる「二重行政」を解消するために、橋下市長が一本化したものだと言うことができる。

　ただし先にも述べたように、大阪を除くすべての政令市とすべての県庁所在地の市は「都市マス」を持ち、かつすべての都道府県が「地域マス」を持っている。だから、都市計画における二重行政は何も特殊なものなのではなく、至極当たりまえのものである。そもそも、都市計画には「レイヤー」があるのであり、「広域」の計画と「狭域」の計画は「分離」して策定されることが一般的である。もちろん両者をバラバラに策定し、何の連携も図らないのは極めて不合理であるが、すべて「広域」の計画一本にしてしまう事もまた、同様に不合理である。

　最も合理的なのは、各地の狭域計画を広域計画全体を踏まえつつ策定し、そこに含まれるそれぞれのエリアの狭域計画の一つ一つを踏まえながら広域計画を策定するというアプローチである。「餅は餅屋」なのであり、大阪市内の都市計画は大阪市内の事柄に精通した大阪市職員に担当してもらい、大阪府全体の都市計画は、広域計画の経験を長年蓄積してきた大阪府職員に担当してもらうことが合理的なのである。

　ただし、橋下市政下では、大阪市と大阪府の「二重行政」を解消するという名目の下、大阪「府」が主導する形で、大阪市内の都市計画も含めた「グランドデザイン大阪」が2012年に策定された。

　しかし、このグランドデザインは、効果的なまちづくりを進めるための基本計画としては、深刻な問題をいくつも含むものであった。

　第一に、これまでの大阪市の「都市マス」は、西日本、近畿圏全体を見据え、その中で、地政学的に大阪市がどういう役割を担っているのかを踏まえ、そこで大阪市内には、どういうインフラやそのマネジメントが求められてい

るのか、という視点でまとめられてきた。ところがこの「グランドデザイン大阪」では、そうした地理的連続性への配慮が、著しく乏しい。そもそもこのグランドデザイン大阪は、「大阪府と大阪市との統合」に比重が置かれている一方、その大阪の府市の連携以外には、ほとんど配慮されていない。

　第二に、合理的な都市計画を考えるのならば、これまでの大阪市のマスタープランとそれに基づく都市計画の取り組みとの間の「時間的連続性」に配慮することが必要不可欠なのであるが、残念ながらその配慮も十分に見られない。

　第三に、以上の二つの問題故に、「JR 桜島線延伸」や「なんば〜天王寺 LRT」等地理的・時間的連続性の観点から合理性が乏しいことが危惧されるインフラプロジェクトがグランドデザイン大阪に含まれてしまっている。

　第四に、「大阪市」の計画については特別に詳しく書かれているものの、その周辺エリアの計画はほとんど記載されていない。これは、上述のように大阪の府市連携を進めることばかりが強調され、それ以外の点がおざなりにされているためである。例えば、大阪に隣接する政令指定都市である堺市の計画については、ほとんど記述されておらず、大阪府全体の都市計画としては不十分な内容となっている。

　このように、大阪市のマスタープランを廃止した上で策定された、「グランドデザイン大阪」は、時間的、空間的連続性がほとんど保証されたものではなく、その結果、堺市を含めた大阪市周辺エリアの都市計画が十分に検討されておらず、かつ、合理性が必ずしも保証されているとは言いがたい（半ば思いつきのような）プロジェクトが計画されてしまっているのである。

5　まちづくりの基本単位「自治会」との連携の劣化

　このように大阪市の都市計画は、橋下市政下で大きく劣化してしまったのであるが、その推進や、運営・マネジメントの推進にあたっては、関係する諸組織との連携が、必要不可欠である。そもそも、街というものは、個々の居住者のみならず、その街に関わるあらゆる組織の活力によって支えられ、かたちづくられるものだからだ。

しかし、橋下市政における都市計画では、必ずしもこうした諸組織との連携が十分であったとは言い難いものだった。

その代表例が、大阪市内の自治会組織「地域振興会」と大阪市との間の連携劣化である。

そもそも、歴史を持った多くの大都市自治政府と同様、大阪においても大阪市政と自治会組織との間には綿密な関係がある。それぞれの小学校区レベルのエリアの事情にあわせたきめ細やかな行政やまちづくりは、大阪市役所による「中央集権」だけでは進められない。だから大阪市役所は、それぞれのエリア後との「自治会組織」の形成を促し、補助しつつ、協力し、連携しながら地域内のきめ細かな行政・まちづくりを進めてきた。

ところが橋下市政では、長い歴史の中で各地の自治会を育んできた「大阪市役所」それ自身を解体する大改革「都構想」を推進しようとした。これに対して自治会組織「地域振興会」は反発し、都構想を地域振興会として反対する事を2015年4月16日に決議した。そうすると、橋下市長はこの動きを受け、同日16日中に、橋下氏が率いる地域政党(大阪維新の会)幹部らに「反対運動をやると全市民参加を前提としている町内会等の地域団体への補助金が止まる可能性がある」という趣旨の文書を地振側へ送るよう要求した。同時に、市幹部に対して、地振等で構成する地域活動協議会の補助金支出のルールに「構成メンバーの政治的中立」を盛り込む検討を指示している。ただし法的にも社会通念的にも、構成団体の政治活動まで縛ることは不可能であることは明々白々であるため、その旨を市幹部が橋下市長に説明し、断念するよう説得を試みたところ、橋下市長はその説得をしぶしぶ受け入れたという[*2]。このような態度では自治会と連携した草の根からのまちづくりは絶望的となっていたと言わざるを得ない。

6　広域行政連携の劣化

こうした自治会と市政との対立は、住区単位のきめ細かなまちづくりの円滑な展開に大きな支障をもたらすことが危惧されるものである。

ただし、こうした対立は内側のミクロな組織との間のみならず、外側のマ

クロな地方政府との間にも見られている。

その最たる例が、「兵庫県」との関係である。

そもそもの発端は、伊丹空港の存廃を巡る意見の対立であった。関西空港と伊丹空港の一体的な運営をめぐり、2010年、橋下氏（当時大阪府知事）は井戸兵庫県知事と激しく対立している。橋下氏が伊丹空港廃止を訴えた一方で、井戸知事はその存続を強く主張したのである。結局、その後伊丹空港は廃止されることなく、今日まで至っているものの、その対立は、その後さまざまな大阪と兵庫・神戸との対立につながってきている[*3]。

その3年後の2013年には、「大阪都構想」に関連し、大阪のみならず兵庫県の尼崎や西宮を越えて神戸まで含めたこれらすべての自治体を再編し、特別区を設置したい、と橋下市長が率いる国政政党関係者が発言している。これに対して、兵庫県が強く反発している[*4]。

さらには、その翌年の2014年には、カジノをめぐっても、橋下氏と兵庫県（知事）との対立が問題となっている[*5]。橋下市長は、大阪の臨海部の「都市計画」の一環としてカジノを軸とした統合型リゾート施設（IR）の建設を推進している。これに対して、とりわけ「カジノ」の建設について、その周辺地域に及ぼす各種悪影響を理由に井戸兵庫県知事は強く反発しており、この点でも、橋下市長と井戸知事との対立が鮮明となっている。

この様な兵庫と大阪の対立は、都市計画において必須である「地理的連続性」の欠如をもたらしている。同様に、大阪府と奈良県では、その政策の考え方の相違から、奈良県は橋下氏主導で進められた「関西広域連合」への加入を控え続けており、その対立もまた、都市計画の合理性の低迷を導きかねぬ状況にある。

いずれにせよ、大阪の発展を考える時、京阪神（京都・大阪・神戸）の連携はとりわけ必要不可欠である点はここに付記しておきたい。この「三本の矢」が協調することではじめて、中京圏、そして首都圏と対抗する力を関西が得ることができるのだが、兵庫と大阪が対立を続けていては、そうした協調が不能となってしまうのである。

7 「改革」全体主義が都市計画を破壊する

　この他、橋下氏は、さまざまな組織と「対立」構造を重ねていった。

　「財界」とは、関西財界の中心的存在である関西電力と原発政策をめぐって激しく対立していたし[*6]、都市交通・都市物流を支えるトラック協会、タクシー協会とは、運輸行政をめぐって激しく対立し[*7]、医療と福祉のまちづくりを支える医師会、歯科医師会、薬剤師会ともまた、医療行政の在り方をめぐって激しく対立していた[*8]。さらには、関西全体の経済をとりまとめる大阪商工会議所会頭からは、大阪の地方行政にビジョンが不在であることを非難されている（佐藤、2015）。

　さらには、橋下市政では、国際都市大阪を目指し、民や学と連携しつつ、都市問題の共同調査や研究を進めるための「財団法人　都市工学情報センター」が2013年に解散されている。これによって、大阪市は内外の都市情報の拠点だけでなく、貴重な産学公民ネットワークが大きく毀損することとなった。さらには、大阪市は同じく国際都市をめざし、大阪市はパリ、シンガポール、シカゴと連携を図るため、海外事務所を開設していたが、2012年にそれらがすべて廃止となっている。

　繰り返すが、都市計画・まちづくりは、関係者各位との「連携」「協力」がすべての成功の源である。にも拘わらず、これだけの対立を日々繰り返していては、合理的な都市計画・まちづくりが不能となっていってしまうのも、必然的帰結である。

　ただし、こうした「対立」は、第1章で描写した、大都市自治における「改革」全体主義において必然的に生ずるものである。なぜなら、改革、とは、既存の仕組みや関係性、組織をすべて破壊し、それらをどこかから（半ば任意に）持ってきたものにすげ替える行為だからである。その破壊に伴って、さまざまな組織と不可避的に「対立」が生ずるのである。

　しかも、そうした「対立」は、多くの大衆的大都市住民にとっては無関係なものであるため「劇場」的に「刺激的」で「おもろい」ものと見なされ、熱狂的に支持される。

こうした状況を踏まえるなら、大都市自治において「改革」全体主義が席巻してしまったとすれば、都市計画は停滞し、劣化するのも必然である。なぜなら第一に、「改革」は、都市計画の合理性にとって何よりも必要な時間的継続性や地理的継続性を破壊するものであり、第二に、そうした「改革」が「刺激的でおもろいもの」であるが故に、大衆化した大都市住民たちに強く支持され、ますます改革が過激化し、挙句に計画の合理性が毀損していくからである。

事実、こうした地方自治における全体主義の席巻は、「橋下維新」現象のみならず、日本以外でも見られる普遍的なものなのである。その代表例が、大恐慌時代のアメリカのルイジアナ州での事例である。以下、少々長くなるが、その事例を報告した東谷（2011）の文章を引用しよう。

「大恐慌期の米国でルイジアナ州の政治を牛耳り、ほとんど私物化した人物がいた。ヒューイ・ロングという米民主党の政治家である。

彼は子だくさんの農民の子として生まれ、高校中退後にセールスマンとなったが、一念発起して短期間で弁護士資格を取得して活躍。鉄道管理委員に当選したのを振り出しに、刺激的な演説で支持者を増やし、ルイジアナ州知事に就任すると、またたく間に同州を支配して、『キング・フィッシュ（王魚）』と呼ばれた。

さらに、ロングは知事の後継者に腹心を指名して、自らは上院議員にくら替えして中央政界に乗り出す。米民主党内でも急速に勢力を拡大して、F・ルーズベルト大統領の地位を脅かすまでにいたった。

ロングの手口は、政敵たちを既得権者とくくって口汚く攻撃することだった。ニューオーリンズ市を中心とする富裕勢力に対しては、州法を改変し重税を課して貧しい州民の溜飲（りゅういん）を下げさせ、彼らが喜ぶ政策を乱発して支持層を広げた。さらに反対派をたたくため新聞を規制し、民兵まで組織して独裁を確立している。

中央政界に進出してからも、ロングはルイジアナ支配を維持しつつ、ルーズベルトのニューディール政策を批判し、ラジオを通じてSOW（富の分配）運動を全国的に展開した。この運動は富裕層の税率を急伸させて米国民の貧富の差を解消するというものだったが、その有効性をロング自身が信じてい

なかった。彼が目指したのは、単に敵を設定して大衆の熱狂を背景に敵を倒し、さらなる権力を手にすることにつきた。
…（中略）…さて、キング・フィッシュはどうなったのか。彼はついに米連邦政府とも対立するようになり、ルーズベルトは連邦軍を入れてルイジアナを制圧することすら考えた。ところがある日、ロングは不慮の死を遂げて彼のルイジアナ王国は崩壊してしまう。その後、ロングの無法な独裁が暴かれ『アメリカン・ファシズム』と呼ばれたが、支持者たちは彼に投票したことを頑（かたく）なに正当化し続けたといわれる。」

　キング・フィッシュの「政敵たちを既得権者とくくって口汚く攻撃する」「彼が目指したのは、単に敵を設定して大衆の熱狂を背景に敵を倒し、さらなる権力を手にすることにつきた」――という振る舞いは、大都市大阪における橋下市政に見られた「改革」全体主義の構図と大いに重なるものである。もしも、大衆が「既得権者とくくって口汚く攻撃する」振る舞いを「熱狂」的に支援しなければ、キング・フィッシュがそこまで大きな権力を握ることも、そして、「既得権益」を持つと言われてしまった人々の制度や仕組みが改革＝破壊されることもなかったに違いない。

　こういう「大衆」を、トクヴィルは『アメリカの民主政治』の中で、「不信仰の時代」の人々と呼びつつ、彼らの特徴を次のように指摘している。

　「不信仰の時代に常におそれられねばならないことは次のことである。すなわち、それは、人々が自分たちの日常的な願望を、絶えず行き当たりばったりに求めていること、そして長い努力なしには得られないものを全く手に入れようとはせずに、偉大なもの平和的なもの永続的なものを全くつくりだそうとしないということである。（トクヴィル、1835、下巻、p.274）」

　言うまでもなく「長い努力なしには得られないもの」「偉大なもの平和的なもの永続的なもの」の最たる例が「大都市」そのものである。もしもその大都市が、オルテガやアーレント、そしてトクヴィルが描写した「大衆」に席巻されれば、その自治は全体主義に支配され、その結果、自治における最も偉大な産物である「都市計画」が、取り返しのつかない程に低迷し、劣化していくこととなるのである。大都市大阪における橋下市政の都市計画の劣化は、まさにその典型例である。大都市自治において合理的な都市計画を希求

するなら、自治における全体主義化は、是が非でも避けなければならないのである。

注
＊1　http://www.mlit.go.jp/toshi/tosiko/toshiMPlinkpage.html#15
＊2　http://www.asahi.com/articles/ASH4J56DBH4JPTIL013.html
＊3　http://diamond.jp/articles/-/7876
＊4　http://getnews.jp/archives/316225
＊5　http://blogos.com/article/96544/
＊6　http://www.sankei.com/west/news/150625/wst1506250084-n1.html
＊7　http://www.asahi.com/articles/ASH5K0BF0H5JPTIL02B.html
＊8　http://apital.asahi.com/article/news/2015051000012.html

【参考文献】
・アレクシス・トクヴィル、井伊玄太郎訳（1835；1987）『アメリカの民主政治〈下〉』講談社学術文庫
・佐藤茂雄（2015）「医療、生活関連を軸に「大大阪」時代再来を」『週刊ダイヤモンド』2015年6月20日、p.119
・サトシフジイドットコム（2015）「大阪都構想の危険性」に関する学者所見（5月9日現在、計108人分）http://satoshi-fujii.com/scholarviews/
・東谷暁（2011）「地域独裁がもたらす脅威」産経新聞、2011年12月14日号
・藤井聡（2015）『大阪都構想が日本を破壊する』文春新書

第 13 章

防災
南海トラフ地震・津波への備えを急げ

河田惠昭

　橋下府・市政下での防災対策は一言で言えば"場あたり的"であったということである。それは、府民も市民も自分も関心がないので、適当にやれば良いと考えていたからである。ここでは"そうであってはいけない"ということを筋道を立てて述べたい。

　まず冒頭に大阪府、大阪市がいかに災害に弱い土地であるかということを示し、巨大災害発生の歴史を紹介する。つぎに、大阪で起こり得る災害について、過去 10 年足らずの大阪府政・市政を担った知事も市長も、防災・減災事業に無関心・無理解・怠慢であったことを述べる。災害激動・多発時代に入った 1995 年阪神・淡路大震災以降、防災・減災に関する学術的研究成果のみならず、その成果の実践性、すなわち被害軽減・抑止効果が従前に比べて格段に改善されてきた。特に、この間、政府においては 2004 年新潟県中越地震や 2011 年東日本大震災等を経験して、中央防災会議を中心に防災・減災体制は充実し、また災害対策基本法の改定等を通じて防災・減災力を強くしてきた。このような背景があるため、政府と大阪府・大阪市の災害対応能力格差はますます広がる一方である。

　特に、人口約 900 万人の大阪府と人口約 270 万人の大阪市において、行政トップが間違った災害観をもっていたために、大災害の危険にさらされてきた郷土・大阪を、さらに危険なままに放置してきた現状を紹介しよう。

1　災害に脆い大阪平野と隣接丘陵・山地

　大阪平野は、淀川と大和川が流送してきた土砂が河口部に堆積してできた。

図13・1に示すように、大阪平野で高いところは上町台地であって、ここだけは岩盤でできているから地震が起こっても液状化等の被害は発生しないが、それ以外では図13・2のように、将来起こると予想されている南海トラフ巨大地震（地震マグニチュードM9）によって甚だしく液状化被害を被る危険性をもっている。左図は、その時の震度分布であって、大阪市はもとより府

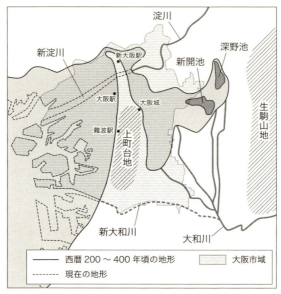

図13・1　大阪平野の地形の変遷

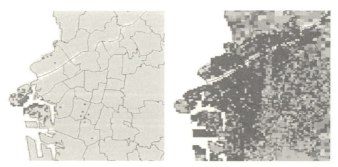

図13・2　南海トラフ巨大地震（M9）が起こった時の震度（左図）と液状化危険度（右図）　大半は震度6弱の揺れが1分以上継続する。また、液状化により黒い地域ほど道路は冠水、凹凸・段差発生で通行不可になる。

下のほぼ全域で震度6弱の揺れが襲う。また、両河川に挟まれた低平な平野地域は、淀川と大和川が天井川になっていることもあって、これら二つの川のいずれが氾濫しても、未曾有の水害被害に結びつくといってよい。

　上町台地と生駒山脈との間を東大阪と呼ぶが、そこにはかつて広大な河内池があり、そこに両河川で流送してきた土砂が時代を経てゆっくりと堆積して浅くなり、二つの池、すなわち新開池や深野池に分かれた。それらの池の周辺は、江戸時代には鴻池家に代表される豪族によって新田開発が行われ、田畑に生まれ変わり、河内木綿のような特産物が生まれた。今も残る鴻池新田という地名や門真の名物となっているレンコンはその名残である。

　また、上町台地以西の西大阪では、豊臣秀吉による干拓工事によって、市街地へと開発された歴史をもっている。この地は太平洋戦争の敗戦直後までは"八百八橋"と称せられるとおり、当時は橋が1200以上もあった。筆者が子供の頃、西横堀と長堀が直角に交わるところに木橋が四つかけられ、四ツ橋と名付けられた光景を今も覚えている。このような橋の多さは、江戸時代の市街地の形成が原因である。すなわち、上町台地の西裾から始まる西大阪で、低湿地に縦横に堀を開削し、その土を盛りあげ、地上げして市街地を作るというオランダ式の工法を適用しながら、埋立地が平均4kmも西進した名残である。ちなみに、古代に大阪湾奥に来襲する波浪は、北向きの沿岸流を卓越させた。そのため、上町台地の先端部では北側に漂砂が堆積して延び続け、現在の長柄や天満橋付近まで成長したことがわかっている。

　したがって、淀川や大和川が氾濫すれば、東大阪や西大阪は大部分水没する危険があることが分かるだろう。図13・3は、1802年に起こった淀川水系の大洪水（享和の水害）を表す「河水損村々改正図」（河田、2010）である。大阪平野の全域（正確には、淀川と大和川に挟まれた地域）

図 13・3　河水損村々改正図　(所蔵：関西大学図書館)

がほぼ水没するという大洪水であった。作物が不作で、鴻池家の年貢がいつもの1/26に少なくなったことがわかっている。国土交通省近畿地方整備局によれば、その時、毎秒およそ1万2000m³も流れた大洪水と推定されている。しかも、これらの水没地域の多くは、その後、地下水の過剰汲み上げによって、1930年から1980年代まで約50年にわたって地盤沈下が進み、広大なゼロメートル地帯（大阪湾の平均海面より低い土地）を形成している（図13・4）。最大の沈下量は、大阪市港区の天保山（海遊館のあるところ）で、2.8mに達した。そのため、大阪湾奥で増幅した高潮や津波は、西大阪を水没させるにとどまらず、天満橋付近の上町台地の北端を回り込んで、現在の東大阪地区にも氾濫することがわかっている。すなわち、守口、門真、寝屋川、大東、東大阪、八尾の各市は、現在でも洪水のみならず、津波や高潮による浸水危険性を宿命的に有しているといえる。

図13・4 大阪のゼロメートル地帯（面積124km²、人口138万人）中央部に位置し、その周辺は海面が60cm上昇した場合の拡大を示し、一番外側の黒い部分は3mの高潮がやって来たときの水没域を示す。（出典：国土交通省の図に加筆）

　それでは、周辺の丘陵地、山脈はどうだろう。まず、高槻や茨木市の北部は北摂の山並みに続く。そして西は六甲山脈へと続いている。ここでは、地下に大阪層群という粘土層があり、地震時や豪雨時に地すべり等の土砂災害を起こしやすい。特に、吹田市千里や西宮市逆瀬川、宝塚市には広く分布しており、阪神・淡路大震災当時の地盤災害発生地域とかなり重なっている。一方、東側の生駒山脈は逆断層型の活断層であり、大阪側は急峻な崖となっている。したがって、枚方、交野、四条畷、大東、東大阪、八尾の各市の山裾は、地震時や豪雨時の土砂災害に要注意である。斜面の傾斜が緩いからとか、木や竹が繁茂しているからといって油断禁物である。また、南部では泉南の丘陵地へとつながっており、至るところで傾斜地にベッドタウンが開発され、土砂災害に要注意地域となっている。

2　大阪における巨大災害の歴史

　大阪で、推定の犠牲者数が1000人を超えるような災害は、その頻度の多さからいえば、まず、高潮、ついで津波、そして河川の氾濫である。そして、内陸直下地震である上町断層帯主部の地震は、過去1000年以上にわたって起こっていないから不気味である（危ない！）。大阪にやって来た巨大高潮は図13・5（河田惠昭、1986a）にまとめて示した。なぜ、高潮が起こる常襲地帯になっているかといえば、紀伊水道は太平洋に向かって、トランペットの先端のように朝顔の花状になっているからである。もし、大阪湾が紀淡海峡という狭窄部で守られていなければ、とんでもない大高潮が来襲したに違いないことがわかっている。しかも、大阪湾は長軸およそ60km、短軸およそ30kmの楕円形であり、周辺の沿岸で反射した高潮や津波は湾奥の大阪・天保山付近で重なり、増幅するという嫌な特徴までもっている。

　記録に残る津波には、1707年宝永地震津波と1854年安政南海地震時の津波等がある。河川の洪水に関しては絵図が残っている場合が多い。それだけ、古来より私たちの祖先が戦ってきた古い歴史をもつ身近な災害だからだろう。図13・6は、1854年安政南海地震の津波で水没した地域を表す「大阪大津浪

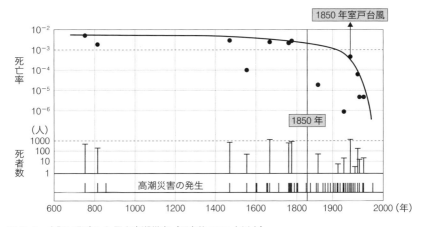

図13・5　大阪で発生した巨大高潮災害（死者約1000人以上）

図」である。図の上が南となっているのに要注意である。ただし、津波の第一波が来襲するまでに大阪市では2時間、大阪府南端の岬町では1時間であるから、避難すれば府民は全員助かる。高を括らないことである。

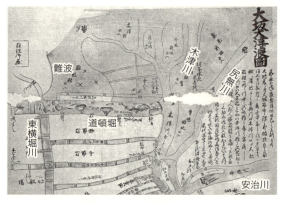

図13·6 大阪大津浪図(所蔵：大阪城博物館)

河川は農業用水を供給してくれる。つまり、古来より治水と利用を両立させるという努力が必要であった。これがほかの自然災害と違うところである。淀川水系で最も大きな被害をもたらした歴史時代の水害は1802年の図13·3の享和の水害であり、このような大規模な水害はもう起こらないのではなくて、相変わらず脅威に晒されていることに気づかなければならない。

3　防災・減災行政上の課題と大阪府政・市政トップの怠慢

(1) 地震対策

阪神・淡路大震災以降、南海地震が活動期に入ったという地震研究者の合意があった。前回の昭和の南海地震が起こった1946年から遡ること40年、そして起こってから10年の合計50年間に、近畿地方では地震マグニチュード6以上の内陸活断層地震が10個発生したことがわかっている。そして、阪神・淡路大震災を起こした兵庫県南部地震は、次の南海地震の起こる前の最初の内陸活断層地震ということである。そして、現在までに6個起こっているから、あと4個が次の南海地震が起こるまでに起こってもおかしくない。その事実を踏まえて、政府の中央防災会議が2001年に「東南海、南海地震等に関する専門調査会」を設け、プレート境界地震の検討の後、内陸活断層地震による被害想定をやろうというものであった。その一つが、大阪市の中

央部を南北に走行する上町断層帯地震である。この活断層が動けば、大阪府下で人的被害が約 4 万 2000 人に達し、わが国最大の犠牲者となる活断層地震であることが明らかになった。図 13・7 は、その震度分布の一例である。これについては、大阪府でも委員会を作って検討し、2007 年の最終報告書では、1 万 2000 人の死者が発生するという結果を得ている。両者の数字の相違

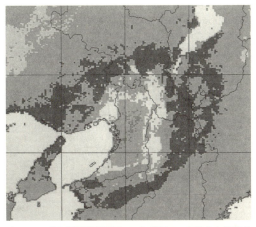

図 13・7　上町断層帯地震 (M7.6) が起こった場合の震度分布　大阪市内の大半は震度 6 強。死者 4 万 2000 人が予想される。(出典：中央防災会議防災対策実行会議、2013)

は、火災による人的被害の予測が確立していないという問題があるからだ。

　この想定結果に対し、大阪府が取り組んだのは、上町断層帯に対する活断層調査を進め、起震断層の実態を明らかにしようというものであった。さらに、橋下府政になってからは、大手前に位置する大阪府庁舎が震度 7 に耐えられないのではないかという心配があった。耐震診断の結果、耐えられないことが分かり、耐震補強を進めるのか、あるいは咲洲のワールド・トレード・センタービル WTC に庁舎を移設するのかということであった。後者のビルは、大阪市から 85 億円で購入することにしたのは、当時の橋下知事が庁舎移転を考えていたからにほかならない。

　ところが、2011 年の東日本大震災当時、震度 3 の揺れで高さ 256m のこのビルは、短辺方向に 1.37m（振幅は 2.74m）、天井の落下や床の亀裂等 360 箇所が損傷、防火戸の破損、エレベーター全 26 基が緊急停止し、うち 4 基に男性 5 人が 5 時間近く閉じこめられ、エレベーターを支えるワイヤロープが絡まり、地震発生から丸 1 日が過ぎた 12 日夜の時点でも 8 基が復旧しない等耐震性への不安が露呈した。このため、大阪府は「咲洲庁舎の安全性と防災拠点のあり方等に関する専門家会議」（委員長：河田惠昭）を設置し、検討を加えた結果、南海地震によって震度 6 弱以上の揺れが発生し、短辺方向に

第 13 章　防災　　169

7.5m（振幅は15m）揺れるので、庁舎としては安全性に問題があることを指摘し、橋下知事は全面移転をあきらめた経緯がある。これだけ精度の高い評価ができたのは、東日本大震災当時、WTCに4台の地震計が鉛直方向に設置され、揺れが観測され解析できたからである。

なお、このビルが竣工した1995年以前は超高層ビルの設計では地盤との共振を考慮しなくても法律上、問題はないとされている。しかしながら、総事業費1200億円を超える建築物に対して、それをまったく考慮せずに設計した「N設計」の設計技術力に問題があることは指摘しておきたい。同社によって、設計の本質を疑われるような同じような事態が、2020年に開催される東京オリンピックのメインスタジアムの設計問題（震度7に耐えられない構造、2500億円に達する工事費等）で顕在化しており、施設・建築物の「デザイン」に対する矮小化された概念がやはり問題となっている。

WTCについてはその後、ダンパーを入れて揺れを小さくできるという計算結果に基づき、約10億円の経費でこれを設置し、現在、約2000名の府の職員が勤務している。しかし、この庁舎が極端に大きく揺れたのは、人工島の咲洲と咲洲庁舎がいずれも6秒前後の固有周期をもって共振することが問題であり、たまたま東日本大震災当時、咲洲庁舎に鉛直方向に4台の地震計が設置されていたことから、詳しい振動解析が可能になったのである。此花区の地下の基盤上の揺れがWTCの最上階の52階では約1000倍に増幅されたことがわかっている。

世界の超高層ビルは、震度6弱以上の揺れは一棟も経験しておらず、超高層建築物に働く地震エネルギーの減衰過程が厳密に解析されていないのが現状である。そうであれば、建築設計上、分からないことはまだ多くあるという謙虚さが建築設計作業に必要であり、それが府の職員の安全性の問題に関わるだけに、咲洲庁舎からの全面撤退が早急に必要となっている。

(2)津波対策

大阪は、1854年安政南海地震で発生した津波が来襲し、寺院過去帳に掲載された死者数だけで880名が犠牲になったことがわかっている。当時の大阪の人口は約30万人といわれており、現在の大阪市の人口270万人が住んでい

たとすれば、約 8000 人が亡くなるという大災害であった（河田惠昭、1986b）。この時の最大の津波は 1.9m であり、平均海面上 30cm の時に来襲したので、現在の大阪港の基準（Osaka Peil, O.P.）で高さを表示すれば、O.P. + 3.6m となる。

　一方、将来、マグニチュード 9 の南海トラフ巨大地震が起これば、大阪港の天保山に約 3.8m の津波が来襲すると想定されている。これが満潮と重なれば、海面は、O.P. + 6m となる。大阪府が大阪府防災会議に設けた「南海トラフ巨大地震災害対策等検討部会」（部会長：河田惠昭）で計算した市街地の津波氾濫結果が表 13・1 である。大阪市の中央区を堺筋という南北幹線道路が走っているが、これより西、すなわち、御堂筋や四ツ橋筋界隈も水没し、キタとミナミの繁華街・地下街も水没することがわかっている（現状の対策は、高潮対策であって、想定する津波に対してはまったく不十分である）。

　橋下市政の発足とほぼ同時にこのような事情が判明したが、市街地の水没対策は一向に進んでいない。多くの市民の心配や関心が薄いという背景で、積極的に行政が動かないという典型例である。大阪市が実施した具体的な対策は、津波避難ビルの指定だけである。これについては、水没地域の市民約 81 万人に対して合計 104 万人の公共・民間施設等の確保（2015 年 5 月現在）が終わっている。

　特に心配なのは、大阪市営地下鉄とキタとミナミの地下街（河田惠昭、1999a、1999b）である。地下鉄の駅で浸水危険性が少ないのは、上町台地の地下を南北に走る地下鉄谷町線の「谷町 4 丁目」駅から「文の里」駅間の 6 区間くらいである。合計

表 13・1　南海トラフ巨大地震時の大阪市各区の浸水面積と最大浸水深（大阪府防災会議）

区	浸水面積[ha]	最大浸水深[m]
北区	322	2.93
都島区	101	1.98
福島区	379	2.75
此花区	816	5.08
中央区	21	0.85
西区	426	4.76
港区	620	3.90
大正区	665	3.82
浪速区	193	3.49
西淀川区	840	4.30
淀川区	756	3.24
旭区	21	0.56
城東区	259	1.66
鶴見区	41	1.08
住之江区	1174	4.12
住吉区	13	2.80
西成区	499	4.05
市域計	7146/22300 （市域の 32%）	―
府域計	11072	―

第 13 章　防災　　171

100を数える駅では、出入口付近の地上で、およそ70cm以上の浸水深になれば、地下空間への浸水は止めようがなく、水没することが必定である。それだけのボリュームの氾濫水があるのかどうかが問題になろう。計画高潮（3m）を想定した海岸護岸の高さを基準とすれば、南海トラフ巨大地震で発生した3.8mの高さの津波は、80cmから1m程度、護岸の天端（上面のこと）を乗り越えてくることになる。これが淀川と大和川の河口を結んだ線上で起こるとすれば、津波の1波だけで約1.4から1.8億m^3の海水が市街地に流入する。大阪市のすべての地下鉄と地下街が水没するためには、約1500万m^3の氾濫水が必要なことがわかっているが、この空間の大きさは、津波の1波の氾濫水量の約10％にしか過ぎないことが分かる。すなわち、現状では浸水域に位置する地下鉄も地下街もすべて水没する危険にさらされているのである。

　このような背景であっても、大阪市営地下鉄では、津波に対する水没対策は皆無に近く、そのようなことより、交通局は民営化を急ぐ始末である。地下街の水没対策も、2015年度になってキタの地下街でやっと話し合いのため協議会が設置されたところであり、具体的な対策に至るまでに、これからかなりの期間を要すると心配されている。この最大の原因は、大阪市の怠慢である。防災や減災の問題は、行政が先導しなければならない。なぜなら、行政が災害に関する正確な情報をもっているからであり、市民啓発の義務がある。大阪市はそれをさぼっていると言ってよいだろう。市政トップの関心がなければ、重点施策にならないのである。これも橋下市政の怠慢と言ってよいだろう。

(3)洪水対策
①外水氾濫

　川の水が市街地にあふれることを外水氾濫という。わが国の河川には、一級河川と二級河川があり、前者は国土交通大臣が管理者、後者は知事である。大阪市が管理している河川はない。したがって、大阪市役所には河川課はない。大阪府の橋下知事の時代、問題になったのは槇尾川のダム問題である。この川は1982年に氾濫被害の実績があり、ダムを築造することで地元との

話し合いが終わり、本体の着工が始まる寸前にまで至っていた。しかし、その建設費用に関して、財政赤字に頭を痛めていた当時の橋下知事は、ダムの建設を中止し、河道改修によって、洪水問題が解決するはずであるという思い込みをもつようになった。それは、想定している雨が多すぎるということへの文句であった。計画では100年に一度の降雨に対して、流域が安全になることを目指していた。彼の指摘は「そのような雨は降らない。30年に一度程度で良い」ということであった。

　もっと詳しいいきさつを紹介しよう。橋下氏が大阪府知事に就任したのは2008年2月である。そして、4月に槇尾川のダムサイトをはじめ周辺地域の現地視察を行い、ダム建設の必要性を十分理解したうえで、2009年5月にダム本体の工事発注がなされ、2015年5月の完成に向けて、工事が進捗していた（大阪府、2010a）。工事を中止した2011年時点で、事業の進捗率は、ダム本体は41%、付替道路は53%、全体の進捗率は45%であった。総事業費は128億円であるが、中止の時点で残事業費は70億円であった。このダムは、100年に一度の豪雨（86.9mm/hr）を対象としたものであるが、ダムをやめ、河道改修することによって、30年に一度の大雨（50mm/hr）に耐えられるようにしようとするものであった。大阪府の顧問弁護士らと相談した結果、この変更は法的に問題とならないことは確かめた上であった（大阪府、2010b）。

　仮に法的な手続き上、問題にならなくても、防災の専門家から見ればこれは暴論である。その理由は、以下の通りである。

(1) どれくらい激しい雨が降るのかは、自然が決める事であって、私たちの社会側にあるのではない。だから、最悪事象を考える事が基本である。地球温暖化が進行し、全国的に時間雨量が100mmを超える地点が増加の一途であるという現状を考えても、治水水準を低下させることは許されない（そのような大雨が降るわけはないというのは、素人考えである）。

(2) 治水に関する科学技術が進んでいるとはいえ、数字の正確性には絶対的な信頼はない。30年に一度の大雨といっても、降雨パターン（流域に時間的、空間的に一様に雨が降るわけではない）、先行降雨の有無等のよって洪水流量は大きく変化し、平均的な取り扱いしかできない。2015年9月に鬼怒川で発生した水害はその典型例である。

(3) 河川改修によって、当該地域が床下浸水に留まったとしても、下流は従来に比べて危険になる。したがって、河川改修をする場合は、その影響が発生する最下流部から実行しなければならない。そのような経緯を地元住民に十分説明していない。
(4) ダムの機能を過小評価している。設計基準の100年に一度ではなく、仮に300年に一度の豪雨が降っても(2000年東海豪雨の時に名古屋市の37%を浸水させた雨は、350年に一度の豪雨であった)、ダムは洪水被害低減効果が期待できる。これに対し、河道改修の場合は、被害低減効果は期待できず、未曾有の被害に拡大する。しかも、流域の生態系も環境も悪化することを忘れてはいけない。

結果的にどうなったかと言えば、30年に一度程度の洪水には耐えられるが、それ以上の大雨が降ると、洪水は氾濫するということで、これはまさに安全性の切り売りになっているという証拠である。このような横車を抑えることができなかった大阪府の技術系部局の対応は軟弱であると責めることは可能であるが、知事がこのような横車を入れると、それに抗することができないという実態も明らかになった事例であった。

②内水氾濫

市街地に降った雨が下水処理能力を超えてマンホール等から路上に逆流し、浸水が起こることを内水氾濫という。大阪府では寝屋川の治水対策が遅れている。寝屋川では、1972年7月豪雨により大東市を中心に未曾有の内水氾濫災害が発生した。被害は、全壊(流出):23世帯、半壊:42世帯、床上浸水:6186世帯、床下浸水:4万346世帯であった。このとき降った雨は、総雨量232.5mm、日最大雨量186mm、時間最大雨量33.5mmであった。この水害は、大東水害訴訟事件として、わが国で最初の都市水害訴訟であった。大阪府は、その後、継続的に地下河川貯留施設や雨水貯留施設の整備等によって治水安全度を高める努力を継続しているが、まだまだ現状では不十分である。例えば、1957年の八尾市の実績降雨(総雨量311mm、時間最大雨量63mm)が発生すると、(川池ら、2002)市街地の浸水深が1mを超える地域が東大阪地区で発生することがわかっている。しかも、この実績降雨を上回るような雨は大都市で記録されており、例えば、名古屋市では、2000年東海

豪雨によって総雨量567mm、時間最大雨量93mmを記録しており、実績降雨を対象としたような治水事業ではまだまだ不十分であろう。

特に橋下府政以降、治水事業が進歩したわけではなく、これに関しては全く無関心といってもよく、槇尾川のダム問題は、新たな経費を必要とする事態となったから問題にしたのであろう。ダム事業を継続しておれば、2015年5月には竣工していたので、所要の効果は期待できたのである。それよりも、中止の決定の時点までに投資した58億円が無駄になってしまった方が行政上の失政といわれても仕方あるまい。

(4) 高潮対策

大阪の高潮対策は、1961年第二室戸台風による氾濫災害を契機として恒久計画が策定され、安治川、木津川、尻無川に直径65mの半円形水門の施工を中心としたハード対策が完成した。計画高潮は、O.P. ＋ 5.2mで、6月から11月までの台風期の朔望満潮位O.P. ＋ 2.2mに潮位偏差3mを足したものとなっている。

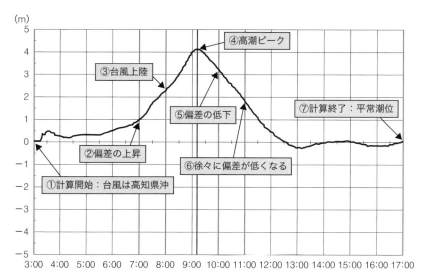

図13・8　スーパー室戸台風による潮位上昇　地球温暖化による海面上昇を20cmと仮定して計算すると、従来より80cm高潮は高くなり、合計1m上昇することになる。

これは、1934年室戸台風のコースを1959年伊勢湾台風が通り抜けると仮定して計算した結果である。同じ取り扱いが東京湾と伊勢湾で行われているが、潮位偏差はそれぞれ、3mと3.5mとなっている。

高潮については、2005年のハリケーン・カトリーナ災害の例もあり、国は見直しを開始し、筆者は、内閣府に設けられた「大規模水害対策に関する専門調査会」の座長代理として活動するとともに、国土交通省に設けられた東京湾の高潮対策に関する委員会の座長に就任した。東京湾におけるモデル計算では、もっとも影響人口（浸水地域の人口）の多いコースが選ばれ、そこにスーパー室戸台風（上陸時の中心気圧は900hPaで、中心気圧の距離減衰は伊勢湾台風の実測記録を適用）が通り抜けると、伊勢湾台風モデルの場合より40cm高くなるという結果を得た。一方、大阪では、大阪湾高潮対策協議会が2007年7月に設けられて、国土交通省近畿地方整備局が中心となり、大阪府を含む39機関が構成メンバーとなった。筆者はアドバイザーに就任した。そこでは、図13・8に示したように、室戸台風のコースを40km西に移動し、スーパー室戸台風が通過すると、大阪の潮位偏差は3.8mとなり、現在の防潮施設では不十分なことが分かった（大阪湾高潮対策協議会、2010）。すなわち、計画高潮としては、O.P. ＋ 5.2m ＋ 0.8m（上昇分）＋ 0.8m（2100年の海面上昇量）＝ O.P. ＋ 6.8mになるこ

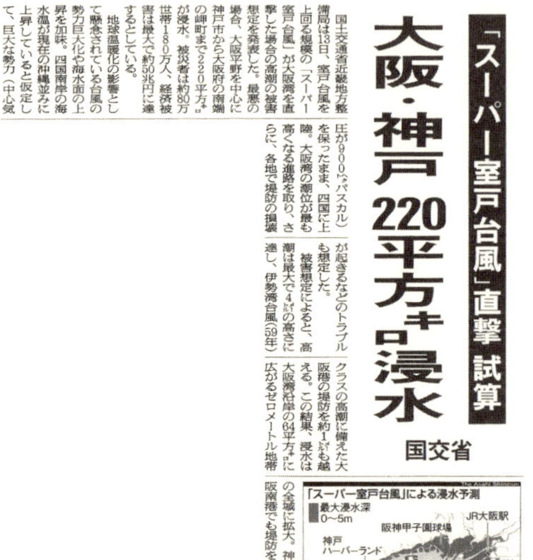
「スーパー室戸台風」直撃 試算
大阪・神戸220平方キロ浸水
国交省

国土交通省近畿地方整備局は13日、室戸台風を上回る規模の「スーパー室戸台風」が大阪湾を直撃した場合の高潮の被害想定を発表した。最悪の場合、大阪平野を中心に神戸市から大阪府の南端の岬町まで220平方キロが浸水。被災者は約80万世帯180万人、経済被害は最大で約50兆円に達するとしている。

地球温暖化の影響として懸念されている台風の勢力巨大化や海水面の上昇を加味。四国南岸の海水温が現在の沖縄並みに上昇していると仮定して、巨大な勢力（中心気圧が900ヘクトパスカル）を保ったまま、四国に上陸。大阪湾の潮位が最も高くなる進路を取り、さらに、各地で堤防の損壊が起きるなどのトラブルも想定した。

被害想定によると、高潮は最大で4メートルの高さに達し、伊勢湾台風（59年）クラスの高潮に備えた大阪港の堤防を約1メートルも越える。この結果、浸水は大阪湾沿岸の64平方キロに広がるゼロメートル地帯の全域に拡大。神戸港や阪南港でも堤防を越え、全体の浸水範囲は、2万1千人以上の死傷者を出したジェーン台風（50年）を上回る220平方キロに及ぶとしている。

最悪の場合、地下街が広がるJR大阪駅付近（大阪市北区）は0・7メートル▽南海堺駅付近（堺市）3・3メートル▽りんくうタウン駅付近（大阪府泉佐野市）2メートル▽阪神甲子園球場（兵庫県西宮市）3・4メートル▽神戸ハーバーランド（神戸市中央区）1・6メートル――が浸水する可能性があるという。

図13・9　高潮氾濫予想図（2010年3月14日朝日新聞記事より）

とを示した。図 13·9 は、それを掲載した朝日新聞朝刊のトップ記事（2010年 3 月 14 日）である。

　大阪の高潮対策は大阪府が所管とすることが決まっている。したがって、当時の橋下大阪府知事は何らかの意思表明とアクションプログラムの策定をしなければならなかった。もちろん大阪府の借金財政では追加的なハード整備は、国の支援がなければ無理なことはわかっていた。しかし、住民啓発も実施しなかった。この時の計画高潮 3.8m（偶然、南海トラフ巨大地震津波と同じ値）は、南海トラフ巨大地震時の大阪の天保山付近に来襲する津波の高さ 3.8m と同じであり、高潮の見直し結果を踏まえて啓発活動から対策の実施に進んでおれば、南海トラフ巨大地震の想定結果に対して、改めて構える必要はなかったのにとても残念である。高潮対策の見直し結果を端緒としておけば、南海トラフ地震の被害想定結果が出た時に政治家としての勘がさえていることになったのに、現実はそうではなく、勘が鈍っているといわれても仕方がないだろう。

　なお、咲洲は竣工以来、既に 60cm 程度、地盤沈下しており、この原因が沈下を継続する関西空港と同じく、洪積層が沈下するという難題を抱えており、まだ収束の見込みは見出されておらず、高潮や津波の氾濫危険性は、経年的に増加していることも忘れてはならない。

　コンピュータの能力の飛躍的拡大によって、過去の計算結果に不備があることが分かった現在、高潮対策を進めなければならない大阪府と市街地氾濫対策を講ずる責務のある大阪市は、いずれも有効な対策の計画すら立てていない状況である。これは行政の怠慢以外の何ものでもないであろう。

(5) 防災対策上の橋下府政・市政の怠慢

　以上、述べてきたように大阪で発生する南海トラフ巨大地震の強い揺れや大津波、そして地球温暖化に伴う高潮の増大化、また地球温暖化による洪水氾濫の激化などは、府民・市民の直接の安全性に対する重大な問題である。だから、長期にわたる防災戦略を立てて、継続的に対策を講じていかなければならない。この点に関して、彼は大変怠慢であったと言われても仕方がないだろう。それは、あらゆる課題を政治的なものとしか見ないことから始ま

っている。自治体の長たる者は、住民の安全・安心を保証することが、もっとも大切な施策ということを理解していないからである。安全・安心の上に立ってこそ、政治的なものが重要になってくるのである。この順序に対する偏見があったため、防災対策を進めることは、彼にとって単なる"金食い虫"の存在以外の何ものでもなかった。それは、彼の発言の中に、「防災対策はどこまで進めるべきかがわからず、際限なく財源が必要だ」という趣旨の文言があったことにも表れている。大阪市営地下鉄やキタやミナミの地下街の浸水対策が一向に進まないのは、彼が号令を発しないからである。

　閉塞的な大阪の経済状態、そして府民や市民がそれを不満に思っていることをいいことに、人びとが直接関心をもたない防災対策をないがしろにしてきた。大阪都構想が実現すれば大阪の経済がよくなるというのは幻想である。なぜなら、その過程の設計がずさんで、そこでは災害の発生が一顧だにされていない。東日本大震災の被災地がそうである。市町村再編が行財政改革と地方分権の切り札のように喧伝されたが、想定外の災害が起こり、現在も2000名に及ぶ地方公務員の応援を得ながら、被災自治体は、まだ人材が足らない始末である。「災害が起こればそれまでの経済努力は無に帰す」といういずれの途上国にも当てはまる箴言を彼は謙虚に受け止めなければならない。

【参考文献】
・大阪府（2010a）槇尾川ダム事業について
　http://www.pref.osaka.lg.jp/attach/372/00071821/03makio_yuuIII-1.pdf
・大阪府（2010b）顧問弁護士会議相談結果
　http://www.pref.osaka.lg.jp/attach/2920/00066360/1-4-0.pdf
・大阪府和泉市議会（2010）「槇尾川ダム建設促進に関する意見書」
・大阪湾高潮対策協議会（2010）「大阪湾高潮対策危機管理行動計画ガイドライン」
　http://www.kkr.mlit.go.jp/plan/takashio/conference/05/pdf/takashio-guideline.pdf
・川池健司・井上和也ら（2002）「低平地河川流域における内水氾濫解析法とその寝屋川流域への適用」『水工学論文集』第46巻、pp.367-372
・河田惠昭（1986a）「災害の科学―高潮との戦い」『NHK市民大学テキスト』pp.92-104
・河田惠昭（1986b）「大阪における安政南海地震道津波の復元（1）―はん濫災害について」『京大防災研年報』第29号B2、pp.763-794
・河田惠昭（2010）「摂河水損村々改正図解読」『予防時報』242号、裏表紙
・河田惠昭・石井和・小池信昭（1999a）「津波の市街地への氾濫と地下空間への浸水課程のシミュレーション」『海岸工学論文集』第46巻、pp.346-350
・河田惠昭・石井和（1999b）「津波・高潮・洪水氾濫による地下街水害対策の提案」『海岸工学論文集』第46巻、pp.356-360
・中央防災会議防災対策実行会議（2013）「南海トラフ巨大地震対策について（最終報告）」
・橋下徹（2011）槇尾川の治水対策について（私の判断）
　http://www.pref.osaka.lg.jp/koho/chiji/230217_makiogawa.html

第 3 部

大都市自治の未来

第14章

大都市自治の「改革」全体主義に対抗する三つの処方箋
自由、マネジメント、そしてプロジェクト

藤井聡

1　すぐに忘れる大衆

　2015年8月、大阪では同年5月に住民投票で「否決」されたいわゆる「大阪都構想」が、事実上復活した。大阪維新の会の松井一郎幹事長（大阪府知事）が、11月の大阪府市のW首長選にて都構想を公約に掲げることを言明したのである。

　しかし、5月の同住民投票の際には、その推進派である橋下徹大阪市長を中心とした「維新」勢力は、大阪都構想の住民投票はこれで最後という触れ込みで、投票運動を大々的に展開していた。例えば、投票10日前の記者会見で、橋下市長は、「都構想の住民投票は何度もやるものではない。一回限りだ」と言明し、その後も「大阪を変えるラストチャンス」というキャッチフレーズを多用して、賛成票を有権者に呼びかけた。言うまでも無く、「これで最後」「ラストチャンス」「一回限り」と言われれば、閉店セールに人がたかるように、賛成票を投ずる人が増えるのは当然である。

　ところが大阪都構想の住民投票では、反対多数となり、否決された。結果、都構想を封印せざるを得なくなる。事実、彼は次のように言及している。「本当に重要な意思表示をしていただきありがたい。大変重く受け止めました。都構想は受け入れられなかったということで、僕が間違っていたということになるんでしょうね」。

　にも関わらず、この記者会見から3ヶ月後に、橋下氏率いる大阪維新の会は「都構想」の復活を言明したのである。

　つまり橋下氏たちが投票運動で繰り返し活用していた「ラストチャンス」

という言説も、「大変重く受け止める」と言った言葉も、完全な「嘘」であったという事を認めたわけである。

　人々がもしもこの事実を記憶していたのなら、「嘘」に基づく投票運動に対して大きな批判、反発が捲き起こったとしても、何も不思議ではない。しかしそういう批判は、少なくともメディア上でも世論でも趨勢にはならなかった。

　なぜ、そうした批判が捲き起こらなかったのか ── その理由はハンナ・アーレントが『全体主義の起源』において論じた次の指摘の中に見いだすことができる。

　「一般には全体主義運動の性質を、特殊にはその指導者の名声の特質を最も特徴的に示しているのは、それらの運動や指導者が驚くほどすぐに忘れられ、驚くほど容易に他のものにとって替られ得ることである」。

　つまり、全体主義を形作る大衆人たちは、色々な事を驚くほどすぐに「忘れ去る」のである。

　大都市においては大衆人の影響力が大きくなり、より過激な改革を求める全体主義が捲き起こる ── それが本書の基本的モチーフであったが、上記からも、大阪が如何に濃密な「全体主義」に覆われているかを確認することができるのである。

2　「嘘」で自滅する大衆

　さて全体主義における、大衆の「忘却」は、深刻な被害をもたらすことになる。そもそも、何もかもを忘れる人々にとっては「嘘」という概念そのものが無い。「嘘」は、「言ったことを覚えている」人間だけが、それを「嘘」と見なすことができるからだ。それ故、「橋下氏の嘘」は、忘却をする大衆人たちにとっては「嘘」とはならないのであり、したがって、批判の対象とはならない。

　だから、大衆化が進行した社会では、政治家は選挙の時に好き勝手なことを言い放題となる。政治家がどれだけ嘘をついていても、それが嘘であることには気付かないからだ。

とはいえもちろん、記憶を無くした大衆人たちでも、その場の「気分」や「雰囲気」での判断は可能であるから、結果、大衆人たちは「雰囲気の良い嘘」「気分の良い嘘」を支持するようになっていく。

そうなれば、政治家が実行する政策は、政治家個人にとって（地位や名声、政治権力も含めた）「利益」をもたらすものの、大衆にとっては「不利益」（最終的には破滅）をもたらすものが基本となっていく。

こうした構造こそ、為政者の「空疎なプロパガンダ」によってデマに政治権力が集中し、結果、破滅的な帰結が早晩有権者たちにもたらされる、という全体主義の構造そのものである。実際、その都構想の投票運動の最中、「大阪を変えるラストチャンス」「チェンジ大阪」といったキャッチコピーを伝えるものの、具体的な政策情報は皆無なTVコマーシャルが連日放映され、新聞には同内容のチラシが連日折り込まれた。その予算としては全体で12億円の公費が投入されたと言われている[*1]。

そして、そんなプロパガンダで喧伝される今日の大都市自治の全体主義政策の根幹を成すのが、大衆のルサンチマンをたっぷりと反映した「改革」なのであり、その典型例が「大阪都構想」だったわけである（第1章参照）。そして、第1章で述べた七つの「全体主義」の特徴の第7番目である「破滅」が、「嘘」に基づいた政治の展開によって実際に導かれてしまうのも必然となる。

事実、その最たる改革である「大阪都構想」は、『大阪都構想が日本を破壊する』（藤井、2015a）の中で詳しく解説されているように、破滅的な帰結を必然的にもたらすものだったのである（あわせて第5章参照）。

いわば、全体主義が席巻した大都市自治では、大衆が為政者の「嘘」を「嘘」と見抜けずにその場限りの「ノリ」で信じてしまうが故に、必然的に「自滅」してしまうこととなるのである。

つまり、「大都市自治の未来」を展望するにあたって、何よりも大切なのは、大都市自治それ自身の自滅を避けることなのであり、そのためには、全体主義を乗り越えることが是が非でも必要なのである。

ついては以下、今日の日本の大都市自治が陥りがちな「改革」全体主義を乗り越えるための処方箋を考える事としたい。

ここで提示する処方箋は、以下の三つである。

1)「自由な言論活動の展開」
2)「改革から改善(マネジメント)への転換」
3)「制度論からプロジェクト論への転換」

3　第一の処方箋:自由な言論活動の展開

　まず、全体主義が一定の勢力を保ち始めた状況下では、当該の大都市に関わる言論、報道、学術の空間において「自由な議論」を展開していくことが、何よりも重要である。

　そもそも、全体主義は、嘘とデマ(そしてプロパガンダ)を中心として展開されるものであり、したがって、その虚偽性、デマ性を暴き出す力を持つ言論、報道、学術の自由そのものを敵対視し、封殺、弾圧しようとする。「大阪都構想」の住民投票においても橋下維新側が、自由な議論に対して徹底的な封殺、弾圧が展開されたことは、第4章で詳しく紹介したとおりである。

　逆に言うなら、適正な大都市「自治」が成立するためには、自由で適正な議論が成立しなければならない。自治という政治において適正な判断を下し続けるためには、多様な意見を許容しつつ、かつ、それぞれの論点の長所、美点を可能な限り最終判断に反映できるような緊張感ある議論が不可欠である。そうした議論が封殺された瞬間に、政治的な判断の質は、大幅に劣化する。だからこそ、全体主義がもたらす諸悪の根幹は、この自由で適正な議論そのものを封殺するところにあるのである。

　例えば、大阪都構想をめぐる全体主義状況下では、筆者は、第4章で紹介した都構想についての事実を報告する論説公表後に、橋下市長ならびにそのシンパたちから激しい抗議と非難、誹謗中傷を受ける中、都構想の住民投票の100日前に「私の言論はいかなる圧力、脅し、あるいは嫌がらせにも、絶対に、屈することはありません」と宣言しつつ、都構想をめぐる100日言論戦を展開する声明文を公表した。そしてそれ以後、後に「大阪都構想を考える権力による言論封殺には屈しません」という名称となった個人ホームページ (http://satoshi-fujii.com/) を立ち上げ、当該ホームページを中心として、インターネット雑誌、週刊誌、月刊誌、動画チャンネル、書籍出版等を通し

て都構想についての「客観的な情報提供と自由な意見」を公表し続けた。

その間、「橋下維新」関係者、およびそのシンパたちからは、電話、手紙、インターネット、そして国会質問等の場を通して激しい「圧力、脅し、嫌がらせ」が続けられたが、100日間の言論活動を通して「言論空間」は着実に広がっていった。当初は「事実」を報告するだけで非難されたのだが、途中からは、都構想についての「反対意見」や橋下氏の政治姿勢に対する「批判」を展開すれば橋下維新のシンパたちから非難されはするものの、事実を報告するだけではもう非難されることはなくなっていった。

さらには、2015年4月27日には、筆者と本書の編著者の一人である森裕之立命館大学教授との連名で、「都構想の危険性」に関する所見を国内学術界の学者各位に呼びかけたところ、わずか10日足らずで108名の学者から所見供出があった[*2]。ついてはその意見を同年5月5日の記者会見で会場が満員になる程のメディア関係者が集まった部屋で公表した。

この時こそ、橋下維新を起点とする全体主義に対して抑圧され続けていた学問の自由が復権を遂げた瞬間だったと解釈することができよう。

無論、この時点においてすらメディア各社が担う「報道」の自由が十分に確保されていたとは言いがたく、「両論併記」という形で、真実の報道が「抑圧」され続けた（「真実」に対して「虚構」を両論併記されれば、それは明確な真実に対する抑圧である）。記者会見の「中身」がテレビ、新聞で十分かつ的確に報道されることは無かったし、筆者の雑誌やネット上での言説がテレビや新聞紙上で大きく取り上げられることもまた最後まで無かった。

ただし、筆者が行った事後のアンケート調査からは、この学者記者会見の内容の情報やインターネットの筆者の情報に触れた有権者は都構想に対する意見が修正されている様子が実証的に示されている。つまりこうした言論活動は着実に公衆の「自由な判断」を促す力を持ち得ていたのである。そして事実、住民投票結果として「大阪都構想」という破滅的帰結が一万票強の票差で否決されたことを踏まえるなら、こうした言論活動が全体主義による大都市自治の破滅を防ぐ力を発揮したのは、疑いを入れぬところである。

なお、「報道の自由」の核にあるのが「言論の自由」であり、その中心にあるものこそ「学問の自由」である。すなわち、自由な思想、発想、研究で考

え出された（＝学問の自由）意見や見解を、自由に発言し（＝言論の自由）、それら諸発言をさまざまに報道していく（＝報道の自由）、というプロセスで庶民の自由な政治判断が支援される。したがって自由社会の最も根幹にあるものは、報道や言論ではなく「学問」の自由なのであり、したがって「学問の自由」こそが、全体主義と闘う最後の牙城なのである。事実、例えば哲学者のヤスパースは『大学の理念』の中で、次のように論じている（下記の「私」というのは、オルテガが言う大衆人の意と解釈されたい）。

「学問は、欺瞞を暴くものです。私は、欺瞞によって人生を安易に送ったり、欺瞞をもって信仰の代用にしたり、あるいは欺瞞によって信仰そのものさえも認識された存在を保証するものに変えてしまうものなのです。私は、現実を知ることに耐えられないので、それを覆い隠そうとする傾向があるのですが、学問は、そのようにヴェールによって隠蔽してしまうことを排除するのです。学問は、無批判的な思惟を生み出し、これを無限の探求可能性の代わりにしてしまおうとする固定化を解消するのです。それは、すべての欺瞞的な安定を拒むのです。」

なお、ヤスパースは、こうした欺瞞を打ち砕く学問の場として「大学」があるのだと主張していることを踏まえるなら、全体主義との戦いにおいて何よりも大切なのは、学問の府である「大学」なのだと考えることもできるのである。

4　第二の処方箋：改革から改善（マネジメント）へ

繰り返すが「全体主義空間」は、アーレントが喝破したように似非科学とプロパガンダで維持される「嘘で塗り固められた空間」である。したがって大都市自治の全体主義を乗り越えるために必要なのは、第一の処方箋で論じた嘘を突き崩す「自由な学問・言論・報道」なのであり、その中身を誠実に考える「誠意」と「知性」でありそれを貫徹せんとする「勇気」である。

ただし、現代の大都市自治に於いて席巻する全体主義は「改革」全体主義である点に着目するなら、確保された「言論空間」の中で論ずべき最初の論点は、大都市自治を改善するにあたって求められているのは「改革」ではな

く「改善」であるという点である。

　例えば、大阪は確かに、人口流出が激しく、その経済の成長率も、名古屋都市圏や首都圏よりは低い水準に止まっている。この問題を解消するにあたって、橋下維新は、「大阪市を廃止すると同時に、その区域に五つの小さな不十分な権限を持たない特別区を設置する」という（「都構想」という）凄まじい「改革」を実現すべきだ、というプロパガンダを展開した。しかし、この都構想が大阪を豊かにするどころか、大阪をさらに衰退に導くものに過ぎぬという点は、5章、10章、12章あるいは、拙著（藤井、2015a）にて詳しく指摘した通りである。

　では、そんな大阪に対してどのような対策が必要なのかと言えば、「改善」なのである。

　そもそも、改革というものは、対象とするもの（例えば大阪）の実情がどうであろうが遂行できるものだ。それは机上の空論の中でよきものとされる「理想」をイメージしつつ、対象（つまり大阪）を一旦破壊して、その「理想」とする姿に作り替えるという行為である。これはさながら、女を連れてきて無理矢理男に作り替えてしまったり、日本の老人を連れてきて白人の若者に作り替えてしまうような暴挙と同等だ。

　もちろん超絶に強引な手術を施せば、それが一見可能であるかのように見せかけることができるが、それは単に見せかけに過ぎず、実態上は不可能としか言いようがない。

　通常、見せかけでなく実際に実施できるものは、改革ならぬ「改善」に過ぎないのである。

　例えば、「教育システム」がうまくいっていないという印象があるとするなら、まず第一になすべきは、現状の教育システムにどのような問題があるのかをつぶさに調べることだ。現状を十二分に把握した上で、自分たちにでき得ること、なし得ぬ事を十分に見据えながら、最も効果的な「一手」を思案し、決断し、「勇気」を持って、その教育システムを一センチでも、一ミリでも「改善」すべく、自らが選んだ「一手」を打っていく。こうした姿勢は、教育システムのみならず、交通システム、財政システム、水道システム、防災システムといったあらゆるものについて採用可能なものである。

いずれにせよ、それぞれのシステムを「改善」するための一手をそれぞれ打っていくとするなら、それぞれの一手を打つことで生じた状況を見据え、その中で再び、心を真っ白にしながら何が問題なのかを把握せんとし、その上で再び最も効果的な「一手」を選び取り、それを断行していく。こうした取り組みを一歩一歩、しっかりと着実に状況を見据えながら改善していくという取り組みは一般に、「マネジメント」と呼ばれている（c. f. ドラッカー、1973／藤井・松村・谷口、2015）。

この「マネジメン＝改善」の姿勢こそ、机上の空論や思いつきに基づく「改革」の対極に位置するものであり、現実的に我々が成しえる唯一の取り組みなのである。だからこそ「改革」全体主義に陥った大都市自治を、全体主義の毒牙から守り、最終的にはさまざまな問題を一歩ずつ改善していくためには、改革からマネジメントへとその方針を大きく展開することが必要なのである。

なお、改革が派手で刺激的である一方で、マネジメントは至って地味である。だから、改革からマネジメントへの転換に必須なのは、政治に関わる言説において「おもろかったらそれでええやん」というノリを改めることなのである（中尾、2014）。だからこそ結局は、改革から改善＝マネジメントへの転換に際して最も求められているのは、「政治においては刺激的なものよりも、理性的判断が重要なのだ」という当たり前すぎる主張を繰り返し、一人でも多くの公衆にその主張の理解を求める活動なのである。だからこそ、この第二の処方箋である「マネジメント」を展開させるためにも、第一の処方箋である「学問・言論・報道の自由」の確保とそれを最大限行使していく姿勢が求められているのである。

5　第三の処方箋: 制度論からプロジェクト論へ

自由な学問・言論・報道空間を確保しつつ、「おもろかったらそれでええやん」というノリでなく「マジメで地道な取り組み」を大切にする方向への政治空間の転換を図った上で、次になすべきことは、その「取り組みの内容」はいったい何なのかと言う点であるが、そこで自ずと求められるのが、「制度

論からプロジェクト論へ」の転換である。

「改革」は常に制度論である。既存の制度やシステムをいったん破壊し、新しく作り変える、それが「改革」と呼ばれるものである以上、それは必然的に制度論、システム論となる。

しかし、そうした改革は、「百害あって一利無し」のケースが多い。

なぜなら、当該のシステムは、その環境の中で機能していたものであって、かつ、そのシステムと環境との相互作用は、そのすべてを把握したり、ましてや制御できるほどに単純なものではないからである。そして、長い歴史を経て現存しているシステム（自治体の仕組み等）は、その環境との間の相互作用において生ずる問題の多くを「のり越えて」きているものであり、その歴史の中で、当該システムはその環境に、ある程度「なじむ」存在となっているのである。したがって、システムを挿げ替える改革をやってしまえば、意図せざるさまざまな弊害が、当該システム―環境間で多発することは避けられないのである。

こうした指摘はかねてよりさまざまな思想家たちによって指摘されてきているものである。例えば、『フランス革命の省察』を著したエドマンド・バーク（1790）は、次のように論じている。

「まずもって、よほど深刻な弊害が生じないかぎり、国体（＝国の基本的なありかた）の変更に踏み切ってはならない。そして変更を行う際にも「問題のない箇所はそのまま残す」という先達の手法を踏襲することが望ましい」

「革命（＝社会システムの抜本的な改革）とは、「したいからする」ものではなく、「否応なしにせざるをえない」ものでなければならない。熟考とか議論とか客観的証拠といったレベルを超えて、誰もが革命の必要性を肌で実感するまで待つべきなのだ」

あるいは、近代的な社会科学の始祖の一人デビッド・ヒュームは次のように論じている。

「賢明なる為政者は、単なる議論や哲学への信頼に基づいて社会をこねくり回したり、実験を試みることは絶対に慎まねばならない。仮にもし公益のために何らかの改善を試みるとしても、その革新を可能な限り古い社会

構造と調和させ、社会の主要な構造をそっくりそのまま残すように努力しなければならない」(Hume, 1754；翻訳筆者)

バークやヒュームのこうした視点から考えるなら、大阪という大都市で進められようとした市の解体を基本とする過激な行政改革＝都構想が、如何に大阪に害悪をもたらすのかが明白だ。

もちろん、バークの言うように、都構想以外にもうすることが何も残されていない —— という状況なら、その都構想は断行されて然るべきだろう。しかし、現状のシステム（大都市市政）を前提としながら、進めることができる「プロジェクト」は山のように残されているのが多くの大都市自治の実情だ。

そもそも、大阪に限って言うなら、大阪の凋落がなぜもたらされたのかの大局をしっかりと見定める（いわば診断する）なら、その理由は、大阪圏の基礎的インフラが首都圏に比して圧倒的に低い水準にあることは明白だ（藤井、2015a, b）。例えば、時速80キロ以上の高速道路について言うなら、首都圏では7本が放射状に整備されているが、大阪には3本しか放射状に整備されていない（整備水準が半分以下）。新幹線について言うなら、首都圏には「4本の路線が放射状に都心部に接続されている」一方、大阪圏については「1本の路線が、通過している」に過ぎない構造にある（整備水準は四分の一以下）。そして高速道路や新幹線は、都市の人口集積や工場立地に甚大な影響を及ぼすことは実証的に明らかにされている（藤井、2015b）ことを踏まえるなら、この東西のインフラ水準の超絶な格差が、大阪の首都圏に対する相対的凋落をもたらしていることは明白なのである（藤井、2015a, b）。

だからこそ、この格差を効果的に埋めていくという「プロジェクト」は、あらゆる「弊害」が危惧されるような大改革（第2部参照）よりも、遙かに高い優先順位で進められるべきなのである。具体的に言うなら、北陸新幹線の大阪接続やリニア新幹線の大阪・名古屋の同時接続は、近未来に政治的に実現可能な範囲のプロジェクトであるから、その実現に全力を傾ける事が大阪を抜本的に浮上させるにおいて極めて重大なのである。さらにそれに準ずる対策として、ベイエリアやうめきたにおける、官民強調による開発プロジェクトを進めることも重要である。さらには、中小企業をターゲットにした

振興策や、それぞれの商店街や居住地区のまちづくりを振興していくプロジェクトも大切だ。もしも行政の効率性に問題があるのなら、どこにどういう問題があるのかを詳しく調べ、一つ一つそれを改善していく取り組みを吟味することも、「大阪市の解体」という大改革よりも優先されてしかるべきだ。そして何より、職員の士気＝やる気が十分に高いか否かを見極め、改善の余地があるとするなら、士気＝やる気が高まるようなありとあらゆる工夫を重ねていくことが必要だ。

つまり、「遠い目標をしっかりと見据えつつ、実現できるプロジェクトの中で、できるだけ効果の高いものから一つずつ選びながらやっていく」という姿勢で改善を志せば、早晩、その大都市の状況は大きく改善するのである。それはさながら、小説『もし高校野球の女子マネージャーがドラッカーの「マネジメント」を読んだら』の物語のように、着実なマネジメントを展開すれば、ほとんど勝てなかった高校野球チームが甲子園に出場できるようになるのと同じことなのである。

6　全体主義の超克

大都市自治において全体主義の支配が進行しているとするなら、その大都市の明るい未来を手に入れるために求められている取り組みは、その全体主義を超克することの他に何もない。

全体主義とは、それほどまでに恐ろしい帰結をもたらす、人類史上最大の悪夢なのである（藤井、2015c）。本章はそうした視点から、大都市自治において必然的に生ずる「改革」全体主義を超克する三つの処方箋を論じた。そして、

「学問の自由」を中心とした「言論と報道の自由」を、勇気と知力をもってして確保するとともに、地道なマネジメントに全精力を傾けつつ、限られた各種資源の中でその大都市を効果的に改善するであろう大小さまざまなプロジェクトを構想し、決断し、断行していく活力に満ちた力強い姿勢を保ち続けること――それが、大都市自治における全体主義を乗り越え、大都市をめぐる諸状況を改善に導いていく力を持つ「大都市自治」なのである。

注
* 1　http://news.livedoor.com/article/detail/10132460/
* 2　サトシフジイドットコム（2015）「大阪都構想の危険性」に関する学者所見（5月9日現在、計108人分）http://satoshi-fujii.com/scholarviews/

【参考文献】
・エドマンド・バーク、佐藤健志訳（1790；2011）『新訳 フランス革命の省察 ―「保守主義の父」かく語りき』PHP研究所
・カール・ヤスパース、福井一光訳（1946；1999）『大学の理念』理想社
・中尾聡史・沼尻了俊・宮川愛由・藤井聡（2014）「大衆性と投票行動の関連性に関する研究」『土木計画学研究・講演集』CD-ROM、Vol.49
・ハナ・アーレント、大久保和郎・大島通義・大島かおり訳（1951；1972、1974）『全体主義の起原1・2・3』みすず書房
・ピーター・F・ドラッカー、上田惇生訳（1973；2001）『マネジメント［エッセンシャル版］—基本と原則』ダイヤモンド社
・藤井聡（2015a）『大阪都構想が日本を破壊する』文春新書
・藤井聡（2015b）『インフラ論』PHP新書
・藤井聡（2015c）『〈凡庸〉という悪魔 ―21世紀の全体主義』晶文社
・藤井聡、松村暢彦、谷口綾子（2015）『モビリティをマネジメントする ―コミュニケーションによる交通戦略』学芸出版社
・Hume, D.（1754）*Idea of a perfect commonwealth*

第15章 大阪市における都市内自治

森裕之

1 大阪市における住民自治の問題

(1) 都市内自治と大阪市政

　大阪都構想には財政効果や一部事務組合の運営方法等いくつもの重大な問題があった。二重行政の解消によって経済成長が実現する等というのも、根拠を欠いたイメージ戦略にすぎないものであったと言ってよい。
　しかし、その中で唯一傾聴に値する指摘があった点がある。それは、大都市・大阪における住民自治の問題であった。大都市行政に対して市民の声をいかに反映させるかという課題は、世界の大都市が共通して抱えているものである。大阪市を廃止・解体する大阪都構想には反対であったとしても、大都市自治体を残しながら住民自治を発展させるという重要な課題が改めて突きつけられたのは間違いない。ここで、「改めて」と断っているのは、この課題が橋下市政以前から取り組まれてきたものだったからである。
　一般に、地方自治には団体自治と住民自治の二つの側面があると整理されている。これは「分権」と「住民参加」という概念で言い換えることができる。この二つが相まって地方自治が十全なかたちで発現するとされるが、その厳密な意味は「住民参加の上に成り立つ分権」であると規定できるであろう（宮本、1986、pp.33-34）。大都市自治において多用される「都市内分権」という言葉は行政区等に対する権限・財源の移譲という団体自治の側面を強調している。しかし、住民参加なき都市内分権は、容易に首長独裁や翼賛議会に堕してしまう危険性をはらんでいる。本章では、住民参加を基礎にもつ都市内分権を「都市内自治」という概念で捉える。この都市内自治の視点か

ら、近年の大阪市政の取り組みを概観しておこう。

　大阪市政において都市内自治を重要な政策課題として位置づけたのは平松市政（2007年12月19日〜2011年12月18日）の時代からである。平松市長の下でまとめられた市政改革基本方針『なにわルネッサンス2011』では「地域から市政を変える」ために、①「地域活動協議会」の自主的な形成に向けた支援、②地域を支援する区役所づくり、という二つの改革が進められようとした。地域活動協議会はおおむね小学校区（校区等地域）を単位として、地域振興会・地域社会福祉協議会・地元企業・NPO・地域住民等が地域の抱える課題について横断的に意見交換・合意形成を行う場として想定された。区役所には、それまで本庁各局に委ねていた地域課題の解決を主体的に実施するために地域担当職員の配置等を行い、各局は区役所の取り組みを支援する行政のあり方へ再構築するとされた。区役所の中には地域活動協議会代表や公募委員等からなる「区政会議」を設置し、区民の意見を区政に反映すると同時に、区政に対する評価や意見提出を行うものとして制度設計された。

(2)『市政改革プラン』と都市内自治

　橋下市政の下では、平松市政の時に掲げられた地域活動協議会や区政会議が実際に展開されていった。つまり、橋下市政は平松市政時代の政策のうち、都市内自治に関しては継承していったのである。

　橋下市政時代の大阪市の基本的な改革方針は、2012年7月に策定された『市政改革プラン』に盛り込まれている。都市内自治に関する方向性も『市政改革プラン』の中で明確にされており、それが大阪都構想における住民自治の理念へと引き継がれている。では、それはどのような内容をもつものであったのか。

　『市政改革プラン』では、平松市政時代の『なにわルネッサンス2011』の改革方向を肯定しつつ、それが「現行の都道府県・政令指定都市制度の枠組みを前提としたもの」であり、かつ「広域行政と基礎自治行政の区分が不明確な状態での改革」となっていたために、効果が小さいものであったとする（大阪市、2012, p.1）。これに続いて、『市政改革プラン』は「広域行政については、広域自治体が一つの成長戦略の下で実施し、基礎自治行政について

は、住民に身近な基礎自治体が地域の特性や課題、住民ニーズを的確にとらえながら、きめ細かく実施していくことが必要」[*1]であるとして、ここから大阪にふさわしい大都市制度＝大阪都構想の実現に向けた取り組みが求められるとしている。しかし、これを読んでも、大阪市において都市内自治が展開できない論理的な根拠は不明である。その理由は、『市政改革プラン』があくまで大阪都構想（＝大阪市の廃止・解体）までの繋ぎでしかなく、いかなる制度改革を行ったとしても、大阪都構想以外には大阪市域での都市内自治の充実はできないと理屈づける必要があったからである。

　さらに『市政改革プラン』は大阪都構想の実現を見据えたうえで、現在の大阪市において「ニア・イズ・ベター」（補完性・近接性の原理）を追求した住民自治の実現をめざすとした。それに合わせて区政運営についても、「局の視点ではなく各区・各地域の視点でそれぞれの実情に即して進めることを基本原則」として、区長に区内の施策や事業についての決定権を与え、局は区長の指示の下に動く補助組織として位置づけられた（大阪市、2012、pp.1-3）。区長に関しては公募区長を導入することが掲げられ、歳出予算についても局主体の編成から区長主体の編成に変更することで、区長権限を強化するとした。さらに、大阪都構想への移行へ向けて、24の行政区を8～9の単位にブロック化した区行政運営を進めるとした。この8～9という行政区の数は、大阪維新の会が当初の大阪都構想において設置するとしていた特別区の数と同じである。また当然であるが、このような都市内自治の改革は大阪都構想が実現するまでの期間に限られると定められた。地域活動協議会については、『なにわルネッサンス2011』をベースにしながら、公金の使途の透明性の確保を前提とした財政的支援や法人格取得支援を実施するとした。

　『市政改革プラン』における都市内自治の考え方は、平松市政時代のものを敷衍しながら、橋下・維新の会の政策である大阪都構想に引きつけるものであった。一つには、現状の大阪市のままでは都市内自治の機能が発揮できないという議論にそれがあらわれている。これは、政治的思惑が強く反映した都市内自治否定論でしかない。もう一つは、特別区設置を想定して、行政区の自治権を高めようとしたことである。それは公募区長や行政区のブロック化への言及にあらわれている。

2　大阪都構想における住民自治の考え方

　橋下市政の下でも都市内自治に対する取り組みが進められたが、特に改革が行われたのは区長のあり方についてであった。一つには、それまでの通常の任命に基づいた区長を廃止し、市役所内外からの公募を通じて市長が区長を選任する公募区長制度を導入したことである。もう一つは、各行政区において本庁各局を指揮監督する新たな職として区シティ・マネージャーを創設し、公募区長にその役割を与えたことである。これにより、区長は本来の職務である本庁からの分掌事務の執行に加え、行政区域内に関する施策や事業の実質的な責任者として位置づけるとされた。このようにして、大阪市の行政区長には強い権限が与えられることになった。

　周知のように、大阪市の公募区長はさまざまな問題を引き起こした[*2]。ところが、橋下市長は公募区長制度を「大成功だ」と自賛しつつ、さらにその欠陥を克服するために大阪都構想（＝特別区の設置）が必要であるとした。それによって実現する公選区長には、①区長自ら住民ニーズの把握、②公選区長が住民の声をダイレクトに施策反映、③住民に身近な行政の実現、④住民サービスの総合的な提供、という四つのメリットがあるとされた（大阪府・大阪市特別区設置協議会、2013）。これらには大きく二つの問題がある。

　第一に、区長（首長）公選こそが、住民本位の行政サービスを実現するための最大のポイントとされている点である。これは、住民自治に関する一面的・曲解的な解釈に基づいたものである。首長公選は住民自治の一部分にすぎず、さまざまな住民が暮らす地域では互いの個人的バイアスを補い合うための社会的な制度が不可欠である。具体的には、議会、行政、住民参加等さまざまなチャンネルが相まって、自治体の施策が形成されていかなければならない。それを公選区長へ一元的に帰着させる発想は、熟議を旨とする住民自治の軽視に他ならない。ここに、多数決こそが民主主義であるとする彼らの特異な住民自治感が端的にあらわれている（森、2015、p.41）。それでも区長公選制が重要であると判断するのであれば、住民（区民）の投票結果をもとに、市長がその結果を参考に区長を任命する準公選制を取り入れればよい。

第二に、身近で総合的な行政サービスの実現は、政令指定都市の内部の改革でも十分に可能であることである。既にみたように、区シティ・マネージャーのような権限強化を橋下市政自らが実践することで、区役所による住民サービスの充実を図る制度をつくりだしている。さらに、2014年5月の地方自治法改正によって総合区および総合区長の設置が認められ、これによって総合区長は副市長と同じ特別職として法律上の位置づけが与えられた。これは、大阪市が区シティ・マネージャーで進めた本庁各局の指揮監督権限が総合区長に与えられることが法的に規定されたことを示している。しかも、総合区長は市長が議会の同意を得て選任することになるため、議会を通じた間接的な民主的統制も働くことになる。

　以上の点からすれば、住民自治を推し進めるために、あえて大阪市を分割して特別区を設置する必要性は事実上存在しない。にも関わらず、住民自治の充実にとって特別区設置が不可欠であると連呼することは、大阪都構想という改革を自己目的化した政治的言説にすぎない。それは、自治体としての大都市を維持しながら、実質的な権限や財源を区に付与する都市内自治というオルタナティブについてはまったく顧慮していないことを意味する。

　住民自治の担い手として位置づけられる地域活動協議会についてはどうか。地域活動協議会は地域団体や地元企業・NPO等から構成される連合組織として、地域住民を対象とした事業について一括補助金を受け取り、その配分は地域活動協議会が柔軟に決定する。しかし、その中心は各団体の財政的自立におかれ、2014年度からは活動経費に対する補助率が50％に減額されることになった。一方で、市は法人格の取得を通じて地域活動協議会がコミュニティビジネス等によって自主財源を獲得することを求めた。区役所の地域担当課も地域活動協議会の直接支援からは手を引いた。区政会議についても、予算が拡充された区の独自の事業に対してコメントを述べるにとどまり、議題の設定も行政区が行う等、不十分な運用しか進められていない（柏原、2014、pp.2-4）。もともと公募区長に一元化した住民自治を捉える視点からは、このような下からの住民参加の取り組みが重視されないのは当然といえる。

　住民投票による大阪都構想の否決を受けて、大阪市では総合区をめぐる議論が進められている。それは、大阪市が都市内自治というオルタナティブを

模索しはじめたことをあらわしている。それが最終的にどのような制度設計がなされるのかは現時点では明らかではないが、以下ではこれまで大阪市で行われてきた総合区に関する議論をもとに検討を行っていきたい。

3 大阪市における総合区をめぐる議論

(1) 総合区制度の概要

　大阪都構想での議論が示していたように、政令指定都市における行政区は一般に住民自治の点から制約があるのは間違いない。この行政区に代わって、大都市自治体の中により権限の強い内部団体を設けようとするのが総合区制度である。総合区は必置ではないため、行政区に替えてこれを設けるかどうかは各政令指定都市の判断による。

　総合区には、事務局の長として総合区長が置かれる。既に述べたように、総合区長は行政区長とは異なり特別職として扱われる。特別職とは副市長と同等の位置づけであり、組織的にみれば総合区長の下に各部局が置かれる。まさに、大阪市が区シティ・マネージャーで目指した制度が法的に保障されることになっている。

　総合区長は市長が議会の同意を得て選任するため、各区長の適格性は議会での審議を通過しなければならない。もし議会が総合区長を都市内自治の充実のための要のポストとして認識するのであれば、議会は矜持をもって各区長に対する十分な審査を実施しなければならないであろう。これは、住民が直接選ぶ公選区長の代わりに、「民意」を体現する議会がそれを代替したものとみることができる。

　総合区長の役割については、①区民の意見を反映させて総合区の区域のまちづくりを推進する事務、②区民相互間の交流を促進する事務、③社会福祉および保健衛生のうち区民に直接提供される事務、④その他条例で定めるもの、と規定され、所管する総合区に関することはほぼ全般的に実施できる。さらに、歳入歳出予算のうち総合区長に係る部分については市長に意見を発することができるとされ、区長の財政自治権についても規定されている。

(2)大阪市における総合区論議

　このように、総合区は行政組織の観点からの団体自治強化という面を多分に持つが、その制度的意図は住民自治の活性化におかれている。総務省も総合区の目的を「区の役割を拡充し、住民自治を強化しようとするものであること」としている。つまり、総合区は「分権」と「住民参加」をあわせもつ都市内自治のための制度であり、単なる「上からの統治」のための手段と捉えられるべきものではない。

　ところが、この点については大阪市の政治において十分に理解されていない。例えば、橋下市長は「総合区は現行の行政区の合区を前提とする」「今の24行政区の規模では権限を移譲されても、(人員や組織が足らず)対応できない。合区しなければ総合区は無理」等と述べているが、この発言は明らかに上からの統治目線によって総合区をとらえている。つまり、橋下市長は総合区を住民自治を充実させる制度として位置づけていない。この点は、彼らが大阪都構想の中で強調していた「住民自治」とは矛盾しない。なぜなら、彼らの言う「住民自治」とは公選区長によって体現されるものであって、住民参加を通じて実体化される本来の住民自治を意味しないからである。

　本来の住民自治の視点に立てば、総合区を実施する際に合区するかどうかの判断は区民の意志によって決められるべきであろう。例えば、現在の区の規模では小さかったり、区同士の共同によって行う事業が多いことが判明した段階で、合区という選択肢が住民と行政の間で検討されるべきである。

　自民党は、合区せずに行政区の一部を総合区化するという案を提示している。これは、現在の行政区を総合区にすることで機能するかどうかを見極めていくうえで、段階を追って制度を全体に拡げていこうという考え方であろう。しかし、一斉に総合区を導入して、各区でできることを展開する方が、総合区同士の競争心を刺激するという観点からは望ましいとも考えられる。

　都市内自治は都市内分権と住民参加をセットで促進していくべきものであり、これはいわば原理原則であると言ってもよい。大都市の都市内自治の充実をはかろうとする総合区制度も同じであり、住民がそれを主体的に活用できなければ十分な機能を発揮しない。制度を導入すればただちに住民自治の活性化が進むようなものでななく、大都市の中でそのような地域を粘り強く

育てていく取り組みは不可避である。そのような状況において、総合区を支える行政スタッフの力は決定的に重要である。大阪市には優秀な職員が数多く存在しており、彼らが総合区に手厚く配置され、その担い手として機能すれば、大阪市の行政機構は大きく転換するであろう。

　付言しておけば、大都市の都市内自治の充実を目指すために、総合区という制度が必須であるとまではいえない。地方自治法において規定されている地域自治区制度等を使っても、同様の都市内自治の運営は可能になる。しかし、区長が特別職として位置づけられる総合区の方が、都市内分権という点で強い行政権限をもっている。区長がその権限を活用し、住民の意思を区政に取り入れる政策を展開できれば、住民の区政への参加意欲は高まる。

　橋下市政の下では区政会議が運営されてきた。しかし、区政会議の権限は限られており、市役所の本庁との関係は非常に希薄である。区政会議の改善を通じた都市内自治の活性化は不可能とはいえないが、制度的に権限を強化した総合区の方が市民参加を促しやすいのではないか。

4　都市内自治の先進事例

(1) 長野県飯田市の都市内自治

　都市内自治の事例は国内外にいくつも存在している。特にわが国では、「平成の市町村合併」に際して都市・地域内分権の議論が活発に展開された。それは、合併によって自治体としての資格を失う市町村が、住民参加を基礎とした団体自治を維持するために取り組まれたものである。政府もそのような動きを支えつつ、市町村合併をスムーズに遂行させるために、合併特例法や地方自治法の改正を通じて地域自治区の制度を整備し、その中には住民自治を担うための地域協議会が設置されることになった。

　このような都市内自治の仕組みを早い段階から独自に取り入れて運用してきた都市として長野県飯田市がある。飯田市は現在約 10 万人の南信州の中心都市であり、昭和の時代から周辺町村との合併を繰り返し、平成になってからも二つの町村を吸収合併した。飯田市では、これまで合併で消失した旧町村の役場を残して自治振興センターとして活用し、現在 15 のセンターが

運用されている。平成に入ってからは、自治振興センター内に地域自治区が設置され、その中に地域協議会とまちづくり委員会が置かれている。前者は地方自治法に基づくフォーマルな組織であり、市長からの諮問事項について審議のうえ意見を出すものである。後者は、自治会や社会福祉協議会、青少年育成団体等の地域内にある諸団体によって構成され、広くまちづくりに関して自由な議論を行う。まちづくり委員会の議論の内容は地域協議会にも提案されることによって、両者の連携がはかられる仕組みをとっている。

飯田市の地域自治区の取り組みは当然ながら区によって活動の内容や水準に濃淡がある。しかし、区同士が互いに競い合うように地域の活性化に取り組むことで、市全体としての活力が生み出されている面が強い。

さらに付け加えておかなければならないのは、このような都市内自治の仕組みが公的な制度によってのみ育成されてきたのではない点である。そこには、飯田市が長年取り組んできた公民館活動（社会教育活動）がベースに存在している。現在の飯田市には市公民館の他に、20地区公民館および103分館がある。これらの公民館は飯田市における住民自治の醸成過程を担ってきたものであり、その運営を通じて住民と行政との間の連携関係がつくりだされてきた。制度を変えたことによって一朝一夕に都市内自治が生み出されたのではない。これは、住民自治を考えるうえでの重要な教訓である。

それでは、この都市内自治によってどのような成果が生み出されているのか。飯田市の地区には高齢化・人口減少が著しく進んだところもある。そのような地区では、地域を守るために次のような実践が進められている。まず、子供の減少によって廃園の危機に瀕した公立保育園に直面した地区では、自ら社会福祉法人を立ち上げて保育園を運営している。また、市役所が縦割り的に異なる部署で管理していた森林公園施設を総合的に管理するために、地区自らが指定管理者となって公園を管理している。廃止が決まった公立小学校を地区の活性化推進協議会が指定管理を受けて管理運営し、観光施設・体験施設として再生させている事例もある。この施設は年間利用者が4000人あり、地区の拠点となっている。さらには、自治振興センター、地区公民館、JA支所を集約した施設整備の実施をした地区もある。こうした個別の事例は他の自治体でも見られるが、市域全体に広がる取り組みはそう多くはない。

このような飯田市の都市内自治の伝統は、いま全国の自治体の中で最重要課題となっている公共施設の統廃合問題にも活かされている。飯田市は2015年3月に「公共施設マネジメント基本方針」をとりまとめた。そこでは、いまほとんどの自治体で進められているような公共施設の統廃合を目的とはせず、地域にある公共施設を地区でどうするのかという検討そのものを第一義的な目的としている。地域の公共施設を検討する組織として地区ごとに「地域別検討会議」を設置し、住民が主体的に各公共施設の利用方途（継続、長寿命化、廃止、集約、多機能化、民営化等）を検討するという試みである。
　大阪市においても、公共施設の再編統合は重要な政策課題となっている。大阪市の公共施設は24の行政区ごとに整備されてきた。それらの将来活用の方策については行政が公共施設の統廃合計画をつくって「上からのマネジメント」を推し進めるやり方が一般的であり、橋下市政や大阪都構想も同じ行政手法であると言ってよい。しかし、飯田市の取り組みは住民参加に根ざした都市内分権の営為であり、「下からの都市内自治」にほかならない。本来的な都市内分権にはこのような行政と住民による協働が不可欠だ。
　大阪市の総合区に求められている都市内分権のモデルの一つがここにある。

(2) ニューヨーク市のコミュニティ委員会

　もう一つの事例として、ニューヨーク市のコミュニティ委員会について取り上げてみたい[*3]。これは、ニューヨーク市内に59のコミュニティ地区を設け、その中にコミュニティ委員会を設置することで、都市内自治を運用しているものである。現在の1地区当たり人口は、5～10万人が11地区、10～15万人が22地区、15～20万人が22地区、20～25万人が4地区であり、大阪市の行政区の人口規模とほぼ同程度である。
　コミュニティ委員会のメンバーは、そのコミュニティ地区に住んでいる居住者または就業者で、区長が任命する。上限は50人で、そのうち少なくとも半数がその地区選出の市会議員からの推薦による。さらに、市の職員も委員になれるが、その数は全体の四分の一を超えてはならない。コミュニティ委員会の委員長は委員の中から選ばれる。委員は無給であり、任期は2年である。ただし、委員は再任可能であり、長らく委員を続けている市民もいる。

コミュニティ委員会には、大きく分けて①土地利用計画の審査、②行政サービスの監視、③予算優先順位の策定、という三つの勧告権限がある。
　土地利用計画の審査とは、各コミュニティ地区で土地利用の変更や開発計画がある場合に、ニューヨーク市はコミュニティ委員会にその計画書を出さなければならないというものである。コミュニティ委員会はその内容を審査し、その結果を市や開発申請者へその結果を提出する。コミュニティ委員会に開発許可を行う決定権はないが、結果的にはコミュニティ委員会の意見が全体の8割から9割採択されている。つまり、コミュニティ委員会にはこのような身近な街のアセスメントに対する実質的な権限が与えられている。
　行政サービスの監視とは、ニューヨーク市がそのコミュニティ地区で行っている事業の報告を行い、コミュニティ委員会によってチェックをうけるというものである。その際に必要があれば、市の各部局との間で当該行政サービスについての調整が行われ、いわばオンブズマン機能に相当する。
　予算優先順位の策定はコミュニティ委員会の最大の特徴である財政自治に関するものである。コミュニティ委員会はニューヨーク市の予算編成過程に組み込まれており、各コミュニティ地区に係るすべての行政事項に関する予算要求をニューヨーク市に対して行う。その内容に対しては、ニューヨーク市の行政管理予算局をはじめとした各部局が責任をもって対応しなければならない。そして、コミュニティ委員会は最終的な意見を市長や市議会に提出する。市長と市議会はそれにしたがって予算案の修正を行い、市長が最終的な執行予算を編成し、それを市議会で審議・決定していくことになる。
　コミュニティ委員会から出されてきた予算要求は、平均では市の予算全体の30％程度に上っている。これだけの巨額に上るのは、コミュニティ地区に係るあらゆる分野の住民サービスが含まれているためである。それは、日本の自治体でもみられるような区長に一定の裁量的予算を配分する「財政自治」ではなく、より包括的な財政権限であると評価できる。

5　粘り強い取り組みを

　大都市自治体における都市内自治の充実は、大都市における公共性の回復

という点で喫緊の課題である。それは国内外の大都市が抱えている共通したテーマとなっている。何も大阪市だけが抱えている特殊な問題ではない。

　先進的な事例でも明らかなように、都市内自治を支える住民自治や公民協働の社会的環境は制度を変えれば即時的に生まれるようなものではない。住民自治とは住民自らが学習を積み重ねていく過程であり、その蓄積が都市そのものの性格となっていく。将来の都市の姿を思い描きながら、それに必要な住民と行政の関わり方を社会の風土として生み出していく粘り強い営為が欠かせない。単純な是非を喧伝する言葉は政治において多用されるが、共同社会とはもっと時間をかけた発展によって支えられるものであり、そのようなメカニズムをきちっと組み込む制度を取り入れ運用することが、本来の政治の責任である。その第一歩として、例えば、「都市内分権と住民参加の基本条例」のような提案を行い、その実現のための制度設計と運用を進めていくことが重要ではないだろうか。その中で、総合区制度が活用されるのであれば、それは大阪市を都市内自治を基軸に再生させる手段になるといえよう。

注
＊1　ここでいう広域自治体とは大阪府のことを指している。大阪市（2012）p.37。
＊2　2012年に公募区長として外部から18人、市職員から6人が採用された。このうち、外部からの公募区長によって、虚偽経歴や年金記録の改ざん、女性職員へのセクハラ行為、入札参加業者との不適切な接触、ツイッターでの不適切な発言等の問題が引き起こされ、多くの区長が処分や注意を受ける事態を招いた。ちなみに、公募校長でもセクハラ、万引き、PTA会費の持ち帰り、独善的な学校運営等、多様な問題が噴出した。民間公募においては、自分の仕事に誇りや情熱をもって取り組んでいる人材が職をなげうってまで応募する確率が高いとは考えられず、そこには大きなリスクが存在することが明らかになったと言ってよい。
＊3　以下の内容は、横田（2013）に大きく依拠している。

【参考文献】
・大阪市（2011）『なにわルネッサンス2011』
・大阪市（2012）『市政改革プラン』
・大阪府・大阪市特別区設置協議会（2013）『大阪における大都市制度の制度設計（パッケージ案）』
・柏原誠（2014）「橋下・大阪市政のコミュニティ改革と住民自治」大阪自治体問題研究所編『おおさかの住民と自治』2014年5月号、pp.2-4
・宮本憲一（1986）『地方自治の歴史と展望』自治体研究社
・森裕之（2015）「特別区設置協定書」の論理と内実」冨田宏治ほか編『大阪市解体　それで良いのですか？―大阪都構想　批判と対案』自治体研究社、pp.39-57
・横田茂（2013）「都市内分権とコミュニティ」日本地方自治学会編『参加・分権とガバナンス』敬文堂、pp.67-96

第 16 章

脱東京の都市政策に向けて
大阪の魅力と展望

村上 弘

　かつてヒトラーは、第一次世界大戦敗北後のドイツ民族の惨めな境遇を指摘し、ドイツ人の「敵」つまりいくつかの近隣諸国、社会主義、国内の特定民族を打倒すれば栄光を回復できる、という夢を宣伝した。この戦略は、受け身で考えない人々を引き付け、また批判者を抑圧するために効果的だった。
　橋下市長は、実力行使をしない（その権限を持たない）のは大きな違いだが、大阪の地位低下を指摘し、輝かしい復権のために、人々の「敵」である大阪市（とその議会、労組）を廃絶する革命的な「大阪都」構想を提案した。
　既に論じたように（5章参照）、この構想はむしろ総体としての大阪のパワーを下げる。しかし、大阪の地位低下と、それへの対策の必要は事実なので、現状認識、目標レベル、政策の可能性について、この章で考えてみたい。

1　統計で見る大阪の地位と、地位低下の原因

　大阪の人口とGDP（県民所得）（内閣府、2015）の対全国シェアは安定しているが、東京や愛知等が成長している分、大阪の相対的な地位は下がっている。

(1) 人口および諸機能

　表16・1によれば、京都と神戸を含む「京阪神大都市圏」の人口は約1600万で、これは実は、先進工業国では東京、ニューヨーク、ソウル各大都市圏に続く第4位、発展途上国を含む世界で6位というランクを意味している。大阪府の人口だけで、ロンドン、パリの各大都市圏（約800～1000万）に匹

表 16・1　世界の大都市圏の人口ランキング（2007 年発表）

順位	都市	国	人口[万人]	順位	都市	国	人口[万人]
1	東京／横浜	日本(1)	3320	46	天津	中国	475.5
2	ニューヨーク	アメリカ(1)	1780	47	クアラルンプール	マレーシア	440
3	サンパウロ	ブラジル	1770	48	トロント	カナダ	436.7
4	ソウル／仁川	韓国(1)	1750	49	ミラノ	イタリア(1)	425
5	メキシコシティ	メキシコ(1)	1740	50	瀋陽	中国	420
6	大阪／神戸／京都	日本(2)	1642.5	51	ダラス／フォートワース	アメリカ(6)	414.6
7	マニラ	フィリピン	1475	52	ボストン	アメリカ(7)	403.2
8	ムンバイ	インド	1435	53	ベロオリゾンテ	ブラジル	400
9	デリー	インド	1430	54	ハルツーム	スーダン	400
10	ジャカルタ	インドネシア	1425	55	リヤド	サウジアラビア	400
11	ラゴス	ナイジェリア	1340	56	シンガポール	シンガポール	400
12	コルカタ	インド	1270	57	ワシントン	アメリカ(8)	393.4
13	カイロ	エジプト	1220	58	デトロイト	アメリカ(9)	390.3
14	ロサンゼルス	アメリカ(2)	1178.9	59	バルセロナ	スペイン(2)	390
15	ブエノスアイレス	アルゼンチン	1120	60	ヒューストン	アメリカ(10)	382.3
16	リオデジャネイロ	ブラジル	1080	61	アテネ	ギリシャ	368.5
17	モスクワ	ロシア	1050	62	ベルリン	ドイツ(2)	367.5
18	上海	中国	1000	63	シドニー	オーストラリア	350.2
19	カラチ	パキスタン	980	64	アトランタ	アメリカ(11)	350
20	パリ	フランス(1)	964.5	65	グアダラハラ	メキシコ(2)	350
21	イスタンブール	トルコ	900	66	サンフランシスコ／オークランド	アメリカ(12)	322.9
22	名古屋	日本(3)	900	67	モントリオール	カナダ	321.6
23	北京	中国	861.4	68	モンテレイ	メキシコ	320
24	シカゴ	アメリカ(3)	830.8	69	メルボルン	オーストラリア	316.2
25	ロンドン	イギリス(1)	827.8	70	アンカラ	トルコ	310
26	深圳	中国	800	71	レシフェ	ブラジル	302.5
27	エッセン／デュッセルドルフ	ドイツ(1)	735	72	フェニックス／メサ	アメリカ(13)	290.7
28	テヘラン	イラン	725	73	ダーバン	南アフリカ	290
29	ボゴタ	コロンビア	700	74	ポルト・アレグレ	ブラジル	280
30	リマ	ペルー	700	75	大連	中国	275
31	バンコク	タイ	650	76	ジッダ	サウジアラビア	271.2
32	ヨハネスブルグ／イーストランド	南アフリカ	600	77	シアトル	アメリカ(14)	271.2
33	チェンナイ	インド	595	78	ケープタウン	南アフリカ	270
34	台北	台湾	570	79	サンディエゴ	アメリカ(15)	267.4
35	バグダード	イラク	550	80	フォルタレザ	ブラジル	265
36	サンティアゴ	チリ	542.5	81	クリチバ	ブラジル	250
37	バンガロール	インド	540	82	ローマ	イタリア(2)	250
38	ハイデラバード	インド	530	83	ナポリ	イタリア(3)	240
39	サンクトペテルブルク	ロシア	530	84	ミネアポリス／セントポール	アメリカ(16)	238.9
40	フィラデルフィア	アメリカ(4)	514.9	85	テルアビブ	イスラエル	230
41	ラホール	パキスタン	510	86	バーミンガム	イギリス(2)	228.4
42	キンシャサ	コンゴ	500	87	フランクフルト	ドイツ(3)	226
43	マイアミ	アメリカ(5)	491.9	88	リスボン	ポルトガル	225
44	ホーチミン	ベトナム	490	89	マンチェスター	イギリス(3)	224.5
45	マドリード	スペイン(1)	490	90	サンフアン	プエルトリコ	221.7

注：フランスの第 2 位のマルセイユは 150 万人、韓国の第 2 位の釜山は、表で漏れているが 400 万人程度。

（出典：City Mayors、2007 をもとに作成）

敵する。

　さらに、この表で同じ国名に付けた(1)(2)(3)…の番号をたどると、日本では第2位の京阪神が第1位東京の半分ほどの人口を持つが、イギリス、フランス、韓国、メキシコ等では、第2位の都市圏は第1位に大差を付けられている。つまり、大阪は、首都（「経済首都」ニューヨークを含む）でない都市としては、健闘しているというべきだ*1。

　多くの住民は、大阪圏のさらなる人口増加を望まないだろう。都市爆発と呼ばれる巨大都市は、発展途上国で深刻な社会問題となっている。豊かな社会においてさえ、東京圏の信じられない、世界最大の人口量は、富裕層はともかく、一般の人々に通勤、住宅等における多くの深刻な不利益をもたらしている。

　しかし、東京での企業本社やメディアの一極集中と、突出したGDPデータが、特に大阪で不満をかきたてることは事実だ（もっとも、1人当たりGDPが大阪府と同程度の京都の人々は、東京よりも優っていて幸せと感じているようだが、これは量とは別の価値尺度を用いているからだ）。

　たしかに人口ではなく、総合的な都市の評価を行うと、大阪の世界における順位はかなり下がってしまう。例えば森財団による「都市総合力」のランキングによれば、東京はロンドン、ニューヨーク、パリに続く第4位、大阪（この調査では「京阪神」ではない）は26位とされる。26位という順位は、ブリュッセル、ミラノ、バルセロナ等の「有力都市」と近いので、筆者には妥当な気がするが、大阪の人は不満かもしれない。

　なお、アジアでは東京、シンガポール、ソウル、香港、北京、上海に続いて、大阪は7位である。分野別の得点で大阪の世界ランキングを見ると、「経済」22位、「研究開発」11位、「文化・交流」30位、「居住」12位、「環境」30位、「交通・アクセス」29位とされていることは、参考になる（森記念財団、2014）*2。

(2) 経済活動とGDP

　2011年の人口1人当たりGDP（県民所得）を見ると、東京が約440万円と突出する。ただし物価や所得分布の状況を、考慮に入れて評価するべきだ。

そのあとに神奈川、静岡、愛知、滋賀、大阪等の工業化した府県が300万円前後で続き、さらに（人口減の場合も多い）農村型の県が200〜280万円と、大きく三つの階層を成して分布する（内閣府、2015／矢野恒太記念会、2014）。

　大阪にとって深刻なのは、この数値が伸び悩み、下がることもあることだ。

　ここで、GDPを分解した「経済活動別県内総生産」のデータが重要で、経年変化を比較すると、いろいろな問いに答えが出せそうだ。例えば、東京の特別に高い1人当たりGDPは、情報通信、金融保険、サービス業等の突出に基づくことが分かる。愛知県の強さは、製造業からの大きな所得に依拠する（内閣府、2015／矢野恒太記念会、2014、pp.262-263）。大阪の県民所得は、愛知等よりやや低く神奈川、京都と同程度だが、これがどの経済活動の縮小によるのか、早くから経済成長・工業化したゆえの人口規模の大きさによるのか、そして大阪経済を支える産業とは何か、等の問いに、客観的な認識を持てるような統計分析が望まれる。

(3) 企業本社の立地動向

　企業本社が首都等に集中する傾向は、表16・2のように、多くの先進国で見られる（ただしカナダやドイツでは、いくつかの都市に分散する）。表でイギリス、フランス、アメリカと比べた場合、日本では第2位の大阪市も健闘しているのだが、東京への集中がとりわけ激しく、結果として大阪との格差が開いているわけだ。つまり、本社が流出する大阪側の責任と、東京の異常な吸引力の背景にある日本的とも言えそうな原因との、両方を認識しなければならない。

　それでは、この経済・人口の一極集中化は、どんなメカニズムで説明されるのだろうか[*3]。

　第一に、グローバリゼーションの中で、国際的企業は、その支社や活動を、各国のもっとも中心的で便利な都市に設置するだろう。分かりやすく航空業で考えると、大阪と東京は等しく巨大で立派な空港を建設したにも関わらず、大陸間を飛ぶ航空会社は、東京（成田、羽田）にはるかに多くの便を設定している（しかし、関西空港はアジア都市との頻繁なフライトを持つ。またヨーロッパや北米へも数本の直通便が毎日飛んでいるが、これは、中規模国の

表16・2 主要国における企業本社の立地状況(2004年2月現在)

国	首位都市名[集中率]	次位都市名[集中率]	その他の主要都市[集中率]
日本	東京都区部[51.3%]	大阪市[9.8%]	横浜市[3.0%] 名古屋市[2.8%] 神戸市[1.7%]
イギリス	ロンドン[39.5%]	グラスゴー[2.1%]	リーズ[1.5%] マンチェスター[1.1%] バーミンガム[0.9%]
フランス	パリ[26.8%]	リヨン[2.0%]	トゥールーズ[1.2%] マルセイユ[0.9%] ボルドー[0.6%]
カナダ	ヴァンクーヴァー[22.6%]	トロント[19.4%]	カルガリー[15.6%] モントリオール[5.3%] エドモントン[1.8%]
イタリア	ミラノ[21.8%]	ローマ[13.3%]	ジェノバ[3.6%] ナポリ[0.6%] トリノ[0.6%]
ドイツ	ミュンヘン[8.2%]	ハンブルグ[8.1%]	フランクフルト[5.9%] ケルン[4.2%] デュッセルドルフ[3.8%]
アメリカ	ニューヨーク[6.4%]	シカゴ[2.6%]	ヒューストン[2.5%] ボストン[1.5%] ロサンゼルス[1.1%]

注:同様の傾向は、「Fortune Global 500」という毎年の調査報告をもとに、本社の立地都市をカウントしても分かる。カウントの結果の一部は、(内閣府、2014)で見れる。

(出典:大阪府立産業開発研究所、2004、p.8)

第二都市ではあまり見られない「厚遇」だ)。

　第二に、連邦制でない「単一国家」では、政府は首都に高度な諸施設を設立し、また政府の規制権限等を通じて、企業や他の社会活動を引き付ける。

　第三に、「規模の経済」「集積の利益」の原理。ひとたび巨大化した都市はマーケットの規模や専門技術者の充実等のメリットを持ち、ますます雪だるまのように諸活動や人口を引きつける(巨大都市のデメリットもあるが、これはまず住民と自治体が負担することになりがちだ)。

　ちなみに、大阪都の推進派は、大阪の衰退の責任を府と市の分立制度(つまり強い大阪市の存在)に負わせたが、その因果関係の証明は不十分で、現在ではなくバブル経済期の、市の大型公共投資の失敗やWTCビルと府のりんくうゲートタワービルの高さ競争・破たんを挙げるくらいだ。自治制度と

経済衰退の因果関係を証明した研究は、存在しないのではないか。ちょっと考えても、世界の都市は、広域自治体（州や県）と中心市が並立する「二重システム」を取る場合が多く（5章参照）、もしそれが都市の衰退を招く原因ならば、パリ、ミラノ、台北（そして日本の名古屋、横浜、福岡等）もすべて衰退するはずだ。

ここで、企業本社がなぜ東京に移転するかを尋ねる調査が、参考になるだろう。

例えば、少し前の大阪・兵庫・京都の企業に対する調査によれば、企業が本社機能を設置するに当たり大阪に求めたい条件として、「情報発信機能」46.9％、「税制面での優遇」44.6％、「大阪のイメージアップ」37.7％、「関連産業の集積」32.3％といった回答が多かった。オフィス・工場用地や大学研究機関への要望は、充足しているのか相対的に低かった（大阪府立産業開発研究所、2004、p.53）。このうち情報発信や産業集積について東京と互角の条件を用意するのは大変だが、改善可能な課題もあるだろう。また、はたして大阪市を廃止し府に統合すれば、大阪の情報発信機能は強まるのか。有力な大都市すら非難され消去されてしまう今回の大阪都構想と、それをめぐる単純化された宣伝や攻撃は、大阪の「政治的安定性」や「市の政策的合理性」に関して全国に良いイメージを与えただろうか。

さて、以上述べたような大阪の現状とその原因の研究は、現状を最大限に悲観し救済策として「これしかない」大構想を語る政治の対極にあるわけだが、それこそ、府と市の「二重行政」ではなく、共同の研究で一定の共通認識を得ていただきたい。

2　大阪が目指すべき都市のランクは？

(1) 東京との対等性という有害な幻想

大阪が東京と張り合い、同じような高度な事業や施設を（過剰投資にならない範囲で）推進することは有益だった。東京オリンピック（1964年）に対抗しての大阪万博、あるいは、成田に対する関西空港等のプロジェクトである。それなしには、もっと差が拡がっただろう。

けれども、もし人々が、大阪が東京に追いつかねばならず、また追いつくことができると信じるならば、それは有害でさえある。このイリュージョンに捉われるなら、人々は、大阪の現実を非現実的な目標と比較してあまりにも悲観的に感じ、そこから自暴自棄になると思考停止のまま、ギャンブルのごとき不合理な方法を選ぶことにもなりかねない。

　江戸時代、政治の中心である東京（江戸）に対して、大阪は「天下の台所」つまり商業の中心地と呼ばれた。しかし、実際にはその頃でも、東京（江戸）の人口は大阪（大坂）の約 2 倍あった（佐藤・高埜・鳥海編、2008、p.259 等）事実を知っておきたい。明治維新以降も、大阪は「東洋のマンチェスター」という工業都市（と環境汚染）、および「商都」の愛称を得てきたが、東京の人口規模をかなり下回っていた（矢野恒太記念会、2000、2 章）。近現代における二つの都市の差を実感するためには、山手線と大阪環状線のサイズを比べてみるとよい。

(2) 日本の第二都市としての魅力と条件はあるか？

　とはいえ、少なくとも、大阪は疑いなく関西（近畿地方）のセンターである。
　さらに時折、大阪は「西日本を代表する大都市」（例、JTB、2012、p.6）と呼ばれることもある。東京に次ぐ、日本の第二のセンターと言ってもよい。海外のガイドブックの"Guide Evasion Japon — Tokyo, Kyoto, Osaka et environs""Fodor's Japan"も、大阪を特色ある、特に訪問すべき都市として取り上げている。このような位置づけが実質的な根拠を持ち、リアリティがあるかは重要かつ興味深いテーマなので、少しだけ検討してみよう。
　東京を頂点にした政治機構と多くの企業組織のヒエラルキーが存在するのは事実で、そうした構造は大阪を、札幌から福岡までのブロック中心都市の一つに引き下げてしまうかもしれない。大阪を副首都に指定する提案は、中央府省の抵抗が予想され、また日本の他の地域から支持されるためには「国の機関の一定割合を地方に移す」という一般論に変換しなければならない。ドイツで国（連邦政府）の諸機関が分散配置されている状況や、EU 議会のストラスブールへの設置は羨ましいが。
　そうした限界はあるが、しかし他方、日本という細長い島国で、かつ高速

鉄道ネットワークが整備されれば、大阪は西日本の主要なセンターとなれる可能性がある。つまり、日本の「人口重心」は岐阜県にあるので、中部日本の主な都市と地域は、東京と大阪からの時間距離がほぼ等しく、西日本へは大阪が有利になるのだ。この地理的な中心性は、名古屋、福岡、札幌等には享受できない。日本各地への交通アクセスだけに限れば、企業本社や海外企業支社にとっての立地条件は、大阪と東京で大差ないだろう。しかも東アジアの諸都市との関係では、関西空港は東京と比べて、1時間短くアクセスできる強みを持っている。

さらに、関西地域は日本第二の人口規模、大学や先端産業のような高度機能、そして歴史を含めた観光や文化活動の資源を備えている。大阪の少なくとも都心部は、かつてのややマイナスのイメージから、近代都市らしい交通、建築物、景観、緑地等が整備されてきた。筆者は、ロンドンに少し似た中之島の風格や、なんばの都市デザイン等が好きなので、大阪を表わす「食い倒れ」「庶民的」「バイタリティ」「お笑い」等の決まり文句に食傷気味だったが、最近は、大阪の近現代都市としての魅力を理解し、案内する本が増えている[*4]。こうした都市景観、文化、自然環境、食事、住宅等の生活の質を考慮に入れれば、大阪・関西は東京に勝っている。ただそれだけで国内・海外の企業や人々が大阪・関西を選ぶとは、限らないのが辛いところだが。

以上述べたような客観的な立地条件、魅力、資源（参考、大阪国際経済振興センター、2015）のうえに、大阪・関西が学術研究、文化観光、および一定分野の経済・製造業において日本のトップレベルを保持し、発達させることは単なる夢ではない。

3 東京の模倣ではない、質を重視した成長戦略

大阪府と大阪市が分立する「二重システム」には得失がある。それは重複と非効率、衝突や意思決定の遅延を生み出しうる。しかしメリットとして、府は郊外、市は都心とインナーシティ（都心周辺のやや衰退しがちな地域）の整備を分担することができた。二つの「政策エンジン」を合計すれば、世界有数の巨大都市圏で、必要な施設やサービスを提供できるし、政策の多様

性や実験可能性も高まる。しかも、大阪は首都でなく国があまり面倒を見てくれないため、なおさら二つのエンジンの存在は頼りになる（5章参照）。

まず、大阪都構想が重視した大型プロジェクトについて考えよう。たしかに、東京をモデルとした国際空港、学研都市、高速道路、再開発等の建設は、大阪と関西が時代遅れになり地盤沈下することを防いできた。しかし、財政が厳しく、多くのプロジェクトが完成した現在、あまり残りのカードがない。橋下市長が熱心なカジノ建設は、外国人に日本文化を理解してもらい、大阪のイメージを引き上げ、企業を誘致する助けにはならない。国の諸機関は誘致しづらく、日本最大の人口と市場は東京に属している。

私たちは、大阪を含む日本の都市のために、東京を「量的に」追いかける（そして追いつけないので自虐的、攻撃的になる）のとは別のモデルが必要ではないだろうか。大阪人（または日本人）は今でもときどき、何か大きく、強いものが良い結果をもたらすと信じるようだが、少なくとも都市・地域開発に関しては、そのような規模や量だけを競う「一次元モデル」は、時代遅れだ。

都市の発展のためのバランスの取れた、合理的なモデルにおいては、三つの観点がたいせつだろう。

①必要以上に東京を模倣せず、地域のしばしばユニークな質（優れた資源）を高めていく。

②大型の政策も必要なことがあるが、中小の政策は、経費を節約し、利益と知恵を地域さらに外国の市民にもたらすゆえに有意義である（政策評価が不可欠）。

③そうした中小のプロジェクトは、一元化された強い大阪府ではなく、府、市、民間企業、そして市民の分担ないしは協力体制によって進めることが、より容易である。

このいわば「質的な」成長モデルを考えるうえで、行政学者・真渕勝教授の分析（真渕、2015）が役に立つ。そこでは、統計分析によって、日本の都市について二つの評価軸を設定している。「規模の風格」は、都市の人口や経済活動の規模とその派生物を指し、「心意気の風格」は、県庁の存在や、地方新聞、公立文化施設等に見られる地域のプライドを指す。なお、前者と比べ

表16・3　いくつかの都市の量的な強さと質的な強さ

【質】自然・景観・文化 ＼ 【量】規模・機能	人口 5〜40万人	40万人〜	100万人〜	300万人	1000万人
とくに強い	宇治 奈良 ヨーク コンスタンツ	フィレンツェ	京都 神戸 チューリヒ	ローマ	ロンドン
かなり強い	舞鶴 彦根	福井 倉敷	横浜 広島 ケルン デュッセルドルフ	大阪 シドニー サンフランシスコ	
ある程度	枚方 敦賀 尼崎	堺 姫路	北九州	名古屋	東京

注：タテ軸の評価は、筆者が現地での観察に文献情報を加えて作成。ヨコ軸の人口は都市圏の概数。

て後者は、経済原理に圧迫されやすい文化や、都市の自然・歴史遺産の保全活用等も含むので、自治体と市民の努力によって左右されるように思われる（例、神戸の六甲、須磨海岸、京都の鴨川、東山）。

　私も日本やヨーロッパ等の都市を歩き回って、同種のロジックを感じ取っていたので、表16・3を作ってみた。タテ軸は都市の質的な強さ・魅力、ヨコ軸は量的な強さ・魅力を示している。

　この表ではさらに、各都市の位置と経済、人口との相関を探らなければならない。印象としては、表の右方向だけでなく、上方向にある都市も魅力的で、有名で、にぎわっている。つまり、表のタテ軸の「質の探求」はそれ自体が価値あるだけでなく、経済的利益を結果として生じ、それは時には量（規模）の追求よりも効果がある。また、大型プロジェクトよりも、コストを抑え住民に近いことが多い。

　例えば、東京型の都市成長モデルに対抗して、京都市は歴史的町並みと自然景観を保全し、高層ビルを規制し（村上、2003、6章等）、市と府が各種ミュージアムや芸術大学を運営する。こうした努力が、国立の施設、市民、先端技術企業とともに、都市の魅力と経済を高めてきた。

　さて、大阪のための、いくつかの戦略的な政策に触れて、小論を終えたい

（もちろん、本書第 2 部で本格的に検討されている）。
- 魅力的で、意義のある都市開発プロジェクト。梅田北第 2 期開発は、当面は緑地化したあと、大阪に戦略的に重要な高度施設を、世界から愛され注目される建築デザインで整備してほしい。
- 市内と郊外の鉄道・高速道路のネットワークは整備されてきたし、さらなる地下鉄の相互乗り入れは、費用対効果がプラスなら府市が経費を分担すれば済む。ただ、特に関西空港への鉄道アクセスに改良が必要だ。JR の「関空快速」は 70 分もかかり、駅での案内も不十分で、国際都市として恥ずかしい。空港高速バスの増加を考慮すると、大阪都で実現するとされた地下鉄「なにわ筋線」のための莫大な投資は税金の浪費である。代わりに、府と市は、必要なら補助金も付けて、現在の「関空快速」を和歌山行きと分離し、停止駅を減らして高速化するよう強く JR に求めるべきだ。
- 都市景観、公園緑地、歩行者エリア、自由で多様な文化、ミュージアムや近代美術館等は、市民のプライド、知恵、国際理解を育て、観光客を引きつける。20 世紀の最後の時期、大阪は「都市格」のある文化的な都市を目指し、一定の成果を収めた。政治や地方自治を含むさまざまなテーマについて、自由に議論、批判できることも、世界都市の条件だ。
- 義務教育と高等教育。最近、教員採用試験の倍率が下がり優秀な教員が集まらなくなったという指摘も聞かれる。また、国立大学が東京 11 に対して大阪わずか 2 という格差を考慮するなら、府立大と市立大を併存させたままの高度化は、比較的安価で良質の教育サービスを提供し、住民にとってだけでなく、都市経済の不可欠な基礎としても有益だろう。
- 犯罪率や、大阪市内の居住環境のいっそうの改善が、都市の成長には必要。大阪市の市域はインナーシティを含む程度には広いので、それを放置せず強い市が整備するには足りるが、他の多くの指定都市より狭く郊外住宅地を含まない。「健全な」市民意識が安定した「中間層」に支えられるとすれば、これは大阪の政治に影響を与えるだろう。市内にも高級住宅地が少ない[5]が、増加している都心高層マンションはその代わりになるだろうか。
- 大阪の都市としての実態は整備されてきたのに、イメージが低くなっているという指摘もあり、情報発信の整備が求められる[6]。

注
* 1 これとは別に、国連の統計や、(Demographia World Urban Areas) という調査も参考になる。後者によれば、京阪神大都市圏は先進国でやはり第 4 位、世界全体では 14 位程度。
* 2 なお、この調査は対象を絞って精密に測定するため、各国の第 2 位都市は、あまり対象に含めていない。
* 3 (内閣府、2014) が、豊富なデータを含めて参考になる。教科書としては、(山田・徳岡編 2007) 等。
* 4 例えば、(木村、2010 ／石原、2013 ／京阪神エルマガジン社、2015)。ただし、今のところ地元・関西の出版社のものが多い。筆者の印象では、江戸城と違い隅々まで歩き回れる巨大な大阪城、神田川より雄大な中之島等「水都」の景観と遊歩道、超高層ビルの優れたデザイン、(ブリュッセル万博跡地に似て) 太陽の塔を時代精神の記念碑に残した万博記念公園等は、東京よりも感動的で「おもろい」。
* 5 (大阪府、2012 年頃) には、大阪、東京、神奈川の市町村区別の生活保護率の地図があり、大阪市内のほぼ全域での率の高さが分かる。
* 6 この点は、(日本経済研究センター、2012 頃) が詳しく考察する。

【参考文献】
・石原祥光 (2013)『大阪ビル景』光村推古書院
・大阪国際経済振興センター (2015)「Invest Osaka ―大阪市の総合企業誘致・立地支援サイト」ウェブサイト
　http://www.investosaka.jp/index.php
・大阪府 (2012 頃)「資料　生活保護」(正式題名不詳) ウェブサイト
　http://www.pref.osaka.lg.jp/attach/19163/00125774/09shiryo0208.pdf
・大阪府立産業開発研究所 (2004)「大阪における企業の本社機能 ―企業の本社機能に関するアンケート調査結果報告書」ウェブサイト
　http://www.pref.osaka.lg.jp/attach/1949/00051733/No.88.pdf
・木村衣有子 (2010)『大阪のぞき』京阪神エルマガジン社
・京阪神エルマガジン社 (2015)『歩いてめぐる大阪本』
・佐藤信・高埜利彦・鳥海靖編 (2008)『詳説日本史研究』山川出版社
・JTB (2012)『ココミル大阪』JTB パブリッシング
・内閣府 (2014)「地域の未来：集積の効果の発揮と個性を活かした地域づくり関係資料」同府ウェブサイト
　http://www5.cao.go.jp/keizai-shimon/kaigi/special/future/wg3/0305/shiryou_06.pdf
・内閣府 (2015)「県民経済計算 (2001 年度 ― 2012 年度)」特に「経済活動別県内総生産」同府ウェブサイト
　http://www.esri.cao.go.jp/jp/sna/data/data_list/kenmin/files/contents/main_h24.html
・日本経済研究センター (2012 頃)「沈む大阪、消える若者」ウェブサイト
　http://www.jcer.or.jp/report/econ100/pdf/econ100bangai20121data.pdf
・真渕勝 (2015)『風格の地方都市』慈学社出版
・村上弘 (2003)『日本の地方自治と都市政策ー ―ドイツ・スイスとの比較』法律文化社
・森記念財団 (2014)「世界の都市総合力ランキング 2014 概要版」ウェブサイト
　http://www.mori-m-foundation.or.jp/gpci/
・矢野恒太記念会 (2000)『数字でみる日本の 100 年』改訂第 4 版
・矢野恒太記念会 (2014)『データでみる県勢 2015 年版』
・山田浩之・徳岡一幸編 (2007)『地域経済学入門』新版、有斐閣
・City Mayors (2007) Largest cities in the world ranked by population, website
　http://www.citymayors.com/statistics/largest-cities-population-125.html
・Demographia World Urban Areas, website
　http://www.demographia.com/db-worldua.pdf

おわりに

　世界でも有数の「メガシティ」である大阪は、経済機能とともに、国際空港、超高層ビル街、庶民的な繁華街、大型の文化施設、堂々たる城跡公園、そして中之島等明治以来のモダン都市の景観を備える、魅力的な街です。
　ところが、大阪の状況と自己認識はやや不安定で、「商都」としての歴史もあり、東京に対抗する意識が強いのは良いですが、現代の東京には構造的に追いつけない。産業構造の転換による地位低下や、いったん巨大化したゆえの社会問題も多い。そこで「大阪都」に制度変更しようという構想がかなりの有権者を引き付けましたが、それで大阪市を廃止すると、かえって大阪の自治や政策力を弱めてしまう面もあることは本書で解説したとおりです。
　大阪の発展は、自治体、企業、市民による具体的な各種政策の推進によって、はじめて現実化するものです。それを進める、または妨げる大阪の政治は、知事・市長、議会、住民の意識（反知性主義や同調性を含む）を含めて、進んでいきます。そうした大都市の政策と政治は、時間軸に沿って、あるいは内外の他の大都市との比較においても研究する意味があるでしょう。
　この本では特に、大阪の実情と政策課題を考え、そして橋下市政（2011年〜）が「進めた政策は成果を生んだか、不正解か」「大阪の課題に対して有効な政策を打ったか」「政治的にはどのような戦術や構造が見られるのか」等を中心に、詳しく記録し検討することに努めました。

　維新の会を率いる橋下大阪市長の、簡単明瞭なアピールを、反対意見を制しつつ人々に訴える独特の政治スタイルは、「改革のリーダーシップ」「突破力」だと称賛されたり、あるいはファシズムをもじった「ハシズム」と批判され、「劇場政治」と揶揄されたりしてきました。この手法は実は、海外の少なからぬ国でも起こっている政治現象で、ポピュリズム（大衆扇動・迎合政治）とも呼ばれ研究されています。
　市民と大阪にとって気になるのは、そうした政治スタイルが、現代民主主義の必要条件とされる「多元主義」（少数意見の尊重等）、「説明責任」、「熟議」、「法治主義」（憲法・法律の遵守）等を守っているか、そして合理的で良い効

果をもたらす意思決定になっているかです。

　例えば、大阪都構想をめぐって、橋下氏と維新が、「大阪市の廃止」「大阪市の役割」等の説明責任をあまり果たさず、また構想のメリットしか訴えなかったのに対して、反対派は「大阪市廃止分割構想」という名称を編み出し、メリットが本当か、デメリットはないかを検証して、議論や合理的検討を可能にしました。それは一部の政治家やコメンテーターが言うような既得権益の擁護等ではなく、「思考停止の民主主義」を克服しようとする営みだというのが、反対派の見解だったのです。

　この本では、その他のさまざまな政策に関する豊富なケーススタディをもとに、大都市の地方自治と市民のあり方について、また橋下市長に象徴されるような日本の地方自治のパターンについて、考えることができるでしょう（もちろん政治家・橋下氏への正確な評価にも、役立ちます）。

　私の恩師が、「事実を明らかにすること自体が、現実への批判になることもある」という意味のことをおっしゃったことがあります（政治批判を研究の自己目的にしてはいけない、というアドバイスも含めてですが）。

　事実を客観的に観察・記録し、その因果関係や構造を探る「実証的」研究は、自然科学だけではなく、社会科学でもたいせつです。また20世紀以降の政治が、情報操作やプロパガンダ、ポピュリズム型扇動の技術を開発してきたなかでは、批判的な観点に立って初めて見えてくる事実も、少なくありません。もちろん現実の社会や政治に有用な情報発信をするよりも、研究の「完成度」を上げるべきだと考える学者もいます。逆に現実への批判（または肯定）的な意識が強すぎると、観察・認識が偏ることがありますが、注意して仕事をすれば実証的な研究は可能で、かえって研究のポイントが定まりやすいものです。

　巨大都市にはさまざまな側面があり、その全容は、さまざまな情報、調査、理論を組み合わせた、学際的な総合研究によって初めて解明できます。なお、橋下氏の政治等を批判すると、政治家、研究者、マスコミ記者、諸団体等は、激しい個人攻撃（ウェブ上での罵倒、所属機関への抗議書・抗議メール・電話等）を受けるという異例の状況が続いてきました。そうしたなかで、この

本を共同企画した藤井先生、森先生、そして多忙ななか調査し、論究し、原稿を提出してくださった多くの執筆者の方々に、心より感謝いたします。

　この本の各章では、執筆者によって論調は違いますが、学問的な考察を進めつつ、広く市民、政治家、マスコミ記者の方々に読んでいただけるような分かりやすい書き方を心がけました。もちろん各章では、根拠となる客観的な事実、データ、参考文献を示しています。読者の方々は、それをも手掛かりに、考察や研究を進めることもできます。

　この本が、大阪および日本の大都市の現状と将来について、いっそう思考と議論が進展するきっかけ、参考となれば、執筆者および編集者として、まことにありがたいことです。

　最後になりましたが、現実世界に鋭く迫ろうとする学術書を引き受けてくださった学芸出版社、および複雑でかつ遅れてはいけない製作の実務を進めてくださった同社の井口夏実様に、深くお礼申し上げます。

　　　　　　　　　　──Vera Lynn の唄 "We'll Meet Again" を聞きながら
　　　　　　　　　　　　　　編者の1人として　村上弘

略歴

【編著者】

藤井聡（ふじい・さとし）……………………………序、第 1 章、第 2 章、第 4 章、第 12 章、第 14 章
京都大学大学院工学研究科教授（都市社会工学）、京都大学レジリエンス研究ユニット長、ならびに第二次安倍内閣内閣官房参与（防災・減災ニューディール担当）。1968 年生まれ。京都大学卒業後、スウェーデンイエテボリ大学客員研究員、京都大学助教授、東京工業大学教授等を経て現職。専門は都市計画、国土計画、経済政策等の公共政策論および実践的人文社会科学研究。著書に『大衆社会の処方箋―実学としての社会哲学』（北樹出版社）、『巨大地震Ｘデー――南海トラフ地震、首都直下地震に打ち克つ 45 の国家プログラム』（光文社）、『大阪都構想が日本を破壊する』（文春新書）等多数。

村上弘（むらかみ・ひろし）……………………………………………………第 5 章、第 6 章、第 16 章
立命館大学法学部教授（行政学・政治学・地方自治論）。1954 年生まれ。京都大学大学院法学研究科修了、法学博士。コンスタンツ大学、ケルン大学で研究。著書に『日本の地方自治と都市政策―ドイツ、スイスとの比較』『日本政治ガイドブック―改革と民主主義を考える』（以上、法律文化社）、共編書に『京都市政―公共経営と政策研究』（法律文化社）、『よくわかる行政学』（ミネルヴァ書房）等。論文に「公共性について」「道州制と代替案」「強くない日本の市民社会」「民主党 ― 2012 年衆議院選挙と 2 大政党制」等。

森裕之（もり・ひろゆき）……………………………………………………………第 10 章、第 15 章
立命館大学政策科学部教授。1967 年生まれ。大阪市立大学卒業、同経営学研究科後期博士課程中退後、高知大学助手・専任講師、大阪教育大学専任講師・助教授、立命館大学助教授等を経て現職。専門は地方財政論、地方自治論、公共政策論。著書に『公共事業改革論―長野県モデルの検証』（有斐閣）等。

【著者】

小野田正利（おのだ・まさとし）…………………………………………………………………第 7 章
大阪大学大学院人間科学研究科教授（教育制度学）。1955 年生まれ。名古屋大学法学部卒業、同大学院教育学研究科博士課程単位取得退学、教育学博士。長崎大学教育学部助教授を経て現職。学校と保護者のトラブルと関係づくりの研究に没頭。毎年度の『教育小六法』（学陽書房）の編集委員。著書に『悲鳴をあげる学校』（旬報社）、『それでも親はモンスターじゃない』（学事出版）、『先生の叫び 学校の悲鳴』（エイデル研究所）等多数。

河田惠昭（かわた・よしあき）………………………………………………………………第 13 章
関西大学社会安全研究センター長・教授、阪神・淡路大震災記念 人と防災未来センター長、京都大学名誉教授。中央防災会議防災対策実行会議委員。1946 年生まれ。京都大学工学研究科博士課程修了。工学博士。京都大学教授、巨大災害研究センター長、防災研所長を経て現職。日本自然災害学会会長及び日本災害情報学会会長を歴任。国連 SASAKAWA 防災賞（本邦初受賞）、防災功労者内閣総理大臣表彰等受賞。著書に『津波災害―減災社会を築く』（岩波新書）、『（絵本）にげましょう―災害でいのちをなくさないために』（共同通信社）等多数。

北本修二（きたもと・しゅうじ）……………………………………………………………第 9 章
弁護士。大阪市労連弁護団事務局長。1948 年生まれ。京都大学法学部卒業。1976 年弁護士登録。大阪労働者弁護団事務局長、同代表幹事、連合大阪法曹団代表幹事等歴任。地方公務員に関する労働事件・行政事件に多数関与。

中山徹（なかやま・とおる）……………………………………………………………………第 8 章
奈良女子大学生活環境学部教授、大阪自治体問題研究所理事長。1959 年生まれ。京都大学大学院博士課程修了。工学博士。専門は都市計画学、自治体政策学。著書に『人口減少時代のまちづくり―21 世紀＝縮小型都市計画のすすめ』（自治体研究社）、『よくわかる子ども・子育て新システム』（かもがわ出版）、『地域社会と経済の再生―自治体の役割と課題』（新日本出版社）、『公共事業改革の基本方向』（新日本出版社）等。

本多哲夫（ほんだ・てつお） ………………………………………………………… 第11章
大阪市立大学商学部教授。1971年生まれ。大阪市立大学大学院経済学研究科後期博士課程単位取得退学。博士（商学）。大阪府立産業開発研究所研究員を経て、現職。専門は地域経営論、中小企業論。著書に『大都市自治体と中小企業政策』（同友館、単著）、『地域産業政策の実際』（同友館、共編著）、『中小企業・ベンチャー企業論［新版］』（有斐閣、共著）等。

薬師院仁志（やくしいん・ひとし） ………………………………………………………… 第3章
帝塚山学院大学教授（社会学）。1961年生まれ。京都大学大学院教育学研究科博士後期課程中退（教育社会学）。京都大学教育学部助手を経て現職。主な専攻分野は、社会学理論、現代社会論、民主主義研究。著書に『禁断の思考：社会学という非常識な世界』（八千代出版）、『民主主義という錯覚』（PHP研究所）、『社会主義の誤解を解く』『日本語の宿命』『日本とフランス 二つの民主主義』（以上、光文社新書）等。

大都市自治を問う

大阪・橋下市政の検証

2015年11月10日　初版第1刷発行
2015年11月30日　初版第2刷発行

編著者 ……… 藤井聡・村上弘・森裕之
著　者 ……… 小野田正利・河田惠昭・北本修二
　　　　　　　中山徹・本多哲夫・薬師院仁志
発行者 ……… 前田裕資
発行所 ……… 株式会社学芸出版社
　　　　　　　京都市下京区木津屋橋通西洞院東入
　　　　　　　電話 075-343-0811　〒600-8216
装　丁 ……… フジワキデザイン
印　刷 ……… イチダ写真製版
製　本 ……… 山崎紙工

© Satoshi FUJII, Hiroshi MURAKAMI, Hiroyuki MORI 2015　Printed in Japan
ISBN 978-4-7615-2610-8

JCOPY　〈(社)出版者著作権管理機構委託出版物〉
本書の無断複写（電子化を含む）は著作権法上での例外を除き禁じられています。複写される場合は、そのつど事前に、(社)出版者著作権管理機構（電話 03-3513-6969、FAX 03-3513-6979、e-mail: info@jcopy.or.jp）の許諾を得て下さい。　また本書を代行業者等の第三者に依頼してスキャンやデジタル化することは、たとえ個人や家庭内での利用でも著作権法違反です。